대한민국 건국과 나

창랑 장택상 일대기
滄浪 張澤相 一代記

대한민국 건국과 나

|장병혜 · 장병초 엮음|

Epoca

창랑은 영원한 바다의 물결이며
대한민국에 깃든 상록의 자유혼이다

서시序詩

장한가長恨歌
− 그해 봄날, 중앙일보 〈일요인터뷰〉 속 청천벽력 −

단헌旦軒 장병혜

까마귀 숨길 거친 겨울 같은 이 밤,
바람은 나의 초라한 그림자를 재웠고
풍경을 흔들어 진실한 옛날을 깨웠소

낙동강이 거꾸로 흘러 밀치는 이 밤,
쪽빛 하늘에 내 마음 처연히 매다니
그 누구에게 이 비애가 메아리쳐 닿겠소

심장은 조각조각 새하얗게 타 버린 숯인데
통한의 불씨는 그예 다시 나를 휘감아 태우고 말았소

몸서리치는 처절한 분개의 불길,

애써 달래고 겨우 감싸면

아찔하도록 싸늘한 눈물의 잿더미……

없는 것이 있다 하고

있는 것이 없다 하는

칼춤으로 베고 찢어 인생을 전복시켰소

기억하시오

'나라 사랑'

오직 이것만이 나의 전부였소

서문序文

진실의 복원을 위한 희망의 불빛
— 일생의 염원으로 새롭게 출간하는 창랑 자서전 —

《대한민국 건국과 나》라는 제목의 아버지 자서전은 아버지께서 돌아가신 지 23년 만인 1992년 9월에 '창랑 장택상 기념사업회滄浪 張澤相 記念事業會, 회장 김상만'가 발족되는 시점에 맞춰 출간되었습니다. 이 자서전은 평소 아버지의 사랑을 가장 많이 받았던 병혜 언니와 제가 아버지께서 직접 기술하신 회고록 《사실의 전부를 기술한다1965》를 토대로 살아생전 아버지의 서간문과 사후 추도문을 엮어 소량의 한정 비매품으로 만들었습니다. 그 때문에 실제로 이 자서전을 소장하고 있거나 이의 존재를 아는 사람이 별로 없을 것으로 짐작됩니다.

이러한 연유로 2025년을 맞이하여 이 자서전 속 아버지의 모습을 보다 널리 그려내고 싶어 다시금 재출간을 생각하게 됐습니다. 물론 더욱 결정적인 이유는 1992년 아버지의 자서전을 한창 준비하고 있던 당시 청천벽력의 충격적인 일대 사건이 일어났고, 이로 인해 경황이 없었던 터라 아버지의 자서전에 좀 더 충실을 기하지 못한 것에 대한 아쉬움과 죄스러움이 늘 마음 한편에 자리했기 때문인 듯합니다.

청천벽력, 말 그대로 맑은 하늘에서 날벼락이 떨어진 사건은 바로 이것입니다.

1992년 4월 26일 중앙일보 〈일요인터뷰〉에서 당시 국사편찬위원회 박영석 위원장은 "백범 김구 살해 사건의 범인 안두희는 반민족 분자의 꼬리에 불과하고, 군부의 김창룡 특무대장이나 경찰청의 노덕술 수사과장 등은 중간 정도이며, 외무부장관 장택상 같은 이가 머리다. 그리고 그의 아버지 장승원은 대한광복회 총사령관 박상진이 처단했던 유명한 친일파였다."라며 마치 이것이 역사적 사실인 것처럼 무도하게 단언했습니다.

이 기사가 나가고 난 후 당시 우리 사회의 반응은 실로 대단했습니다. 우리나라 역사를 편찬하는 최고 전문기관의 수장이 직접 위의 내용을 유력 일간지를 통해 공식화하였고, 또 사실 보도가 생명인 언론사는 이처럼 예민한 주제를 최소한의 사실 확인도 하지 않은 채 선제 보도했습니다. 그 바람에 주요 신문들도 이에 뒤질세라 앞다투며 유사 내용을 보도했습니다. 점입가경으로 이후로는 TV를 비롯한 각종 대중매체에서 연이어 이를 소재로 드라마를 만들었고, 〈역사스페셜〉 같은 특집방송도 시리즈로 쏟아져 나오게 되니, 일반 대중들은 자연히 위 내용을 당연한 사실로 받아들일 수밖에 없었습니다. 이로써 할아버지와 아버지 형제들 모두 친일파, 또는 반민족 분자라는 당치도 않는 일방적인 낙인과 함께 억울한 누명을 쓰게 되었습니다.

우리가 살고 있는 이 사회를 선도하고 정화해야 하는 순기능의 주체가 되어야 할 언론이 이처럼 무책임한 왜곡과 선동의 중심이 되어 버린 이 심각한 문제는 30여 년이 흐른 오늘날에도 별반 다르지 않아 보여 나라의 장래를 생각하는 선민들의 걱정이 태산 같습니다. 실제로 '뇌 송송 구멍 탁'이라는 날조된 미국산 쇠고기 선동 보도를 비롯해 세월호 사고를 계기로 시작된 박근혜 대통령에 대한 무차별 왜곡 편파방송은 결국 유사 이래 최초의 불명예 탄핵이라는 불치의 오점을 남기지 않았던가요.

마찬가지로 우리 사회 일각의 잘못된 주장과는 달리 아버지 창랑 장택상은 평생을 일제에 맞서 독립운동을 하였고, 반공 자유민주주의의 꽃을 피우기 위해 분골쇄신으로 대한민국 건국의 초석이 되었으며, 끊임없이 독재에 항거한 상록의 자유혼이었습니다. 그뿐인가요. 할아버지 운정雲庭 장승원張承遠은 대한제국의 마지막 궁내부 특진관으로서 고종황제에 대한 충忠을 끝까지 지키시며, 의병과 독립군의 활동을 음으로 양으로 지원하였습니다. 그 사실을 누구보다 잘 알고 있는 사람들, 특히 아버지로부터 가장 많은 사랑을 받았던 우리 자매의 심정이 어떠했을지는 그저 상상에 맡길 뿐입니다.

그런 기막힌 상황 속에서 마침 조지타운대학교에서 수학한 역사학 박사인 병혜 언니와 함께 저는 서로의 손을 부여잡고, 그간의 억울하고 분한 심정을 뒤로한 채 역사학자이자 교육자로서의 정연한 논리와 팩트를 근거로 《역사를 왜곡한 자, 그를 고발한다1992》라는 책을 완성해 냈습니다. 이 책에서 우리는 아버지와 할아버지에 대한 부당한 평가는 물론 사실과 다르게 왜곡된 내용을 고스란히 담아냈고, 이를 탄원서와 함께 유관 요로要路에 제출하며 줄기차게 시정을 요구하는 한편, 법정에 호소도 하였습니다.

하지만 이는 계란으로 바위를 치는 것처럼 끝내 공허한 메아리가 되고 말았습니다. 그로 인해 큰 상처를 받은 병혜 언니는 결국 천추의 한을 삭이지 못한 채 수년 전에 눈을 감았고, 팔순이 지난 저는 미국에 살면서도 자나 깨나 아버지와 할아버지의 당당한 명예 회복만을 염원하며 때를 기다리고 있던 중이었습니다.

그렇게 기나긴 나날을 보내던 어느 날, 저와 같은 메릴랜드주에 살면서 때로는 동생처럼, 때로는 딸처럼 가깝게 지내는 혜경이라는 친구가 아버지 이야기가 실린 '김정탁의 인문지리기행'이란 칼럼을 제게 보여 주는 것이었습니다. 얼마나 반갑던지 그 칼럼을 읽고, 또 읽었습니다. 혜경이는 한국에 있는 자신의 오빠 김석우 박사로부터 그 칼럼을 받았다고 했습니다. 그래서 그 즉시 김 박사는 물론 김정탁 교수와 전화나 메시지로 긴밀히 소통하기 시작했습니다. 그러는 가운데 저는 김 박사와 각별히 통하는 점이 많다는 사실을 알게 됐습니다. 특히 일에 대한 열정이나 추진력이 상당하다는 점이 그랬고, 나라를 사랑하는 애국심이 투철하다는 점이 그다지도 닮았습니다.

그래서 《대한민국 건국과 나》를 하루속히 보완하여 재출간할 계획과 아버지와 할아버지의 불명예를 반드시 회복시켜야 한다는 신념을 밝혔고, 이에 대해 김 박사가 전적으로 동의하고 공감해서 얼마나 기뻤는지 모릅니다. 더욱이 김 박사의 전공이 리더십이라는 점도 크나큰 믿음과 신뢰를 불러왔습니다. 그래서 이 일을 추진하는 데 모든 것을 신의로 그에게 맡기게 되었습니다. 그도 그럴 것이 저는 가짜와 사이비가 판을 치는 이 세상에 본래의 모습을 거짓 없이 비춰 줄 희망의 불빛이 서럽도록 그리웠고 간절했기 때문입니다.

창랑 선생이 참 사랑하던 막내딸

묵란墨蘭 장병초 드림

창랑 선생과 막내딸.

| 차례 |

서시序詩　　장한가長恨歌_장병혜 • 6
서문序文　　진실의 복원을 위한 희망의 불빛_장병초 • 8
추천사推薦辭　창랑지도滄浪之道_김장호, 이현봉, 김정탁, 장진성, 지창환 • 20

一 나의 일대 여정

15세에 건넌 현해탄玄海灘 • 40

동경서 알게 된 인촌仁村과 민세民世 • 43

풍상風霜 무릅쓴 영국 유학 • 47

해삼위海蔘威의 신한촌 • 51

언어불통의 희비극喜悲劇 • 55

창랑산인散人: 정치인과 문인 • 59

우남雩南과 유석維石 회상 • 62

우남雩南과 송재松齋 회상 • 65

구미위원歐美委員으로 활약 • 67

고문을 이겨낸 3인조 • 70

독일 여자와의 로맨스 • 73

카페에서 사귄 불란서 여자 • 78

다시 들른 추억의 산책길 • 82

창랑산인散人: 조선 서화의 특색 • 85

창랑은 외교 맡을 사람 · 88

스톤Walter F. Stone에게 제시한 14개 항목 · 91

학병동맹學兵同盟의 난동 · 94

정판사精版社 사건의 진상 · 97

유석維石과 나와 하지John Reed Hodge 장군 · 101

이 박사와 위성衛星들 · 105

위기일발의 나날 · 108

테러 만능 시대에 정계 투신 · 112

외무부장관 시절의 에피소드 · 116

창랑산인散人: 수장가收藏家의 고금 · 121

국회부의장 되자 6·25 전쟁 발발 · 125

명외교가名外交家 전말기 · 130

동란動亂 속의 유엔 외교 · 137

장면張勉 씨의 선견先見 · 142

파리 만찬의 희비쌍곡喜悲雙曲 · 146

제3대 국무총리 취임 · 152

부산정치파동 경위 · 157

전시戰時 생활 개선의 안팎 · 160

아쉬운 재상도宰相道 · 164

임시정부 인사에 대한 첫인상 · 172

인간, 죽산竹山 · 176

허사로 돌아간 죽산竹山 구명운동 · 179

| 차례 |

어글리 코리안Ugly Korean · 182
시詩적 성격의 우남雩南 · 187
창랑산인散人: 동서고금의 위인들 · 192
이념과 주의主義보다 강한 감정 · 196
정당론政黨論 · 203
의외의 낙선과 혹비진或非眞의 눈물 · 209
공수표 된 도미渡美 계획 · 212
창랑서신書信: My Lovely Daughter · 219

二 나의 신념과 사상

국회부의장 서울 시찰 보고 · 228
국회부의장 지방 시찰 보고 · 236
정전停戰 문제 외교사절단 파견 건의안 · 248
비상계엄 해제 요구에 관한 건 · 251
국무총리 취임 제1성 · 253
창랑철학哲學: 주권 행사 · 255
대통령 임기에 관한 건 · 257
대통령 임기 만료에 대한 결의안 · 260

국무총리 사임에 관한 입장 · 263

국무총리 사임에 관한 국회 보고 · 265

용공容共 3장관 활동에 관한 건 · 280

상이 병사 포로 교환 문제에 관한 건 · 283

한글 간소화에 관한 대정부 질의 · 286

개헌안 표결에 즈음하여 · 291

정치 규탄에 관한 건 · 293

사사오입四捨五入 개헌 번복 제안 · 297

총예산안 종합심사 중간보고 · 310

창랑철학哲學: 경제 부흥 · 313

대구매일신문 피습사건 진상 조사 보고 · 314

도입導入 비료 가격에 관한 재정긴급처분 승인에 관한 건 · 316

국무위원 출석 요청에 관한 건 一 · 319

국무위원 출석 요청에 관한 건 二 · 322

공무원 신분보장 및 민심 수습 방침에 관한 질문 · 325

의원 징계에 관한 건 · 329

반공투쟁위원회 발족에 즈음한 위원장 인사 · 332

재일교포 북송 반대 강연 · 333

일부 지역의 부정 선거에 관한 성명서 · 336

정부에 보내는 공개장 · 337

입후보 등록 방해에 관한 항의문 · 338

창랑철학哲學: 정치 국면 · 340

| 차례 |

대구 학생 데모에 관한 성명서 · 342
이승만 대통령 하야下野 촉구 성명 · 343
자유당 선전위원장의 담화에 대한 성명서 · 344
마산사태馬山事態 등에 대한 국회 연설문 · 346
민주당民主黨 정부 방침에 관한 질문 · 347
대일굴욕외교반대범국민투쟁위원회 서울 대회 강연 · 363
처칠 경卿 서거에 즈음하여 · 365
민중당선언대회 연설문 · 368
박정희 대통령을 향한 진정서 · 370
창랑철학哲學: 나의 소신 · 372

三 나를 회고하는 시선

창랑 교유록交遊錄_김준연 · 378
창랑의 인간미_이범석 · 390
청빈한 애국자_이재학 · 397
다정다감한 정치가_김영삼 · 400
만년晩年의 창랑_김수한 · 403
기지와 재기의 창랑_동아일보 · 411

극적인 일생_중앙일보 • 413

선각先覺의 행동아_한국일보 • 415

건국의 공로자_신아일보 • 418

창랑정신精神: 민주조국民主祖國의 주춧돌_김상만 • 420

조의문_박정희, 존 마이켈리스 • 422

창랑의 가심을 슬퍼한다_정일권 • 424

자주독립과 반공통일에 바친 일생_이효상 • 427

못 잊을 자유인의 얼_유진오 • 429

조가弔歌_구상 • 433

묘비문_이은상, 손재형 • 434

감수監修   미래의 기억을 잉태한 '창랑 리더십'_김석우 • 438

추천사 推薦辭

창랑지도 滄浪之道

자유의 빛을 품은 생동의 물결

자유와 민주주주의 계승을 위한 귀중한 유산

김장호
구미시장

조선 후기 실학자 이중환은 《택리지》에 '조선 인재의 절반은 영남에 있고, 영남 인재의 절반은 일선一善, 구미의 옛 지명에 있다'라는 말을 기록할 만큼, 우리 고장 구미는 시대를 선도한 수많은 인재를 배출한 역사와 전통의 도시입니다. 그중에서도 창랑 장택상 선생은 구미가 배출한 걸출한 지도자이자 대한민국의 건국과 발전에 깊은 족적을 남긴 인물로 평가받고 있습니다.

후대에 본보기가 되는 삶을 살아온 창랑 선생은 1965년에 자신의 삶을 담은 회고록을 저술했으며, 1992년에는 선생의 따님들이 이를 바탕으로 《대한민국 건국과 나》를 출간했습니다. 그러나 소량으로 제작되어 자서전의 존재가 널리 알려지지 못한 이유로, 많은 사람들이 창랑 선생의 진면목을 충분히 알지 못했던 것이 늘 안타까웠습니다. 이번 자서전 재출간을 통해 선생의 삶과 업적을 다시 조명할 수 있게 된 것은 매우 의

미 있는 일입니다.

이번에 재출간되는《대한민국 건국과 나》는 창랑 선생 개인의 자서전을 넘어 대한민국 현대사의 중요한 기록물로서 큰 가치를 지닙니다. 이 책은 창랑 선생의 진솔한 삶과 건국 과정에서의 역할을 통해 후손들이 자유와 민주주의의 가치를 계승할 수 있도록 하는 귀중한 유산이기 때문입니다.

창랑 선생은 우리 민족이 최대의 시련을 겪었던 일제강점기와 해방 전후 공간을 무대로 정치, 외교, 치안의 중심에서 불굴의 의지를 가지고 겨레를 위해 헌신했습니다. 일본 유학과 영국 에딘버러대학에서 쌓은 세계적 안목을 바탕으로 대한민국의 독립국 위상 정립에 크게 기여했으며, 상해 임시정부 구미위원歐美委員 활동을 통해 국제 사회에 독립운동의 정당성을 알렸습니다. 아울러 파리강화회의講和會議에 참가해 민족 자결의 정신을 전파하는 데 앞장섰고, 청구구락부靑丘俱樂部 사건으로 투옥되기도 하는 등 독립운동에도 투신하셨습니다.

건국 이후 창랑 선생은 초대 외무부장관과 국무총리를 역임하며 대한민국의 기틀을 다지고 국제 사회의 신뢰를 구축하는 데 큰 공헌을 했습니다. 아울러 6·25 전쟁 당시에는 풍전등화 같은 나라의 운명 앞에 국제 사회와 미국의 지속적인 지원을 이끌어 내는 탁월한 협상력을 발휘하기도 하였습니다.

더구나 창랑 선생은 문화예술에도 깊은 관심을 가져, 일제강점기부터 한국의 고미술품과 문화유산을 수집하며 민족 정체성 수호에 힘썼습니다. 이러한 업적을 기리고자 구미시는 지난해 영남대학교 박물관과 함께 〈창랑 장택상 컬렉션〉 특별 전시회를 개최했습니다. 이 전시회는 선생이 수집한 도자기, 편액, 목공예품 등을 통해 그의 안목과 민족 사랑을 조명한 뜻깊은 자리였습니다. 앞으로도 구미시는 창랑 선생의 삶과 정신을 구미와 대한민국을 넘어 전 세계에 알리고, 그 소중한 유산을 계승하기 위해 최선을 다하겠습니다.

창랑 선생이 보여준 애국심과 지도력, 그리고 대한민국을 향한 헌신은 오늘날 우리 모두에게 귀감이 됩니다. 대한민국 건국의 토대를 닦은 선생의 삶과 정신은 국민 모두의 소중한 자산이며, 그 정신을 온전히 담아낸 이 자서전은 겨레를 위한 소중한 기록입니다. 다시 한번 창랑 선생의 숭고한 뜻과 정신을 되새기며, 이 책이 독자들에게 역사적 통찰을 제공하고 대한민국의 미래에 대한 책임감을 일깨우는 계기가 되길 기원합니다.

로맨스를 아는 정치적 사상가

이현봉

삼성전자 사장 역임

넥센타이어 대표 역임

한국리더십학회 회장 역임

누구에게나 첫인상이 있습니다. 제게 창랑 장택상 선생 하면 제일 먼저 떠오르는 것은 언제, 어디서나 핵심을 찌르는 카랑카랑한 목소리와 위트, 그리고 멋진 콧수염에 경찰 복장을 한 당당한 모습입니다. 이런 강한 개성과 자신감이 자유대한민국의 건국과 이승만李承晩 초대 정부의 출범을 가능케 했던 것 같습니다.

얼마 전 열풍을 불러일으킨 다큐멘터리 영화 〈건국전쟁〉을 통해 이승만 대통령의 진면목을 알게 된 많은 사람들이 그의 투철한 애국심과 자유민주주의에 대한 선각자적인 신념에 눈시울을 붉혔다고 합니다. 이 대통령은 대통령이 되기 전이나 이후에도 곤경에 처할 때면 가장 먼저 창랑 선생을 찾았습니다. 그럴 때마다 그는 대통령의 기대를 저버린 적이 없었고, 그러한 대통령에게 쓴소리도 가장 많이 했습니다.

평생을 열린 자세로 누구 앞에서나 당당했던 창랑 선생의 처신은 권력 앞에서 난무하는 아부와 배신의 정치 풍속과는 너무도 거리가 멀어 보입니다. 일찍이 영국 에딘버러에서 유학한 그는 경제학을 공부하면서 자유민주주의와 시장경제에 대한 확신과 함께 자신만의 독특한 국가관도 가지게 되었습니다. 국가는 위정자에 의해 '통치'되는 것이 아니라 '경영' 되어야 한다는 것이 일평생 그의 소신이었습니다.

요즘은 경영의 개념이 일상화돼 기업은 물론 국가경영, 가정경영, 심지어 개인경영이란 말도 자연스럽게 쓰고 있지만, 당시만 하더라도 언감생심焉敢生心이었습니다. 경영의 요체는 한마디로 인간성을 토대로 한 합리성과 체계성이라고 할 수 있는데, 이는 '가장 인간적인 것이 가장 진리에 가깝다'라고 한 심리학자 칼 로저스Carl Rogers의 말과도 일치합니다.

이토록 인간과 인간성에 대한 이해의 깊이가 남달랐던 창랑 선생은 시대적 운명에 의해 정치인으로 살게 되었지만, 그의 내면에는 언제나 문학적 소양과 예술적 영감이 충만했던 까닭에 그 평가는 매우 다양합니다. 때로는 용감한 투사였고, 때로는 유능한 외교가이자 훌륭한 사상가였는가 하면, 매력적이게도 자유로운 영혼의 로맨티시스트이기도 했습니다.

특히 창랑 선생의 투사적인 면모는 이승만, 박정희朴正熙 두 대통령과의 관계에서 잘 나타납니다. 인간적으로는 두 분 모두에게 무한한 신뢰와 애정이 있었지만, 나라의 경영이 민주적 절차와 제도가 아닌 1인 통치 시스템에 의해 좌우되자 그 병폐를 막기 위해 그는 결연한 투혼을 발휘했습니다. 그뿐 아니라 6·25 전쟁으로 나라의 운명이 백척간두에 처했을 때, 트루먼Harry S. Truman 대통령과의 회담에서 미국의 전폭적인 지원을 한순간에 이끈 그의 화술과 친화력은 그가 탁월한 외교가였음을 입증하고도 남습니다.

또한 창랑 선생은 인생은 로맨스요, 로맨스가 곧 인생이라 하셨는데, 이는 비타산적인 순수 감정과 정서에 따른 인생의 참멋을 아셨기 때문입니다. 그래서 그는 당시의 관행과 달리 자녀들에게도 연애결혼을 적극 권장하셨다고 합니다. 돌이켜볼수록 그는 로맨스와 인생의 참멋을 아는 선이 굵은 진짜 정치인이 아니었나 생각합니다.

인생길로 통찰하는 진실의 면모

김정탁

노장사상가

성균관대 명예교수

한국언론학회 회장 역임

　사람에게는 공功과 과過가 모두 있어 이런 점을 염두에 두고 인물을 평하는 건 쉽지 않습니다. 대부분의 인물평은 공이 과장돼 과가 소홀히 되거나 아니면 과가 과장돼 공이 소홀히 취급됩니다. 그래서 한 인물을 객관적으로 평가하는 일은 어렵습니다. 대부분의 인물평은 전자에 속하는데 초대 외무장관과 국무총리를 지낸 창랑 장택상 선생의 평은 후자에 속합니다. 그에 대한 이런 부정적 평은 특정인과 특정 세력을 미화하기 위해 과를 과장한 측면이 있어 무척 안타깝습니다.

　창랑 선생의 가장 큰 업적은 1948년에 실시된 첫 선거를 제대로 치를 수 있게 해 대한민국 정부 수립에 결정적으로 기여한 점입니다. 그는 수도경찰청장으로서 경무국장 조병옥趙炳玉과 함께 해방 후 극심했던 좌우

분열로 혼란스러워진 치안을 속히 수습해 첫 선거를 무사히 치르도록 했습니다. 당시 남로당을 중심으로 한 좌익 세력의 선거방해 공작이 치열해 국내는 물론 유엔UN도 선거를 제대로 치를 수 있을지 우려했는데, 90% 이상의 높은 투표율로서 성공적으로 선거를 치러냈습니다.

일부에선 그를 좌익 세력 척결을 위해 친일 경찰을 채용했다고 비난하는데 이는 온당치 못합니다. 여운형呂運亨이 조직한 건국준비위원회建國準備委員會로는 사실상 치안 유지가 힘들었습니다. 그러니 바람직하진 않아도 친일 경찰이 유능했기에 이들을 채용할 수밖에 없었습니다. 그도 일제 치하에서 고문을 당했는데 자신을 고문한 경찰관에게 직책에 충실해 그런 거라 이해한다면서 지금은 좌익 준동을 막는 데 힘쓰라는 데서 이 점이 잘 드러납니다. 덩샤오핑鄧少平의 말처럼 흰 고양이든 검은 고양이든 선거방해 세력인 쥐 잡는 일이 당시에는 중요했습니다.

창랑 선생은 좌익이라는 이유만으로 사람을 미워하지 않았습니다. 그래서 중도 또는 좌익계 인사인 여운형, 이만규, 조봉암曺奉岩 등과 함께 인간적인 친분을 오랫동안 유지했습니다. 6·25 전쟁에서 국군이 낙동강 방어선까지 밀렸을 때 그가 유엔 대표가 돼 출국하자 자신이 없는 동안 가족들을 조봉암에게 의탁할 정도였습니다. 후에 조봉암이 이승만 정권에 의해 공산주의자로 몰려 사형에 처하자 법정에서 조봉암을 가장 적극적으로 변호하고 그의 구명운동까지 펼쳤습니다.

해방 정국에서 치안 유지에 대한 그의 단호함은 우파에게도 마찬가지로 적용되었습니다. 그는 장덕수 암살의 배후로 김구金九를 지목하고 철저히 조사했습니다. 조사 결과 암살 배후에 김구가 직접 관련되진 않았어도 김구 지지파에 혐의가 있다는 게 밝혀져 그의 소환까지 검토했습니다. 이 일로 편파적으로 수사했다는 비판을 받았는데 이런 비판은 임시정부臨時政府 세력의 오만불손함에 대한 그의 평소 곱지 않은 태도와 김구 신화에 매몰된 사람들에 의해 부풀려진 측면이 있습니다.

그를 부정적으로 평가하는 가장 큰 요인으로 발췌개헌안拔萃改憲案 통과에 앞장선 점을 들 수 있습니다. 발췌개헌안은 토론의 자유가 충분히 보장되지 않은 상태에서 통과돼 이승만 대통령의 재선을 열어 줬다는 점에서 비판받을 수 있습니다. 그는 말 못 할 사연이 있다고 했는데 낙동강 방어선까지 몰려 나라의 존망이 위험스러운 상황에서 이를 불가피하다고 본 게 아닐까 싶습니다. 추후 이승만 대통령이 장기 집권에 돌입하자 앞장서 반대했음을 보면 이런 식의 추론이 가능합니다.

그가 부유한 집 출신인 점도 그를 부정적으로 보는 데 일조했습니다. 그의 아버지 장승원 선생은 평소 인색함과는 달리 만주 독립군에게 비밀리에 군자금을 제공했습니다. 실제로 이범석李範奭은 자서전에서 '청산리 전투의 승리는 장승원이 제공한 군자금이 큰 도움이 되었다'라고 언급한 바 있습니다. 이런 장승원 선생이 독립운동가를 자칭한 박상진에 의해 피살되었는데 박상진은 자신의 행동을 정당화하기 위해 장승원 선생을 친일 앞잡이로 매도하며 온 집안을 친일파로 몰았고, 이에 독립운동을 한 창랑 선생까지 피해를 보았습니다.

창랑 선생의 가장 큰 장점은 멋을 아는 정치인이란 점입니다. 그래서인지 '로맨스는 인생이요, 인생은 로맨스'라는 말을 자주 했습니다. 이런 류의 낭만적 정치인은 결과 못지않게 과정을 소중히 여겨 절대로 무리하지 않습니다. 우리 정치가 시간이 흐를수록 감동을 주지 못하고 치열하고 각박해져 오히려 국민이 정치를 걱정하는 상황에 이른 만큼 그와 같은 정치인이 그리워집니다.

그가 말년에 박정희 대통령에게 보낸 편지에서도 그의 인간적 면모가 나타납니다. 불과 얼마 전만 해도 한일회담에 앞장서 반대했는데 신병 치료차 딸들이 사는 미국에 가야 하는 상황에서 외무부로부터 여권이 나오지 않자 그의 자존심을 용감히 내던지고 간절한 편지를 썼습니다. 박 대통령을 박 군이라 부르는 평소 그의 태도를 보면 상상할 수 없는 일입니다. 박 대통령도 비서실장을 보내 꼭 회복되길 바란다며 치료비에 보태 쓰라고 금일봉을 전했는데, 고수의 정치인만 할 수 있는 행동입니다.

창랑 선생의 이런 멋지고 훌륭한 면모는 같은 시대를 살았던 사람들에게는 잘 알려졌어도 이들이 역사의 무대에서 점차 퇴장하면서 이를 증명해 줄 사람이 점점 사라져 이제는 거의 없습니다. 개인적으로 한 일간지에 칼럼을 연재하면서 창랑 선생의 진면목을 우연히 접했는데, 그 이미지가 실제와 달리 크게 왜곡된 점을 알게 된 바 외람되지만 이렇게 글을 쓰게 되었습니다.

자유민주주의의 기초 질서 확립

장진성

변호사

인동장씨 남산파 종중회장

대구지방검찰청 안동지청장 역임

창랑 장택상 선생은 제 고향인 구미시 오태동에서 태어나셨고 저의 증조부의 3종제三從弟입니다. 제 유년 시절 먼발치에서 고향을 다녀가시는 모습을 여러 차례 뵙기도 했습니다.

창랑 선생은 일제 식민지배와 미군정, 대한민국 정부수립, 6·25 전쟁 등 파란만장한 격변기를 사신 분으로 16세 때 일본으로 건너가 와세다대학 유학 중 우리 공사관 시학관이 유학생들을 모아놓고 안중근安重根 의사의 '이토히로부미伊藤博文 저격 사건'을 모독하는 연설을 하자 분연히 일어나 "그것은 의병 행위이지 어찌 폭도 행위냐."고 항의할 정도로 애국심이 특별하였습니다.

실제로 1910년 한일합방韓日合邦이 되자 상심하여 그해 11월 일본을 떠났고, 중국, 러시아, 독일을 거쳐 영국 에딘버러대학 경제학부에 입학하여 수학하였습니다.

그 후 대한민국 임시정부의 구미위원으로 활동하며 독립운동을 하셨고, 청구구락부 사건으로 투옥되기도 하였습니다. 그리고 1946년에는 수도경찰청장으로서 대한민국 치안의 기틀을 확립했고, 1948년 정부 수립 후에는 초대 외무부장관, 6·25 전쟁 중 국회부의장, 제3대 국무총리, 4선 국회의원, 유엔대표부 위원 등을 역임하면서 대한민국 정치사에 각별히 중요한 업적을 남겼습니다.

무엇보다 창랑 선생은 철저한 반공주의자로서 자본주의와 자유민주주의에 대한 확고한 신념을 통해 우리 대한민국에 자유민주적 기본 질서가 뿌리내리는 데 크게 기여하셨습니다.

그런가 하면 창랑 선생은 최고의 백자 감정인으로 인정받을 정도의 뛰어난 안목으로 일제강점기에 한국 고미술품이 일본인에 의해 유출되는 것이 안타까워 막대한 재산을 투입하여 1,000여 점 이상의 국가적 고미술품을 수집하였습니다. 그러나 6·25 전쟁 속에서 많은 수집품을 소실 또는 분실하였고, 일부인 382점은 유족이 영남대 박물관에 기증하기도 하였습니다.

창랑 선생이 우리 인동장씨 남산파 종중에서 배출되심을 늘 자랑으로 여겨 왔는데, 마침 그분의 자서전이자 회고록이 김석우 박사의 고증을 거쳐 재출간하게 되어 뜻깊게 생각합니다.

이를 통해 창랑 선생 가문에 대한 일부 오해가 바로잡히고, 그분의 투철한 애국심과 자유민주주의에 대한 신념이 많은 사람에게 귀감이 되었으면 하는 바람입니다.

인간미 넘치는 장인어른의 사랑

지창환

Tricat Industries, Inc. 사장 역임

W. R. Grace & Co., Davision Chemical Division 부사장 역임

Ph.D. in Chemical Engineering, I.I.T

M.S. & B.S. in Chemical Engineering, M.I.T

일제하에서는 조국의 광복을 위하여, 해방 후에는 남한 수도 치안의 중책을 맡아 대한민국 건국의 초석을 닦으시고, 전쟁과 혁명의 혼란한 정치 상황 속에서도 사심 없이 오직 나라를 위하여 국태민안國泰民安의 대의에 따라 정당 정치인이 아닌 정의의 투사로서 대한민국 민주 정치의 기반을 닦으셨던 큰 인물, 바로 창랑 선생입니다.

창랑 선생은 저에게 장인어른이 되십니다. 저와의 첫 만남은 1965년 4월, 장인어른께서 애틋하게 사랑하셨던 막내아들을 잃고 몹시 괴로워하실 무렵이었습니다. 그러나 저와의 첫 만남에 많은 관심을 쏟으셨고, 사랑으로 받아 주셨습니다. 지금도 그 큰 사랑을 느끼며 살고 있습니다.

후에 안 사실이지만 로맨티시스트이셨던 장인어른께서는 연애결혼을 선호하셨다고 합니다. 그래서 처 이모님의 중매로 맺어진 인연이 마음에 걸리셨지만, 하와이로 찾아가 큰절을 하고 일어서는 저를 보시고는 "저 아, 눈 좀 봐라."라며 제 눈빛이 마음에 드신다며 흔쾌히 받아들이셨다고 합니다.

그 이듬해인 1966년에는 폐암 판정을 받으시고 이곳 존스 홉킨스John's Hopkins 병원에 치료차 오셨는데, 직접 모시며 귀중한 시간을 함께할 수 있었던 것은 저에게 크나큰 특혜였습니다. 비록 짧은 시간 동안 장인어른을 모시게 되었지만, 지금도 생생하게 기억나는 몇 가지 에피소드가 있습니다.

우선은 "환자께선 나이가 드신 분이라 젊은 사람에 비해 암세포가 퍼지는 속도가 느릴 것입니다."라는 말을 주치의로부터 듣자마자 장인어른은 "Youth is not everything청춘이 전부는 아니지."라며 위트로 받아넘기셨던 일이 생각이 납니다.

그리고 생명이 오가는 시점이었지만 한국에 계신 친구분들께 우편엽서를 보내시는데, 제가 철기 이범석 선생의 성함을 한자로 쓸 수가 없어 도움을 청하는 눈치를 보이자 하시는 말씀이 "아, 이 친구가 18세에 미국으로 왔지." 하고 웃으시면서 온화한 표정으로 가르쳐 주셨던 일도 생각납니다. 이 역시 나중에 알게 된 사실이지만, 장인어른은 13세 때 이미 사서삼경을 다 익히셨다고 합니다. 그러니 그런 제가 얼마나 안쓰러워 보였을지 짐작이 됩니다.

이외에도 재미난 이야기가 또 있는데, 'eavesdropping도청'이라는 단어의 뜻을 설명해 주시면서는 직접 일어나셔서 방 한구석으로 가신 후 손을 귀에 대며 엿듣는 흉내까지 보여 주셨습니다. 그 일도 어제처럼 기억이 생생합니다.

그렇게 퇴원 후에 귀국하신 다음에도 제 건강 문제를 자상하게 신경 써 주시던 따뜻한 그 사랑은 지금도 잊을 수가 없습니다.

장인어른께서 가신 지 한 갑자가 되어가는 지금, 그분의 자서전 《대한민국 건국과 나》를 다시 출간함에 그간의 일들을 되돌아보니 만감이 교차합니다. 그 가운데 본 자서전의 재출간을 위해 노고를 아끼지 않고 이를 가능케 한 김석우 박사께 사위로서 무한한 감사의 마음을 전합니다.

一

나의 일대 여정

주마간산走馬看山 창랑의 삶

15세에 건넌 현해탄玄海灘

如何一少年 忽忽己三十 여하일소년 홀홀기삼십
한 소년이 어이하여 순식간에 30세가 되었던가

중국의 사상가인 임공任公 양계초梁啓超 선생은 일본에 시찰 왔다가 북해도를 여행하던 중에 위의 시구를 읊었다고 한다. 그가 세월의 무상함 속에 자신의 나이를 슬퍼했듯이 나는 오늘 자화상을 바라보며 다음과 같이 읊고 있다.

當年白面一書生 石火光中過七十 당년백면일서생 석화광중과칠십
한 순수한 서생이 돌이 부딪쳐 번쩍하는 사이 70세가 넘었네

나는 일찍이 경북 칠곡의 한 깊은 산골 마을에서 태어났다. 내가 태어난 이 마을은 애급埃及, 이집트의 나일강 유역처럼 우리나라 문화의 근원지가 되는 낙동강변이었다. 내 집은 이조 때의 세칭 환족宦族으로 대대로

벼슬을 지내던 가문이었고, 따라서 가계는 풍요하였다. 그러나 사상은 보수적이었으며, 개화사상과는 거리가 멀었다.

나는 7세 때부터 한학 공부를 시작하였고, 13세 때는 사서삼경四書三經은 물론이요, 한사漢史와 당송팔대가唐宋八大家, 외사外史 등도 통독하였다. 그래서 향리부로鄕里父老들로부터 신동이라는 말까지 들었었다.

무엇보다 나는 13세 되던 해에 족질族姪이요, 연장자인 태화라는 사람으로부터 중국의 강유위康有爲 선생의 저서와 양계초 선생의 《음빙실문집飮氷室文集》을 얻어 보고서 비로소 우리 조국의 개화와 변법變法의 필요성을 통감하고 14세 되던 해에 서울로 올라와 당시 우남학회雩南學會에서 경영하던 학교에 입학하여 신학문을 배우기 시작하였다.

부모의 반대는 물론 치열하였으며, 나는 학자學資를 마련할 방도가 없어 친지의 집을 전전하며 의식衣食의 협조를 받았었다. 나는 15세 되던 해에 비로소 삭발하였고, 당시 황성신문皇城新聞 사장으로 계시던 유근柳瑾[1] 선생의 많은 도움을 받았었다. 유근 선생은 나보고 중국 보정부保定府에 있는 무비학당武備學堂에 유학 가라고 권하였으나, 나는 깊이 생각한 나머지 당시 농상공부農商工部의 상무국장으로 있던 상호 씨의 권유로 일본에 유학 가기로 결심하였다.

15세 되던 해 가을, 나는 일본 산구현山口縣, 야마구치현으로 가서 소학교에 입학하여 일본어 공부를 하였고, 8개월 후에는 다시 동경으로 나와 반년 동안 영어, 수학은 물론 일본어도 더 배우다가 16세 되던 해 조도

전대학부稻田大學, 와세다대학에 입학하였다. 그러던 중 1910년에 조국이 일본에 합병당하는 것을 보고, 그해 11월 상해로 건너가서 마침내 영국 유학길에 올랐다. 이것이 바로 4분의 1로 축도縮圖한 내 소년 시절의 한 과정이다.

사람은 성격에 알맞게 자기 직업을 선택하는 것이 가장 올바른 일이겠지만, 살아가노라면 이와는 달리 직업을 택하는 경우도 없지 않을 것이다. 나는 원래 정치와는 그다지 가까운 성격을 가진 사람이 아니다. 나는 유년 시절부터 문학을 좋아하였고, 특히 시詩를 좋아하였다. 그래서 지금까지도 내가 가장 탐독하는 서적은 시집이다. 여기서 시란 한시漢詩에만 국한되는 것이 아니라 내가 읽을 수 있는 시라면 영시英詩는 물론 독시獨詩나 불시佛詩까지도 포함하고 있다.

그런 내가 정치에 투족投足하게 된 것은 정치를 좋아했다기보다는 우리 조국이 걸어온 불행했던 과정을 지켜보며 정치에 관심을 안 가질 수가 없었기 때문이다. 그러다 보니 어느덧 나에게는 정치인이라는 딱지가 붙게 되었고, 내가 진정 좋아하는 문학과 시는 부업이 되고 말았다.

동경서 알게 된 인촌仁村과 민세民世

내가 인촌仁村 김성수金性洙[2] 선생을 처음으로 만난 곳은 동경 북동부 신전神田, 칸다 지역이었다. 당시 우리 공사관에는 유성준兪星俊이라는 사람이 학무국장으로 있었다. 어느 날 이 사람이 한국 학생 감독부로 와서 유학생 50여 명을 모아 놓고 한국 실정에 당치도 않은 친일적인 연설을 한 적이 있다. 이에 격분한 유학생들은 난동을 일으켰고, 그가 말을 못하게 하며, 끝내는 강단에서 끌어내렸다.

이 사건으로 일본인들은 우리 유학생들을 가리켜 '폭도 의병'이라고 불렀는데, 그만큼 그들에게 감명을 주었던 모양이다. 실로 고하古下 송진우宋鎭禹[3] 선생, 인촌 김성수 선생 등과 함께 나도 그중 한 사람으로 어린 가슴을 큰 보람으로 설레게 하던 그때의 감격은 지금도 잊을 수가 없다.

이와 같이 나라를 사랑하는 마음이 국내외를 뒤흔들고 있었는데도 끝내 이를 외면한 역사의 흐름은 한일합방韓日合邦이라는 치욕의 매듭을 짓고 말았다. 나는 동경에 머물러 있으면서 국운을 슬퍼한 나머지 중국 상해로 갈 길을 모색하고 있었다.

그러던 어느 날, 명치전문학교明治專門學校, 메이지전문학교에 다니고 있던 채원배蔡元培 씨를 음식점에 초청해 놓고 상해에 갈 수 있는 길을 서로 의논했다. 채 씨는 민세民世 안재홍安在鴻4 씨를 통해서 알게 된 중국 사람이었다.

그런데 하늘이 도왔는지 이 친구가 백방으로 노력해서 당시 일본 횡빈橫濱, 요코하마에서 중국까지 항해하는 좋은 기회를 얻게 되었다. 그러나 이 배가 비록 중국인들이 부리는 것이라고는 하나 일본인들의 감시망을 빠져나가 배에 오르기는 결코 쉬운 일이 아니었다. 다행히 중국인 선부船夫가 긴밀한 협조를 해 주어서 나는 밤을 타서 배에 오를 수 있었다.

그 중국인은 나를 배의 제일 밑바닥인 스토리지storage에 넣어 주었다. 컴컴하고 음침한 그곳에서 떨리는 심정을 가다듬으면서 꼼짝하지 않고 앉아 잔뜩 밖에 귀를 기울이고 있었다. 얼마 후에 마침내 내가 그리도 애타게 기다리던 스크루 돌아가는 소리가 배 밑창으로부터 울려왔다. 바로 횡빈을 떠나는 순간이었다. 그때의 감격은 일생을 두고 생각해도 잊힐 것 같지 않다.

항해 중에는 가끔 중국인들이 빵조각을 던져 줄 뿐 그 외의 것이란 통 없었으며, 밖의 소식도 알 수가 없었다. 내가 숨어 있던 바닥에는 짐도 많고 컴컴한 곳이라 쥐들이 들끓었다. 틈틈이 울어 대는 쥐들의 소리란 콩알 같은 내 간장을 한층 쪼들리게 하였으며, 생후 처음 쥐가 무서운 줄도 알았다.

횡빈을 떠난 배가 일본의 장기長崎, 나가사키에 도착하였을 때 한 중국인이 내게로 내려왔다. 무엇이라 말을 하는데, 나는 그 말을 통 알아들을 수가 없었다. 몇 번이나 되풀이해서 중얼거리던 그 중국인은 말로써는 의사가 통하지 않겠다고 생각했는지 별안간 나를 덥석 끌고 2층으로 올라갔다. 공포와 의혹에 잠긴 나는 그가 이끄는 대로 움직이는 수밖에 없었다. 그는 2층에 있는 변소의 문을 열더니 나를 그곳으로 밀어 넣었다. 한 마디 말도 못한 채 나는 묵묵히 변소 속으로 들어갔다.

내가 변소 속으로 들어가자 그는 밖에서 쇠를 잠그고는 어디론가 사라져 버렸다. 나는 문에 바싹 붙어 밖의 동정에 귀를 기울였다. 그러나 죽은 듯이 조용한 선상의 분위기를 알 도리가 없었으며, 사람의 말소리는 한 마디도 들려오지 않았다. 다만, 진동이 없는 것으로 미루어 보아 배가 어느 한 곳에 정지하고 있다는 사실을 알 뿐이었다.

그런 상태로 얼마나 지났을까, 불쑥 일본인의 말소리가 들려오지 않는가. 그때 내 전신에 엄습해 오던 그 공포를 말로나 글로써는 지금 도저히 표현할 수가 없다. 나중에 안 일이지만 그 일본인이 배를 검열했다는 것이다.

자그마치 8시간을 정지한 후 배는 다시 상해를 향해서 닻을 울렸다. 나는 변소에서 풀려나왔고 자유로운 몸으로 맑게 불어오는 바닷바람을 들이마실 수 있었다. 배가 일본 영해領海를 빠져 공해公海로 나가자 나는 완전한 행동의 자유를 누릴 수 있었다. 무뚝뚝하고 난폭했던 그 중국인들도 이때부터는 내게 가까이 와서 서툰 일본어와 우리 한국말을 섞어 가며 갑판 위로 나를 인도해 주었다. 그때 그들은 안중근安重根[5] 의사에 대한 이야기도 했었다.

  그 당시 특별히 잊히지 않는 한 가지는 그들과 같이 배 위에서 한문 공부도 했다는 사실이다.

풍상風霜 무릅쓴 영국 유학

1911년, 17세 때 나는 상해 거리를 헤매는 몸이 되었다. 무사히 상해에 도착은 하였으나 아는 사람 하나 없고, 그렇다고 갈 곳이 있는 것도 아니었다. 할 수 없이 '객客'이라는 간판이 걸려 있는 집을 여관이라 생각하고 들어갔다. 그러나 며칠이 지나도 우리 한국 사람은 좀체 만날 수 없었으며, 또 만날 길도 없었다.

이렇게 정처 없이 길가를 걷고 있던 하루, 저편에서 두 학생이 걸어오는데 육감적으로 한국 사람 같아 보였다. 그런데 정말로 한국말을 하고 있는 것이 아닌가. 기쁨에 넘쳐 그들에게 뛰어가서 내 딱한 사정을 말했더니 그들은 나를 영국 사람이 경영하는 〈이문사伊文社〉라는 책방으로 안내해 주었다. 이 책방에는 '윌리엄 리'라고 불리는 한국 사람 이위림李魏林 씨가 지배인으로 일을 보고 있었다.

나는 이때부터 이위림 씨의 보호 밑에 그의 집에 같이 있게 되었다. 그 당시 만일 이 씨가 없었다면 나는 과연 어떤 또다른 풍파를 겪게 되었을까. 그 따뜻한 동포의 보호를 받으며 3개월이 지날 무렵 집에서 부친

돈이 왔다. 그 돈이 온 이상 나는 다시 나의 갈 길을 가야만 했다.

그러나 여권이 없으면 한 치의 땅이라도 남의 나라를 밟지 못하는 시절이라 나는 여권 때문에 여간 걱정이 아니었다. 힘에 힘을 다하여도 그곳에서 여권을 얻는다는 것은 거의 불가능한 일이었다. 이 또한 나라 없는 백성의 슬픔이 아닐 수 없었다.

그와 같은 절망적인 환경 속에서 마침내 현玄 씨라는 사람을 만났다. 그와 여러 가지로 의논한 끝에 우리들이 사용하는 한글을 외국인들이 알리가 없다는 생각에서 대한제국 외부대신이 발행하는 여권인 '호조護照'를 위조해 당시 상해에 있던 러시아 총영사를 찾아갔다. 여러 가지로 조사를 하더니 그는 통행을 승낙했다. 그뿐 아니라 현 씨를 통해 내가 언제 떠나는지 묻기도 하고, 저녁 식사라도 같이 하자고 권하기도 하는 등 많은 친절을 베풀었다. 그리고 며칠 뒤에 모든 절차가 끝나고 여권을 손에 쥐고 막 떠나려고 하는 찰나 놀랍게도 총영사는 우리말로 이렇게 말했다.

"놓고 기다려."

뒤에 안 일이지만 그는 우리나라 인천에서 15년이나 산 사람이었다. 그는 내 사정을 알게 되자 도리어 충고를 해 주었다. 영국보다는 독일로 가라면서 러시아를 거쳐 갈 수 있게 해 주었다.

내가 상해를 떠날 때 그는 나를 자기 집으로 초대하여 저녁을 대접하기까지 하며 우리나라의 운명을 퍽 동정하면서 내게 여비에 보태라며 상해 돈으로 100불을 주었다. 이것을 가지고 상해를 떠나 이틀 후 해삼위

海蔘威, 블라디보스토크에 도착하였다.

배가 항구에 도착한 오후 4시쯤에는 벌써 이 북국北國의 일광日光은 사라진 지 오래였고, 대지는 암흑 속에 잠겨 있었다. 배가 부두에 닿자 러시아 헌병의 검색과 세관 감시원의 검열이 있었고, 이어 군항의무관軍港醫務官의 검진이 있었다. 그리하여 뒤늦게야 겨우 상륙이 허가되었는데, 이때는 벌써 밤 8시가 넘어 있었다.

그런데 내가 가방을 들고서 이 낯선 땅 해삼위에 첫발을 내딛자마자 어디서도 보지 못했던 장한壯漢 두 사람이 번개같이 나타나서 양편에서 한 사람씩 내 팔을 추켜잡더니 다짜고짜 준비해 두었던 마차에 태우는 것이었다. 내가 희미한 가스등 밑으로 두 사람의 얼굴을 살펴보았더니 그들은 러시아 사람이 아닌 동양인이었다.

나는 어린 마음에도 '이 사람들이 해삼위에 주재하는 일본 영사관의 관원이 아닌가?' 하는 의구심으로 한동안 천지가 무너지는 듯하였다. 내가 그토록 놀란 까닭은 그때 내가 가졌던 여권이란 대한제국 외부대신이 발행한 그나마 현정근玄正根이라는 친구의 것으로 이미 시효성이 없는 가짜였기 때문이다. 상해 주재 러시아 총영사도 이 여권이 효력을 상실한 것임을 잘 알면서 나에게 비자를 발급해 준 것이었다.

그러므로 만약에 내가 이 사람들에게 붙잡혀서 일본 영사관에 인도된다면 틀림없이 본국으로 송환되어 엄벌을 받게 될 판이었다. 나는 덮어놓고 그들에게 한국어로 말을 걸어 보았다. 그러나 그들은 아무 대꾸도 없었다.

약 한 시간 반 후 나는 어떤 판잣집으로 끌려갔다. 그곳은 우리 한국인이 살고 있는 신한촌新韓村이었다. 나는 그들에게 돈과 옷을 전부 빼앗긴 채 이름 모를 다른 한 사람과 같이 그 집에서 하룻밤을 보내게 되었다. 밤이 새도록 그들은 나를 지키고 있었고, 공포에 질린 나는 한잠도 이루지 못하였다.

다음날 아침 예순가량 되어 보이는 노인 한 분이 들어와서 내 가친家親의 이름을 듣고는 비로소 친절히 대해 주었다. 노인은 방바닥에 주저앉아 나를 무릎 위로 끌어 앉히면서 내 뺨에 자기 뺨을 갖다 대고는 "내가 네 아버지의 친구인 이상설李相卨[6]이다."라며 눈물을 흘리는 것이었다. 나는 무릎 위에서 벌떡 일어나 그에게 큰절을 하고서 "어르신께서 이 참찬參贊이십니까?" 하고 물었다. 그는 "그렇단다. 만리타국에서 친구의 자식을 만나니 더욱 고국 생각과 집 생각이 간절해지는구나."라며 흐느껴 울었다. 그리고 그는 함께 들어온 신사에게 나를 인사시키고는 소개해 주었다.

"이분은 보성전문학교普成專門學校에서 교장으로 계시던 이종호李鍾浩 선생님이시다."

그러자 그제야 나를 잡아온 사나이들은 내게 악수를 청하며 지금까지의 무례한 행동을 사과했다.

해삼위海蔘威의 신한촌

나는 결국 해삼위에서 1주일 동안 머무르게 되었다. 이종호 선생은 나보고 해삼위에 있는 동양대학東洋大學에 가라고 권하였으나, 이상설 선생은 본래의 목적대로 구라파歐羅巴, 유럽로 직행하라고 말했다. 그런데 신한촌이라고 하는 이 부락은 거류민이 한 200호쯤 되었는데, 대다수의 사람들은 다 함경도에서 서백리아西伯里亞, 시베리아로 흘러온 유랑민이었다.

아무튼 나는 이상설 선생 덕분에 그 부락을 떠나서 러시아 사람이 경영하는 호텔로 옮기게 되었다. 그때부터 나의 거주, 음식은 다 구라파식으로 변하고 말았다.

나는 그 호텔에 묵으면서 러시아와 청나라 두 정부의 합변合辨으로 된 노청은행露淸銀行, Russo-Asiatic Bank에서 상해로부터 가져온 돈 4,000원을 러시아 돈 4,700루블로 바꾸어 당시 러시아 수도인 상트페테르부르크Saint Petersburg로 가는 기차표를 끊었다.

약 12일 만에 상트페테르부르크에 도착하자마자 나는 이상설 선생의 소개장을 가지고, 노족병원露足病院에 입원 중인 우리나라의 애국자이며 독립운동가인 이갑李甲[7] 육군 참령參領을 찾아갔다. 나는 그 병실에서 이 참령의 간호원 격으로 전속되어 있었던 전 보성전문학교 경제학 교수 안병찬安秉瓚 씨를 만나 거기서 함께 있게 되었다.

나는 그렇게 상트페테르부르크에서 2주일간 머무른 후 다시 이 참령의 소개로 독일의 백림대학伯林大學, 베를린대학에 유학 중이던 김중세金重世 씨에게 가게 되었다. 여기서 나는 나의 구라파 초도初度 행각에 있어서 가장 재미있었던 에피소드 한 토막을 소개코자 한다.

내가 이 참령이 입원해 있는 병원에서 짐을 챙기고 떠나려는 무렵, 중키에 30대 조금 넘어 보이는 신사 한 분이 이 참령을 찾아왔다. 그분과 이 참령은 러시아어로 말을 주고받더니 이 참령이 나를 가리키면서 뭐라고 하는 것이 아마 그분에게 나를 소개하는 것 같았다. 그러자 그 사람은 나에게 악수를 청하면서 무엇이라고 말을 걸었으나, 나는 알아듣지 못하는 까닭에 웃기만 하였다. 그때 이 참령이 말했다.

"장張 군. 이분은 한국인 2세로 안 판사判事라고 하지. 상트페테르부르크대학을 나와서 현재는 당지當地 지방법원 판사로 있지. 장 군이 지금 정거장으로 나가면 안 판사가 찻간에 있는 사람에게 장 군이 독일 백림伯林, 베를린까지 간다는 것을 알려 주고 모든 편의를 부탁할 것이니 같이 나가게."

그리고 이 참령은 좌와坐臥가 불능한 병드신 몸으로 기어코 침대로부터 내려와서 내 손을 잡고 우는 것이었다. 나는 지금도 이 광경을 상기하면 눈시울이 뜨거워지는 것을 금치 못한다.

이 참령이 입원한 병실 침대 뒤에는 가로 1.5미터, 세로 1.2미터쯤 되는 태극기가 걸려 있었다. 이 참령은 당시 러시아 정부로부터 망명 정객政客의 대우를 받고 연봉 약 3,000루블을 받고 있었다고 들었다.

나는 안 판사와 같이 정거장으로 나갔다. 당시 러시아 기차의 구조는 침대차의 경우 다 칸막이로 되어 있어 한 침대차에 두 사람만이 타게 되어 있었고, 문만 닫으면 독방과 마찬가지로 되어 있었다. 안 판사는 나를 데리고 내가 산 침대권의 번호를 찾아서 한 컴파트먼트compartment로 들어갔다.

그런데 그 침실에는 벌써 23세쯤 되어 보이는 아름다운 러시아 여자가 있었다. 내가 산 침대권은 상석上席이고 그 여자가 차지한 침대는 하석下席이었다. 안 판사는 그 여자랑 무슨 얘기를 20분간이나 주고받더니 나를 소개하고 모든 편의를 봐 달라고 부탁하는 것 같았다.

이 기차는 오전 11시에 떠나서 익일 오전 10시쯤에 독일 국경에 당도하게 되어 있었다. 안 판사가 우리들을 작별하고 나간 뒤에 이 젊은 여자는 나에게 뭐라고 말을 했지만, 러시아어를 모르는 나로서는 들으나 마나였다.

그리고 밤 10시쯤 그녀는 나보고 올라가서 자라는 듯 침대 상석을 가리켰다. 그러나 내가 미처 침대 상석으로 올라가기도 전에 그녀는 옷을 벗고 내복으로 갈아입더니 자기 손가방에서 향수병 하나를 끄집어내고는 손가락으로 향수병 마개를 눌러 분수처럼 나오는 향수를 온몸에 뿌리는 것이었다. 특히 내가 놀란 것은 나와 마주 보고 있었는데도 그녀는 마치 혼자 있는 것처럼 향수를 하부에다가도 뿌리는 것이었다. 나는 아연실색하였고, 즉각적으로 모독감을 느꼈다. 나의 어린 생각으로는 그녀가 나를 짐승으로 보았거나, 아니면 인간으로 보았더라도 유색 인종이기 때문에 나를 멸시하는 것 같았다. 나는 몹시 분개하여 나는 듯이 상석으로 올라갔고, 밤새 잠을 이루지 못하였다.

다음날 식당차에서 조반을 먹을 때 나는 다시 그녀와 동석하게 되었다. 나는 예의상 그녀의 아침값을 치르려 하였으나 그녀는 손짓으로 거부하고 자기 몫만 내고 곧장 일어섰다.

언어불통의 희비극 喜悲劇

　시간은 벌써 9시가 넘어 러시아와 독일 국경에 다 가서 기차를 바꾸어 타게 되었다. 기차가 닿을 정거장은 독일 국경 안에 있는 린데호프 Lindenhof라고 하는 정거장인데, 러시아 기차가 이 정거장 안까지 들어가서 독일 가는 승객을 다 내려 주고 다시 러시아 쪽에 있는 정거장으로 퇴거하는 것이었다.

　그런데 차가 독일 쪽 정거장으로 들어서기 약 15분 전 나와 동승했던 그 러시아 여자는 오른쪽 손가락 두 개로 동그라미를 그리며, 이것이 있느냐고 묻는 눈치였다. 그래서 나는 호주머니에 있는 잔돈 2, 3루블을 끄집어내어 그녀에게 주려고 하였다. 그러나 그녀는 그게 아니라고 손을 내저으면서 이만큼이라고 두 손을 합장하면서 가리키는 것이었다.

　나는 머리를 흔들면서 거절하였으나 그녀는 노기를 띠고는 자기 가슴에 차고 있던 시계를 내보이면서 빨리 내놓으라고 두 발까지 구르는 것이었다.

　나는 아연하여 어쩔 줄을 몰랐다. 나는 노청은행에서 찾은 돈 4,000

— 나의 일대 여정 · 55

여 루블을 가죽 주머니에 넣어서 내복 안에 차고 있었으나 어째서 그녀가 그 많은 돈을 내놓으라고 독촉하는지 그 까닭을 알 수 없었다. 이러는 사이에 기차는 벌써 독일 정거장 안으로 서서히 들어가기 시작하였다.

그러자 그녀는 내 양복 호주머니에 손을 넣고 빨리 내라는 형용을 하면서 크게 흥분하는 것이었다. 그래서 나는 어쩔 줄을 모르고 무의식 속에 양복 단추를 끄르고 내복 안에 차고 있던 가죽 주머니를 끄집어내어 그녀에게 보여 주고 말았다.

나는 그때까지도 그녀에게 주고 싶어서가 아니라 그녀의 성화같은 독촉과 흥분의 도가니 속에서 행동하는 그녀의 압박감에 못 이겨 내놓은 것이었다. 그러자 그녀는 가죽 주머니를 잡아채더니 차에서 뛰어내려 정거장 2층으로 올라가서 어디론가 사라지고 마는 것이었다.

정거장의 폼form은 독일, 화란和蘭, 네덜란드, 영국 등 각지로 떠나는 승객으로 붐벼서 그 혼란상이란 이루 말할 수 없었다. 기차는 15분 후면 떠난다는데도 나는 폼에서 우두커니 선 채 정신을 잃고 있었다.

'어째서 나는 생명보다 더 아끼는 그 돈주머니를 그녀에게 내주었고, 그녀는 도대체 어디로 사라지고 말았단 말인가?'

나는 생각이 미치지를 않았고 갈피를 잡을 수 없었다. 승객은 거의 다 차내로 들어가서 자리를 잡기 시작하였고, 나만 혼자 차 밖에 서서 그녀가 올라간 2층 계단만 바라보고 있었다. 기차는 거의 떠날 시간이 되어 차장은 오른손을 들어 기관사에게 떠나라는 신호를 할 준비를 하고 있었고, 나는 문자 그대로 혼비백산, '이제는 만리타향에서 꼼짝없이 죽었구나'라며 자탄하고 있었다.

바로 그때였다. 한 번 더 정거장 2층 계단을 쳐다보았더니 어디선가 그녀가 쏜살같이 나타나 계단을 뛰어 내려오면서 손짓으로 나보고 빨리 차 안으로 들어가라는 것이었다. 그러나 나는 차 안으로 들어가지 않고 그녀가 가까이 오기만 기다리고 있었다. 차가 막 떠나려는 찰나, 그녀는 나를 찻간으로 재빨리 떠밀어 올리더니 자기도 차 안으로 올라타는 것이었다.

그때 나의 심정을 무엇이라고 표현할 수 있을까. 솔직히 고백하면 어

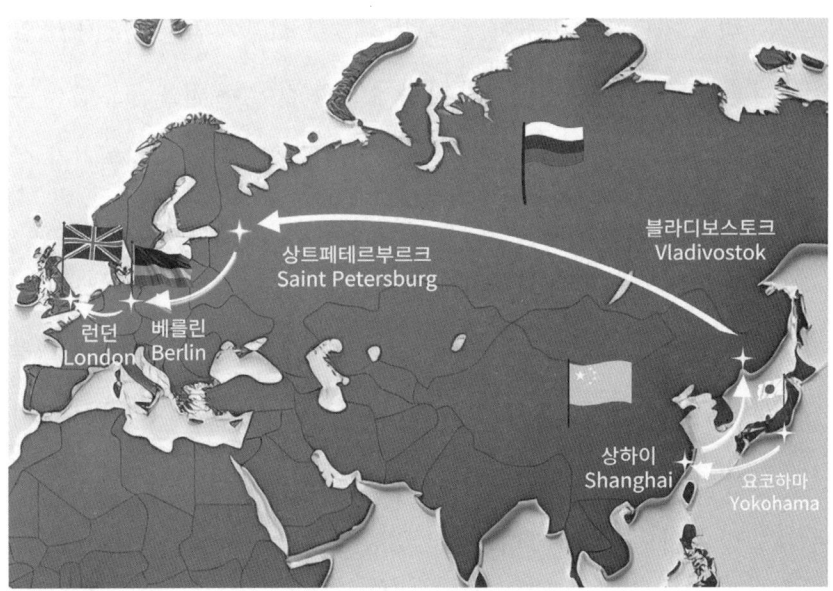

창랑 선생은 1908년 만 15세에 와세다대학에 입학했으나, 1910년에 한일병합조약이 체결되자 의기와 분기 속에서 요코하마를 출발해 상해에 도착했다, 그곳에서 1년 정도 머물다 블라디보스토크로, 다시 상트페테르부르크로 떠난 후 천신만고 끝에 1911년 베를린을 거쳐 런던에 당도할 수 있었다.

린아이가 어머니를 여읜 후 뜻하지 않게 소생을 보아 다시 만나게 된 것 같다고나 할까.

우리가 자리를 잡고 둘이 서로 마주 앉게 되자 그녀는 가져갔던 가죽 돈주머니를 나에게 보여 주며 웃음 짓는 것이었다. 그런데 그 돈주머니 속에는 내가 가지고 있던 루블은 온데간데없고, 폭이 루블의 갑절이나 크며 지질이 훨씬 얇은 독일 돈, 마르크가 들어 있었다. 지금 내 기억에 확실치는 않으나 내가 갖고 있던 4,600루블은 약 6천 마르크쯤 되었던 것 같다.

그러니까 그 러시아 여자는 내가 가지고 있는 돈이 필시 루블일 것으로 짐작하고 마르크로 바꾸어 줘야겠는데, 차 시간이 없는데도 내가 알아듣지를 못하고 돈을 안 내주기 때문에 그와 같이 두 발을 구르면서 흥분하였던 것이다. 그제야 나는 그녀의 진의를 깨닫고서 감사하기가 이를 데 없었다.

우리가 백림 정거장에 도착하자 그녀는 내 손을 잡고서 정거장에 선 독일 경찰관에게 뭐라고 말하였다. 그러자 독일 경찰관은 즉시 택시를 불러서 나를 태워 주는 것이었다. 그리고 그녀는 불란서 파리에서 모자점을 경영하고 있으며 파리로 간다면서 파리 주소를 나에게 적어 주고는 부디 한번 찾아오라고 초대하는 것이었다.

그 후 나는 백림에서 영경英京인 런던으로 갔고, 그 이듬해 크리스마스 때 파리로 그녀를 찾아가 저녁 대접을 한 기억이 남아 있다.

창랑산인(滄浪散人)

정치인과 문인

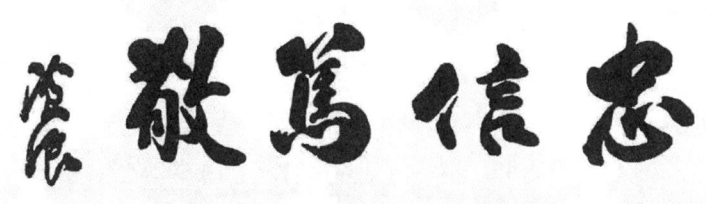

정치인이지만 예술적 자질이 남달랐던 창랑 선생은 서예에도 조예가 깊었다. 그가 좋아했던 문구인 '충신독경(忠信篤敬)'은 논어에서 유래했으며, '말은 참되고 미덥게 하고, 행동은 돈독하고 공손히 하라'는 의미를 담고 있다.

나는 문학과 시를 탐독하고 비판하는 데만 힘써 왔지, 저작에 있어서는 전혀 문외한이다. 그러나 이제는 정치고 문학이고 간에 다 과거에 속하는 일일 뿐 남은 것은 명상뿐이다. 어느 영국 극작가의 말대로 '노령의 비애는 노령이 아니라 청춘에 있다The tragedy of old age is not that one is old but that one is young'라고나 할까.

우리들이 사물을 판단할 때 연령만으로 따져서는 착오가 많이 생긴다. 문학이고 예술이고 간에 고금의 대작품은 대개가 30대 안에 이루어진 것이다. 그러나 정치만은 이 원리와는 조금 달리한다. 물론 정치에 있어서도 영국의 피트William Pitt 재상이나 불란서의 나폴레옹Napoleon Bonaparte 황제 같은 이는 예외가 될 것이다. 그러나 범인凡人에 있어서는 대개 고령일수록 정치에 있어서 노련하기 마련이다

내가 동서고금의 역사를 참고하여 볼 때 이상하게 느끼는 것은 문학과 정치가 자매의 관계를 맺고 있다는 점이다. 동양으로는 한말漢末의 조조曹操 같은 이는 불세출의 정치가인 동시에 문장가로도 가장 뛰어났었으며, 그 유례는 당唐, 송宋, 원元, 명明에도 많다.

특히 명조明朝의 왕양명王陽明 같은 이는 오늘날까지 양명학파陽明學派의 원조로 불리고 있으며, 청조淸朝의 증국번曾国藩 같은 이는 정치가요, 전략가인 동시에 문장가로서 수백 권의 문집을 남기고 있다.

영국의 디즈레일리Benjamin Disraeli 같은 이는 시인인 동시에 소설가로서도 저명하였고, 브라이스James Bryce 경도 마찬가지다. 그러고 보면 정치가라고 해서 문학에 문외한이어야 한다는 것은 옹졸한 말이 아니겠는가. 로마의 시저Gaius Julius Caesar 장군도 정치가이면서 작가였다. 그의 저술은 지금까지도 라틴어의 독본讀本이 되어 있다. 그런가 하면 나폴레옹 황제도 《Code Napoleon》으로 더 유명하지 않은가.

그러므로 나는 정치라는 것은 남자의 활동 면에 있어 하나의 부업으로서 적당한 것이지 직업적으로 할 성질의 것은 못 된다고 생각하고 있다. 그런데 나는 요즘 정치인과 문인 사이에 한 가지 이상한 차이점을 발견했다. 정치인은 그들의 자서전을 통해서 말하고 있는 바와 같이 그 성공에 있어서 내조의 힘이 큰 데 반해 문인이나 음악가는 내조의 힘이 없어 실패하는 경우가 많지는 않다.

영국 노동당 출신인 맥도날드James Ramsay MacDonald 수상은 파란만장 풍파 많은 그의 일생을 돌이키며 부인의 내조가 아니었다면 도저히 성공을 거두지 못했을 것이라고 술회한 적이 있다. 최근에도 영웅 정치가인 처칠Winston Churchill 수상도 내조의 힘이 컸다는 것을 우리는 알고 있다.

반면에 영국의 시인 밀턴John Milton 같은 이는 그의 초혼 부인인 메리와 금슬琴瑟이 좋지 않아서 두 차례나 이혼에 대한 논문을 쓴 적이 있으며, 바이런George Gordon Byron 같은 시인도 결혼생활에 실패하였다는 것을 우리는 훤히 알고 있다. 시성詩聖 괴테Johann Wolfgang von Goethe도 그의 《이탈리아 기행Die Italienische Reise》에서 밀라노에서 만난 어느 미인과 사랑에 실패하자 자기는 젊은 베르테르처럼 외국 땅에서 차마 자살할 수 없다고 술회한 것을 보면 그의 결혼생활도 원만치 못하였다는 것이 입증된다.

아울러 절세의 음악가 쇼팽Frederic Chopin도 자기 제자와 결혼하였으나 결국 파경을 보게 되고, 그 상처가 일생을 통하여 그의 작품에 그대로 반영되고 있음을 우리가 볼 수 있다. 그것은 마요르카 해안의 별장에서 염분을 품은 바닷바람이 유리창을 마구 칠 때 그가 실내에서 비감에 쌓여 조용히 구상한 소야곡小夜曲, Serenade에서 알 수 있다. 실제로 그 소야곡을 들을 때 우리는 그의 비통한 심정이 육안肉眼으로 보이는 듯 느껴진다.

결론을 말하자면 정치인은 한 사업가이기 때문에 파란곡절波瀾曲折이 제아무리 많다 하더라도 한때 성공이 있을 적에는 그 생활이 다채로운 만큼 가정생활도 단조롭지 않다. 여기서 배우자의 내조가 연상될 수 있다. 그러나 시인이나 음악가는 예술가인 까닭에 성격이 이상스러울 뿐 아니라 그 생활도 빈곤이 따르게 되어 자연히 결혼생활도 원만을 결缺하게 되는 것이다. 게다가 천재적인 예술가는 한 세기에 한 사람 날까 말까 하는 정도이므로 그들의 배우자가 교양과 지식에 있어서 도저히 동반될 수가 없다. 그래서 예술가의 결혼생활은 아마 비운을 가져오게 되는 모양이다.

우남雩南과 유석維石 회상

　1919년 내가 영국 에딘버러대학에 재학하고 있을 때 3·1 운동이 일어났다. 그때 미국에 있던 우리 동포들은 이에 호응하기 위하여 단체 운동을 벌였다.
　미국에 본부를 둔 이 운동의 지도자들은 구라파에 있는 우리 학생들보고 미국에 집결해 달라고 호소했다. 그래서 내가 영국으로부터 도미하여 본즉 그 당시 필라델피아에서 인쇄업을 하고 계시던 송재松齋 서재필徐載弼[8] 박사가 뉴욕까지 와서 회의의 사회를 맡아 보고 있었다. 이 회합에서 나는 처음으로 조병옥趙炳玉[9] 씨를 만났고, 그래서 시작된 우의는 그가 이 세상을 떠날 때까지 계속되었다.
　회합에서 이상, 야릇한 모자를 쓰고 그다지 곱지 않은 얼굴을 가진 한 청년이 회중에서도 유난히 눈에 띄었다. 그래서 옆에 앉았던 홍종석洪鍾錫 씨에게 '저 사람이 누구냐?' 하고 물었더니 그가 바로 컬럼비아대학교에 다니는 조병옥 씨라고 알려 주며 소개해 주었다.
　그 후 귀국을 하여서도 전에 내무부장관을 지낸 바 있는 이순용李淳鎔

씨의 형님 되시는 이관용李灌鎔[10] 씨와 김성수金性洙 씨, 장덕수張德秀 씨, 조병옥 씨 등 지금은 모두가 고인이 되고 말았지만, 이렇게 우리 다섯 사람은 매일처럼 만났다. 하루라도 안 만나면 큰일이나 난 것처럼 서로가 찾아다니었다.

김성수 씨 댁이 산마루에 있었기 때문에 만나는 장소는 언제나 지금 수표동에 있는 우리 집이 되었다. 하루같이 만나기는 했지만 일정하게 하는 일은 없이 네댓 채의 이불을 펴놓고 하루 종일 뒹굴고 울분을 터뜨리는 것이 일과로 되어 있었다.

연희전문延禧專門 교수를 그만두고 하숙을 하고 있던 조병옥 씨는 어느 추운 날 아침 외투도 걸치지 않고 나를 찾아왔다. 내 추측으로는 그 외투를 천연두를 앓고 있던 어린애 약값으로 잡힌 것 같았다. 이를 보고 우리집 안사람은 "당신은 몇천 석을 하면서도 친구 외투 한 벌 못 해 입히냐?"고 나무라면서 늘 그의 궁핍한 생활을 안타깝게 생각했다. 그는 온갖 고난과 악조건을 극복해 가면서 그의 굳은 지조를 지켜 왔던 것이다.

해방 후 조병옥씨와 나는 함께 경찰에 투신하여 공산주의와 생사를 결한 투쟁을 했으며, 공적으로 때로는 대립도 있었으나, 사적으로는 언제나 금석지우金石之友였다. 특히 미군정美軍政이 우사尤史 김규식金奎植[11] 박사를 밀고, 우남雩南 이승만李承晩[12] 박사를 배척하려는 때, 조병옥 씨와 나는 결연히 이승만 박사를 지지하여 대한민국의 건국에 일조를 했다.

이와 같이 이승만 박사를 위해 사력을 다했던 조병옥 씨가 부산정치파동 때는 머리통이 깨지고 자신이 키워 낸 경찰한테 취조를 받고 감옥에 들어갔던 것이다.

그런 그가 3·15 선거를 앞두고 치료차 미국으로 떠나기 전날 부인과 함께 내 집에 찾아와서 이런 소릴 했다.

"나라가 되어가는 꼴을 보니 자네하고 나는 아흔 살까지 살아야겠네."

결국 이 말이 그가 내게 남긴 작별 인사가 되고 말았다. 지금 이 순간에도 그때 그의 모습이 눈앞에 선하여 슬프기가 그지없다.

우남雩南과 송재松齋 회상

　미국에서 회합을 하던 때의 얘기로 다시 돌아가서 조병옥 씨를 만나던 그 회합이 한 달쯤 계속되었고 나는 회합이 끝나자 영국으로 돌아갔다. 그런 얼마 뒤에 연락이 와서 두 번째로 도미했다. 이 회합에서 처음으로 나는 우남 이승만 박사를 대하게 되었다. 이 박사에 대한 내 첫인상은 아주 좋았다. 그래서 그 인품과 독립 정신을 본받아 가까이하고 싶은 마음을 금할 수가 없었다.
　그러나 이 박사와의 개별적인 접촉은 그리 쉽지가 않았다. 첫 회합이 있고 난 얼마 뒤 이 박사가 머물고 있던 곳으로 혼자 찾아갔을 때, 유학생이라면 그리 달갑게 여기지 않아서인지 만나 주지 않으려 했다. 유학생이라면 당시 고학생이 많을 때라 또 무슨 딱한 사정을 들어주어야 할지 이 박사로서는 다소 거북했기 때문이었는지도 모르겠다.
　나는 선뜻 이 박사를 만찬에 초대함으로써 외포감畏怖感을 씻게 했다. 우리는 나날이 가까워졌다. 얼마 후 이 박사는 나를 보고 미국 공화당 사람들을 만나 보자고 해서 같이 워싱턴으로 가 일을 보기도 하고, 한 번은 파리까지 동행한 적도 있다. 그 후 해방이 되어 국내에서 이 박사를 맞이할 때까지는 다시 그를 만나지 못했다.

송재 서재필 박사를 말하면 조국의 독립과 자유를 위해서 그 누구 못지않은 투쟁을 해 온 분이었다. 그러나 내가 만나 뵈었을 때는 애석하게도 우리말이 서툴러 그 첫인상은 외국인을 대하는 것 같아서 서먹서먹하였다. 여기에 비하여 이승만 박사는 한국적 정서가 풍부했으며 열정적이고 고생을 많이 한 것 같은 인상을 풍겼다. 그 당시 이 박사는 단독으로 모든 회합을 이끌고 나가는 형편이었다.

구미위원歐美委員으로 활약

당시 중국 상해에는 구미위원歐美委員으로 김규식 박사가 있었다. 그는 위에서 말한 바 있는 이관용 씨한테 많은 도움을 받았다. 당시 이관용 씨는 옥스퍼드대학에 재학하고 있었다.

김규식 박사, 이관용 씨, 나 이렇게 세 사람은 같은 구미위원들이었으며, 이 밖에도 위원들은 많았다. 그 후 우리 두 사람과 김규식 박사는 불란서에서 개최되는 파리강화회의講和會議에 참석하여 한국의 실정을 밝힌 호소문을 작성하여 제출했다.

그러나 당시의 일본 대표 사이온지西園寺는 이를 강경히 부인하면서 한국은 어디까지나 일본의 예속 국가로서 국민들이 일본화되어야 하며, 사실상 한국민은 일본인과 동등한 권리를 누리고 있다고 주장했던 것이다. 이래서 파리강화회의에 제출했던 호소문은 별로 성과를 얻지 못하였다.

그러나 이를 계기로 해서 우리 구미위원들은 파리에 사무실을 차리고 태극기를 드날리며 여권도 발부하면서 자유롭게 독립운동을 할 수 있었다.

　미국이나 영국이 우리에게 냉정했던 반면에 불란서 정부는 어떻게든지 우리를 도와주려고 애썼다. 당시의 불란서 수상 클레망소Georges Clemenceau는 한국이라는 나라는 독립을 해야 하며 자유로운 백성이 되어야 한다고 주장했으며, 우리가 제출한 호소문의 내용을 환영, 이를 지지했다. 처음 강화회의에서는 접수를 안 해 주던 호소문이었으나 클레망소 수상의 강력한 지지로 겨우 접수가 되었다.

　그때의 감격을 잊을 수 없다. 그러니까 김규식 박사와 이관용 씨, 그리고 나, 이렇게 세 사람이 밤을 새우면서 작성한 호소문을 클레망소 수상의 도움으로 국제강화회의에 접수시켰을 때의 그 감격은 말 그대로 극적이었다. 우리나라가 곧 독립이라도 되는 듯한 생각이 들었고, 우리 셋은 마실 줄도 모르는 브랜디brandy를 나누며 축배했다.

　이렇게 불란서에 머물러 있던 어느 날, 소련 폴딕주에 있는 한국인 남녀들로부터 이민을 시켜 달라는 진정서가 우송되었다. 그러나 당시 실정으로는 이민이라는 것이 결코 쉬운 일이 아니었다.

　그때 영국 수상이었던 로이드 조지Lloyd George에게도 여러 번 교섭하는 등 우리 셋이 전력을 다한 결과 마침내 340여 명이나 되는 동포들을 불란서에 이민시키는 데 성공하였다 지금도 이들은 불란서에 살고 있으며 내가 6차 유엔총회 참석차 불란서에 갔을 때 이들이 나를 반기며 찾아 주었다.

이런 일을 하면서 우리들 구미위원회는 약 1년 반 동안 계속 파리에서 버티고 있었으나, 상해로부터 자금이 오지 않아 고생을 거듭하다가 끝내 김규식 박사는 미국으로 떠났고 나는 영국으로 돌아갔다. 그리고 이관용 씨는 두 달 더 파리에 있다가 스위스로 갔다.

구미위원이란 상해 임시정부의 특파원과 같은 것인데 당시 구미위원으로서 현재까지 살아남은 사람은 나밖에 없다.

고문을 이겨낸 3인조

영국으로 가는 도중 백림白林, 베를린에 있는 한국인을 만나 여관에 함께 묵고 있을 동안에 도산島山 안창호安昌浩13 선생을 만날 수 있었다. 그분은 내게 퍽 강렬한 인상을 주었다. 도산은 어떠한 문제든지, 그리고 누구에게든지 자기의 의견을 납득시키는 장점을 지니고 있었다. 한 번은 나이 어린 나를 데리고 얘기를 하다가 의견이 달라지게 되자 그날 밤중에 다시 찾아와서 의중意中의 말을 들려주며 어떻게 해서든지 꼭 상대방으로 하여금 납득할 수 있을 때까지 포기하는 법이 없었다.

그래서 나는 그때 어린 생각에도 이분이야말로 우리나라가 독립이 되면 반드시 대통령이 될 분이라는 생각을 품게 되었다. 도산 선생의 인상 중에서도 그 웅변술雄辯術을 나는 잊을 수가 없었다. 그래서인지 내가 유학하고 있는 동안 한국인 학생들과 만나게 되면 먼저 도산 선생에 관한 얘기를 꺼내면서, "그분이야말로 우리가 꼭 대통령으로 모셔야 할 분이오."라는 말을 되풀이하고는 했다.

그 후 도산과 접촉할 기회는 좀처럼 없다가 대학병원에서 옥고로 서거한 다음에야 겨우 조상弔喪 갈 수 있었을 뿐이다. 그때 그분의 조상을 갔다가는 주릿대를 맞을 판국이었다.

3·1 운동이 있은 몇 해 후에 나는 미국을 경유해서 10여 년 만에 내 조국, 내 고향 땅에 돌아왔다. 그 당시 우리 민족의 대일 투쟁은 실로 눈부신 바 있었다. 가는 곳마다 일제의 흉악한 탄압은 극악했으나, 그러면 그럴수록 민족의 투쟁 의식은 고조되었다.

1938년에 흥업구락부興業俱樂部 사건이 발생하였다. 이 흥업구락부에는 일제에 반대하고 나라의 독립과 자유를 찾기 위한 혁명 투사들이 굳게 뭉쳐 있었고 좌옹佐翁 윤치호尹致昊 선생이 회장이었다.

이 사건이 일어나자 경찰은 흥업구락부에 관계한 사람은 물론, 관계없는 사람들까지 46명이나 검거 투옥했다. 나는 그때 흥업구락부에는 직접적인 관계가 없이 청년회에 속해 있었는데 흥업구락부 사건과 같은 사건으로 몰린 이른바 청구구락부青丘俱樂部 사건으로 투옥당하였다.

이후 약 반년 가까이 문초를 당했는데 그들은 주로 이승만 박사와의 관계를 물었으며 끊임없이 가택 수색을 하였다. 그때는 소위 지나사변支那事變으로 나는 감방 안에서 중국 서주徐洲가 함락되었다는 말을 들었다. 그 승리로 의기충천해진 그들의 문초는 날이 갈수록 더욱 심해졌다.

당시 청구구락부 회원으로 투옥된 인사도 많았다. 시인 수주樹洲 변영로卞榮魯[14] 씨도 같이 옥고를 겪었다. 저명인사라면 대개가 다 검거되었다. 내 스스로의 지난날을 더듬어 보더라도 마포경찰서와 용산경찰서를 제외하고는 안 들어가 본 서가 없으리만큼 일제의 가혹한 탄압을 받아야 했다.

얼마나 지독한 고문이었던가 몸서리쳐진다. '고문을 잘 견디는 3인조'라면 잘 알아듣지 못하겠지만, 그 지독한 고문에도 잘 참고 견디어 나가던 낭산朗山 김준연金俊淵[15] 씨와 전날에 배화학교培花學校 교장으로 있다가 해방 후 공산당으로 월북한 이만규李萬珪하고 나를 일러 한 말이다.

지금도 내 오른손 넷째 손가락에는 고문이 남긴 흉이 있다. 이것은 그 당시 손가락과 손가락 사이에다 연필을 끼워 놓고 상하上下에서 압축시켜 뼈가 부서졌던 자리다. 지금 생각해 보아도 다른 고문은 다 참고 견딜 수 있었지만, 이것만은 정말 참을 수 없는 고통이었다.

"네가 장택상이냐?"라고 말하면서 얼굴에 침을 뱉던 때의 그 수모란 지금은 그저 망각해 버리고 싶은 과거일 뿐이다.

독일 여자와의 로맨스

20대에 내가 받은 쇼크는 제1차 세계대전으로 세계가 받은 쇼크에 못지않았다.

내가 유학길을 떠나 영국에 도착한 것은 1912년이었다. 나는 어학과 수학 준비에 1년간을 여념 없이 지냈고, 그 이듬해부터는 대학 입시 준비에 필요한 새 외국어를 배워야 했다. 그래서 나는 〈런던 타임스〉 광고란에 독일어를 가르쳐 주겠다는 광고를 보고서 찾아갔다. 가르치겠다는 선생은 20세를 조금 넘어 보이는 독일 여자였다. 그녀의 가정은 부친이 연초상煙草商을 경영하고 있었다. 내가 문을 노크하고 들어가 "독일어 가르쳐 줄 선생을 만나러 왔소."라고 말하자 바로 문을 열어 준 그 여자가 자기라고 하면서 아담하게 꾸민 응접실로 안내하여 주는 것이었다. 그때 내 나이는 만 20세가 조금 넘었을 때였다. 그녀와 스케줄을 정하고 그 다음날부터 1주일에 세 번씩 만나기로 작정하고 헤어졌다. 나는 만 8개월 동안 그 여자 집을 드나들었고, 그 가족들과는 친숙하여져 친교를 맺어 공휴일에는 극장이나 음악회 등 오락장에 자주 출입하기도 하였다.

이때는 벌써 제1차 세계대전이 개시되었고 영국 정부는 점차적으로 적성敵性 국민에게 모든 제재를 가할 뿐 아니라 사생활까지도 감시가 준열하여 갔던 때이다. 나의 독일어 선생은 나와 외출하기를 무척 꺼리기 시작하였다. 그 이유는 자기 모습이 만일 영국 사람들에게 독일인이라고 판정을 받았을 때 퍽 난처하게 되기 때문이다. 그러던 중 이 미모의 독일 여자는 나와 부지불식간에 퍽 가까워져 갔다. 내가 책보를 싸 들고서 밤시간을 타 자기 집으로 찾아가면 보통 한 시간쯤은 서로 그동안 지낸 일과 또 전쟁에 관한 등등의 얘기로 시간을 보내기도 하고, 또 가끔 그녀는 지하실에 저장하여 두었던 라인강변에서 양조한 포도주를 나에게 권하기도 하였다. 전쟁이 발발하고 영국 국민의 독일인에 대한 태도가 점차로 험악해져 갈 때마다 그녀는 나에게 똑같은 말로 묻는 것이었다.

그녀는 나에게 "내가 만일 적성인敵性人 수용소로 붙들려 들어가게 되면 당신은 나를 찾아오시겠어요?" 하고 물었고, 또 나는 그녀에게 "찾아가고 말고. 나는 비록 조선 사람이나 내 국적은 일본인으로 되어 있기 때문에 나는 비교적 자유롭게 활동할 수가 있어서 수용소쯤 출입하는 것은 문제가 아니오." 하고 대답하였다. 그녀는 다시 "우리들이 만일 수용소로 붙들려 가지 않고 본국으로 추방당했을 때는 우리들은 영원히 만나기 어렵게 되지 않을까요?" 하고 눈물을 머금고 묻기도 하였다. 나는 "거기에도 방법은 있소." 하고 대답하였다. "당신네들이 독일 본국으로 추방되어 간다 하더라도 독일과 인접하여 있는 중립국 스위스에는 자유롭게 출입할 수 있으니 기회는 얼마든지 있소." 하고 말하였다.

　1915년 4월, 영국은 마침내 영국 본토 안에 거주하는 독일인 중 청장년은 모조리 수용소로 잡아넣고 노약자와 부녀자는 독일로 추방하기 시작하였다. 5월 중순, 마침내 그녀도 그녀 부모와 함께 추방의 길을 떠나게 되었다. 나는 그녀와 1년 반이나 가까이 사귀며 지내는 사이에 점차 보통이 아닐 정도로 변하고 말았다. 떨어져서는 못 살 것 같고, 또 잊히지도 않을 심정에 놓이게 되어 고민은 일종의 정신병같이 되었다. 그녀는 추방령이 내리기 반년 전부터 나에게 쓰는 용어가 독일말로 '지sie' 대신에 '두du'로 변하였다. 이 용어는 애인끼리 쓰는 말이기도 하다. 그리고 내가 책보를 들고서 실내에 들어서면 그녀는 나에게 인사 대신 말없이 키스를 하여 주는 것이었다. 나는 처음 당하는 일이라서 수줍기도 하여 한 번도 먼저 이것을 청해 본 적은 없었다. 그녀의 부모들도 그녀의 태도를 알기 때문에 나를 자주 청하여 식사도 같이하고 차도 같이 마시며 나에게 '두du'라는 말을 쓰기도 하였다. 그녀 부모의 나이는 50세를 넘었었고, 그녀는 그 집의 무남독녀였다.

　5월 초순 아침 10시. 마침내 비극의 날은 다가오고 말았다. 그녀와 그녀의 가족은 영국 경찰의 호위를 받으며 차린 크로스 정거장으로 몰려 나갔다. 나는 그 전날부터 그 집에서 자고 정거장으로 가는 그들과 같이 동행하였다. 3년간의 영국 생활에서 아무런 위안도 받지 못하던 나로서는, 이 독일인 가정에서 한집안 가족같이 대우를 받으며 그녀의 알뜰한 사랑을 받아오던 나로서는 이 추방이 마치 하늘이 무너지는 듯 깊은 슬픔으로 다가왔다. 그녀는 추방당하던 그 전날 밤새움을 하면서, "우리들이 다시 만날 기회는 오로지 스위스뿐인데, 스위스까지 나를 만나러 올 사람인지 아닌지 판단을 내리지 못하겠네요."라고 빈정거리기도 하였다. 나는 굳게 약속하고, "스위스까지 가는 것은 문제가 아니지만 연합국 비행대의 독일 폭격이 염려될 뿐이오."라고 걱정 삼아 말하였다.

그녀의 고향은 남독南獨 바바리아Bavaria에 있는 한 작은 도시였다. 우리들이 정거장에 도착하던 날은 이른 아침부터 늦은 봄비가 쏟아지고 있었다. 영국 경찰은 그들의 가슴에 마치 일반수一般囚와 같이 번호표를 붙여 주었다. 나의 기억에는 아직도 그녀 가슴에 '1002'의 번호표가 붙었던 것이 생생하다. 그들은 찻간으로 수용되었는데, 그 차에는 1,000여 명의 독일인이 타고 있었다. 그 기차로 포크스턴Folkestone이라는 영국 항구까지 가서 중립국인 나위郍威, 노르웨이 배로 독일로 가게 되는 것이다.

그녀는 기차가 마지막 기적을 울리고 떠날 때까지 내가 입고 있던 레인코트의 소매를 잡고서 놓지 아니하였다. 나는 차가 움직이기 시작하자 "아듀Adieu, 안녕." 하고 작별 인사를 하였다. 그랬더니 그녀는 성난 표정으로 "나인Nein, 아니!" 하고 외마디 소리를 지르며 "아듀라는 말은 당치도 않아요."라면서 "아우프 비더젠Auf Wiedersehen, 다시 만나요!"이라고 외쳐 주면서 머리를 찻간으로 돌리며 나를 외면하는 것이었다. 그러나 결국 그녀의 희망대로 '아우프 비더젠'이 실현되지 못하였고 내가 말하던 '아듀'가 되고 말았다. 아우프 비더젠이란 영어의 '홈home'이라는 말처럼 외국어로는 번역하기 어려운 말이다. 우리말로 '다시 만나자'는 뜻이긴 하지만 그보다는 훨씬 진지한 의미가 담긴 말이다.

벌써 반세기가 지난 일이지만 지금도 1년에 한두 번씩은 내 머릿속에 레미니슨스reminiscence, 시간이 흐를수록 선명해지는 기억로 떠오르곤 한다.

카페에서 사귄 불란서 여자

로맨스는 인생이요, 인생은 곧 로맨스다. 인생 없이 로맨스란 있을 수 없으며, 또 로맨스 없는 인생이란 공허일 뿐이다. 로맨스는 어느 특정인에게만 한하여 있는 것이 아니다. 정치인은 정치의 로맨스가, 또 실업인 實業人은 실업의 로맨스가 있을 것이기 때문이다.

내가 지금 말하고자 하는 로맨스는 이런 종류의 로맨스라기보다 실리를 떠나서 결과 여하를 불계不計하고 감정과 정서에 방임하여 인생의 참다운 실감을 엔조이enjoy하려는 로맨스다. 로맨스는 과잉한 감정의 소유자에게만 국한되는 것이 아니다. 예컨대 쇼팽의 소야곡小夜曲, Serenade을 고요한 밤의 산방에서나 파도치는 바닷가 별장에서 들었을 때 아무리 둔감한 사람이라고 하더라도 듣는 그 찰나에는 무의식적으로 그 음악의 로맨스에 사로잡히고 만다.

그러나 이런 종류의 사람들은 참다운 실감을 차지할 수 없으며, 감정이 지성적으로 발달한 사람들만이 실감을 찾기 마련인 것이다. 로맨스의 극치는 이별이다. 이별이 없이는 로맨스의 진가가 산정될 수 없다.

로마의 시인은 단장斷脹의 절망에서 'Hail, brother and farewell, 안녕, 형제여. 이제 작별이오!'이라고 읊었으며, 고려 시인 정지상鄭知常은 서경악보西京樂譜에서 '송군남포동비가送君南浦動悲歌, 남포에서 그대를 보내니 슬픈 노래가 울려 퍼지네'라고 가슴 아픈 노래를 부르고 있다.

나는 영국에서 제1차 세계대전을 처음부터 끝까지 체험하였다. 당시 세계 최초의 공습을 독일군이 사용한 체펠린Zeppelin의 세례를 받기도 하였고, 주야를 불문, 공습경보의 사이렌만 울리면 몇 번씩이나 방공호로 뛰어 들어가기도 하였다. 그래서 나는 체펠린이 가장 자주 오는 하절夏節에는 영국을 떠나 스위스로 가서 휴양도 하고 겸하여 피난도 하였다. 영국 대학의 하기 방학은 7월부터 시작하여 10월 초에 개학을 보게 되는 관계로 3개월간은 무난히 휴양할 수 있었다.

나는 이 기회를 잃지 않고 스위스 로잔느에 가서 당지에 있는 대학 하계 강좌를 청강하였다. 나는 주로 불문학과 경제원론 두 강좌에 주력을 두고 3년간 한 번도 이 기회를 놓치지 않고서 종전終戰까지 충분한 시일을 두고 스위스 대학의 특색을 음미할 수 있었다.

전쟁이 중반전으로 들기 시작하자 독일은 잠수함 전쟁을 치열하게 개시하였고, 영국과 영국 식민지로부터 군수軍需 및 민수民需를 막론하고 물자를 실어 오는 선박은 모조리 침몰시킴으로써 영국의 제해권에 대항하였다. 그들은 영국과 합작한 연합국은 물론이요, 영국에 호의를 가진 중립국 선박까지 모조리 침몰시켰으므로 나는 본국으로부터의 돈줄이 끊어져서 8, 9개월이나 동전 한 푼 없는 룸펜lumpen, 부랑자 생활을 하게 되고 말았다.

나는 할 수 없이 어느 영국 친구로부터 간신히 적은 돈을 변통하여 가지고 스위스로 떠났다. 그 이유는 스위스 제네바에 〈Journal de Genève〉라는 대신문사 기자로 있는 중국인 쏭차이宋來를 찾아 돈을 좀 빌리려는 속셈이었다.

그러나 이것도 수삼 개월 후에는 도로 나를 곤경의 구렁텅이 속으로 빠져들게 하고 말았다. 그래서 나는 하숙집 여주인이 흘겨보는 눈썰미가 두려워 하숙집으로 잘 들어가지를 않고 평소에 내가 자주 드나들던 카페에 가곤 하였다.

이 카페에는 오후가 되면 나타나 커피를 마시며 음악을 듣는 한 젊은 여자가 있었다. 한 테이블에서 같이 차를 자주 마시게 되면서 자연스레 나는 그녀와 안면이 익숙하여졌고, 따라서 때로는 같이 춤을 추기도 하였다. 한때 유행하던 무도곡舞蹈曲, 'Je sois que vous être tres jolie내게 당신은 너무 예뻐요'라는 곡이 나오면 흥겹게 자주 춤을 추기도 하였다.

어느 날 오후 내가 그 카페에 들렀더니 마침 그녀가 벌써 들어와 앉아있었다. 같이 커피를 주문하고, 이런저런 얘기를 하던 중 그녀는 내 얼굴을 이윽고 살펴보더니 "당신 얼굴이 왜 요즘 그렇게 침울한 표정이지요?" 하고 물었다. 나는 "독일 잠수함 때문에 학비가 못 와서 큰일이오."라고 푸념을 늘어놓았다. 그녀는 잠자코 듣기만 하더니 "춤이나 같이 춰요."라며 내 손을 잡아당겼다. 춤이 끝나자 그녀가 "돈이 얼마나 필요한 가요?" 하고 나에게 물었다. 나는 "천 프랑이오."라고 말하였다. 그러자 그녀는 자기 집으로 가자면서 내 손을 잡고서 카페 문밖으로 나서는 것이었다.

그녀의 집 실내에 들어서니 침실은 비록 작았으나 응접실만은 매우 넓었다. 그녀는 자기는 불란서 알자스주Alsace 사람으로 부모와 형제는 고향에 다 두고서 혼자 몸으로 로잔느시립도서관에 와서 샐러리맨 노릇을 하게 되었다고 말하고, 커피를 끓여 한 잔 나를 접대하더니 침실에서 조그만 손금고를 들고나와 천 프랑짜리 두 장을 내 손에 쥐어 주면서 본국에서 돈이 올 때까지 쓰라는 것이었다. 나는 얼굴에 홍조를 띠고 몇 번이나 사양하였으나 그녀는 고집하고 듣지 아니하였다.

다행히도 그 일이 있은 지 3주일 후 일본 횡빈은행橫濱銀行으로부터 서울에 있는 조선은행에서 내 명의로 돈이 왔다는 전화 통지를 받고서 나는 곧 그 돈을 스위스로 송금시켜 그녀의 돈을 갚기는 하였지만, 내 마음은 고맙기가 그지없었다.

이 일은 1915년 내 나이 21세 되던 때의 일이었다. 나는 그 익년 하기에도 로잔느에 가서 그녀와 자주 만나 즐겁게 놀기도 하였다. 그러나 전쟁이 종결되자 나의 스위스행은 자연 발걸음이 뜨게 되고 말았다. 30세 되던 해에 나는 귀국하였고, 그 후 일제 통치 밑에서 외국행이란 철벽을 쌓아 놓은 듯 어려웠던 것은 우리들이 다 아는 바이다.

다시 들른 추억의 산책길

1957년 조춘早春, 재일교포 북송 반대 운동이 전국적으로 전개되었다. 이에 대한 투쟁위원회가 구성되었고, 그 회장에는 조병옥 씨가 뽑히는 한편, 정부는 배후에서 물심양면으로 적극 지원하여 주었다. 그해 2월에 서울운동장에서는 전국 대회가 열렸고, 이 대회에서는 한국 대표단을 스위스 제네바에 있는 국적國赤, 국제적십자사에 파견하기로 결의했는데, 그 대표 3인 중에 나도 한 사람으로 뽑혀 제네바에 가게 되었다.

최규남崔奎南[16] 박사, 유진오俞鎭午[17] 박사, 나, 우리 대표 3인은 같은 호텔에 유숙하고, 정부 대표단과 참모회의를 열어 국적과 국적에 파견되어 온 일본적십자사 대표들 및 북한적십자사 대표들과 싸울 스케줄을 미리 짜기도 하였다. 우리들의 기본 목적과 사명은 국적이 일본 정부의 요청에 따라 선박을 준비하고 재일교포를 북송하는 데 총책임을 지는 것을 파괴시키는 데 있었다.

그런데 그때 주駐 스위스 대사로 있는 정일영鄭一永 대사가 미국에서 대학을 마치고 제네바 대학에 와서 학위 논문을 준비하고 있었다. 그는 일요일이면 자주 우리 대표단이 유숙하고 있는 호텔을 내방하였는데, 나는 평소부터 정 군의 친형이 되는 정해영鄭海永 의원과는 국회에서 같이 봉직하였고, 또 친교가 두터운 까닭에 제네바에서 정 군을 만나자 일면여구一面如舊하였다.

어느 일요일 아침 정 군은 자가용차를 몰고 내가 유숙하고 있는 호텔로 찾아왔었다. 그때 마침 최, 유 양 대표는 외출하고 없었고, 나만이 혼자 호텔에 남아 있었다. 나는 정 군을 만나자 정 군보다도 그가 타고 온 자가용차에 마음이 쏠려 문득 옛날 로잔느에서 지내던 추억이 머리에 감돌았다. 그래서 나는 정 군에게 오늘 다른 약속이 없느냐고 의사를 타진하고, 나와 같이 몇 시간 로잔느에 가서 놀다 오자고 제의하였다. 제네바와 로잔느 사이는 자동차로 한 시간 반이면 갈 수 있는 거리였다.

우리는 로잔느에 도착하자 먼저 대학이 있는 전면 광장 왼쪽, 과거에 내가 자주 드나들던 카페를 찾아갔다. 그러나 그 카페는 디파트먼트로 변하여 영원히 그 형태를 찾아볼 수 없었다. 정 군의 차를 주차장에 맡기고서 나는 과거에 나에게 호의를 가졌던 그녀가 살던 아파트를 찾기 시작하였다. 40년 전에 본 골목길은 형태가 완전히 변하여서 지형을 가누기가 극히 곤란하였다. 그 집이 있던 주변을 한 시간이 넘도록 찾아보았으나 도저히 지형을 가눌 수가 없었다. 내 뒤를 따르던 정 군은 속도 모르고 "선생님, 어디를 찾으시는 것입니까?" 하고 질문을 반복하는 것이었으나, 나는 "자네는 알 것 없고 나만 따라오게!" 하며 마치 무엇을 잃어버린 사람처럼 약 3시간 동안이나 이 골목 저 골목을 뒤졌다. 그러나 어렴풋한 내 기억에는 바로 그때 그 집 같기도 하고, 또 아닌 것 같기도 하고 갈피를 잡을 수가 없었다.

물론 나도 40년 전의 일이라 그녀가 그 집에서 살지는 않을 것이라는 것을 잘 알고 있었지만 추억의 노예가 되어 버린 나는 이 같은 광태狂態를 부리지 않을 수 없었다. 나는 아침 10시에 집 찾기를 시작하여 하오 2시가 넘도록 정 군을 뒤에 두고 거리를 헤매었으므로 이 이상 찾는다는 것은 내 체면에도 좀 어긋나는 것 같기도 하여 발걸음을 다시 대학 근처로 돌리고 빵집에서 차를 사 마시며 시간을 보낸 후 하오 4시가 넘어서 제네바로 회정回程하였다. 정 군은 까닭을 모르고 제네바로 돌아올 때까지 나에게 반문에 반문을 거듭하였으나, 나는 나보다 연소한 정 군에게 털어놓고 이야기할 수도 없었고, 애달프기만 하였다.

나는 제네바에 돌아가기 전 정 군과 같이 로잔느 호숫가에 있는 조용하고 넓은 프롬나드promenade, 산책로에서 30분간이나 산책하면서 과거에 그녀와 산책하였던 명상에 젖었었다.

창랑산인(散人)

조선 서화의 특색

조선은 미술의 국가다. 조선 500년에 문예와 공예, 각 방면이 다 발달되었다 할지라도 특히 단청丹靑, 그림의 기예는 최고의 정도로 발달이 되었다고 할 수 있다. 조선화朝鮮畫의 특장은 평화스럽고 담박하고 윤곽의 미가 매우 사랑스럽다. 중국화는 그로테스크한 데 가깝다. 기공技工은 발달되었으나 평화스럽지 못하다. 조선화의 생명은 평화요, 담박이다. 색채로 보아도 조선화는 중국화나 일본화와 같이 난잡하지 아니하고 천주淺朱와 담록淡綠을 상용하여 조선 산천초목과 가옥방구家屋房具에 적합하도록 노력하였다. 이로 보면 우리 조선화는 세계 화계畫界에 특수한 지위를 점거하고 있다. 예술을 실생활에 응용할 줄 알았다. 참 위대한 일이다.

조선 500년 중에 조선미朝鮮味를 될 수 있는 대로 사출寫出하려고 가장 노력한 화가는 정겸재鄭謙齋, 정선일 것 같다. 조선 산천을 실사實寫한 화가는 그

평소 국가적 예술품의 국외 반출을 막고자 정성을 쏟았던 창랑 선생은 최상의 가치를 지닌 김완당의 서화 역시 수호하고자 힘썼다. 이 완당횡액 역시 위대한 작품으로 평가받고 있다.

이뿐이다. 그는 기술도 우미優美할 뿐 아니라 지방 색채를 우리의 실생활에 가미하려고 자기의 기술을 무한히 연마하였다. 대개 우리 화가는 중국의 화본畵本을 모사한 데 불과하고 자연을 직접 연구하여 사출치 아니하고 'secondhand간접'의 자연을 모사하였다. 겸재는 그 누습陋習을 단거斷去하였으니 위대한 사상가요, 시인이요, 기예가다. 단순한 화가로 볼 수 없다.

심현재沈玄齋, 심사정는 겸재의 문도門徒로 남화대가南畵大家다. 기술도 중국 대가에게 비하여도 추호도 손색이 없다. 그러나 한恨되는 일은 자연을 직접으로 호흡하고 음미치 못하고 모출模出하고 말았다.

김단원金檀園, 김홍도은 중국 왕석곡王石谷과 같이 남북화南北畵를 겸사兼寫하여 일가를 독창한 화가다. 인품도 고상하고 천재의 기가 횡일橫溢하다. 단원의 화본을 상완할 때 일견에 비상한 예감을 태기怠起한다. 선획이 선명하고 준법皴法이 강건하고 또 섬려纖麗한 품품이 이태리 부흥시대의 작품을 보는 감상이 발한다. 색채는 주로 주황과 진청을 다용多用하여 종교화를 보는 기분이 있다. 참 우리 조선이 산출한 화성畵聖이라고 할 수 있다.

이인문李寅文, 고송유수관도인은 조선 근대 화가 중에 제일 예술양심藝術良心이 풍부한 작가인 것 같다. 비록 소폭이라도 용의用意가 주도周到하고 치밀하다. 역시 조선미술을 고상한 경계로 지도한 은인이다.

이상은 대개 화계畵界의 명성明聖을 소개하였거니와 다음에는 조선은 고사姑舍하고 극동 대륙에 유일무이하고 한자가 발생된 이후에 처음 보는 능서가能書家 대장大匠 김완당金阮堂, 김정희 선생을 소개하고자 한다. 선생의 심법心法은 천일天日과 같이 소명昭明하고, 학문은 산해山海와 같이 숭심崇深하고, 서도의 기예는 상上으로 진한秦漢을 직추直追하고, 하下로는 진위晉魏를 예시睨視한다.

금석金石에 대한 조예는 청조淸朝 거장巨匠 옹방강翁方綱과 완원阮元 양선생兩

先生이 일좌一座를 허여許與하였다. 서예는 변함을 귀중히 안다. 선생의 서법은 만편만률萬編萬律이라 풍운風韻이 진진津津하고 예미藝味가 도도滔滔하다. 섬려纖麗할라면 미인의 아미蛾眉와 같고 분방할라면 천마天馬가 공계空界로 치구馳驅하는 것 같다. 근엄하고도 친절미親切味가 있고 한험寒險하고도 덕성미德性味가 있다. 선생의 서법은 조선 산천과 같다. 미美하나 악惡하나 다시는 길항拮抗할 만한 산천은 없다. 유일하고 무이한 독특성을 가진 필법이다. 선생의 사후 백년이 미만하여 명료히 천지에 나타났으며, 백대百代의 본이 되었다.

김완당은 단순한 서가書家가 아니다. 청조의 특산물인 고증학考證學에 심심深甚한 조예가 있고, 또 경학經學의 대가다. 옹담계翁覃溪, 옹방강와 완운대阮芸臺, 완원 같은 청靑의 대학자가 무조건으로 굴지屈指하였다. 차후 백년에 완당의 진면목은 더욱 나타날 줄 안다.

평소 김완당을 흠모했던 창랑 선생은 그의 인장들까지 보관했다.

창랑은 외교 맡을 사람

해방 후 미군정하에서 나는 치안의 책임자 자리를 지키지 않으면 안 되었다. 처음에는 경기도 경찰부장警察部長이란 이름으로, 후에는 수도청장首都廳長으로 치안의 유지에 전념하였다. 이것이 대한민국의 건국에 조금이나마 밑거름의 구실을 했다면 나는 다행스러움과 아울러 일말의 긍지조차 느끼게 되는 것이다. 오늘날과는 달라서 미군정이라는 특수한 상황 아래 말할 수 없는 정치적, 사회적 혼란을 뚫고 건국에 이르는 그 험난한 과정에서 경찰의 임무란 여간 어렵고 무거운 것이 아니었다.

나는 해방 후부터 근자近者에 이르기까지 여러 가지로 어렵고 어쩔 수 없는 정치 행로를 걸어오기도 했지만, 해방 후의 그 당시를 회고하면 만단의 회포懷抱가 솟아오름을 어쩔 수가 없다. 특히 나는 요즈음 내일을 알 수 없는 병고의 몸으로서 도저히 이 글을 쓸 수가 없는 형편이지만, 한편으로 나의 그때의 경험담을 통하여 역사의 한 자료나 조그만 교훈이라도 될 수 있다면 좋겠다는 마음에서 서투른 붓을 들게 된 것이다.

해방이 되자 바로 건국준비위원회建國準備委員會라는 것이 조직되어 얼마 동안 다소의 행정력을 발휘하려고 하였지만, 9월 11일 미군정이 선포된 후로 이 나라의 행정은 완전히 하지John Reed Hodge 중장 휘하의 진주군進駐軍의 손에 넘겨지고 말았다. 또 한편으로는 수십 개의 정당, 사회단체가 일시에 나타나니 이러한 상황에서 국민들은 흥분 속에서 막연한 희망과 불안이 교차되는 나날을 보내고 있었다.

10월 초순 미군정에서는 아놀드Archibald V. Arnold 미군정 장관의 고문으로 김성수 씨를 비롯한 한국인 11명을 임명하였다. 이 얼마 후에는 경기도의 미국인 지사가 35명의 한국인을 그의 고문으로 임명하였다. 이 고문단은 서울을 중심으로 경기도 일원의 명사들로 구성되었는데, 그때의 단장은 천리구千里駒 김동성金東成[18] 씨였다.

이 고문단에서는 주요한 인사 문제를 투표로써 결정짓기로 하였는데, 그 투표 결과 내가 경찰부장으로 물망에 올랐으며, 이 의외의 결정은 나로 하여금 그 후 정부 수립까지의 3년 동안에 걸쳐 전국에 영향을 미치는 수도청장으로서 치안 업무를 담당케 한 계기가 되었다.

해방 직후 나는 송진우 씨를 중심으로 추진되고 있던 국민대회國民大會의 외교부장직을 맡고 있었다. 그런데 어느 날 나를 찾아온 김동성 씨는 전기前記의 사실을 알리며 나에게 취임을 권고하는 것이었다. 내가 경찰의 책임자가 된다는 것은 생각조차 한 일이 없었으므로 나는 그저 놀랄 수밖에 없었다. 이 자리에 동석하고 있던 송진우 씨는 나를 찾아온 김동성 씨에게 "당신은 정신없는 소리 좀 그만하시오. 이제 우리가 독립을 하게 되면 창랑은 외교를 맡을 사람인데, 경기도 경찰부장을 하라니 웬 말이오."라고 말하였다. 그러나 김동성 씨는 "독립을 하자면 우선 치안이 확보되어야 하니 경기도 경찰부장의 자리를 그렇게 우습게 보지 마시오."라고 반대되는 의견을 가지고 있었다. 좌우간 나는 생각이 없으니 경찰부장의 자리는 나 대신에 다른 적임자를 알아보라 하고 일단락지었다. 김동성 씨는 쓴 입맛을 다시며 돌아갔다. 그 후 나는 이러한 사실조차 잊고 계속하여 국민대회의 일을 보고 있었다.

스톤 Walter F. Stone 에게 제시한 14개 항목

　12월 27일에 이르러 모스크바 3상 회의에서 한국에 대한 신탁통치안이 결정되었다는 소식이 있었고, 그 이틀 후인 12월 29일에는 송진우 씨가 암살되어 시국은 한층 더 어수선하여졌다.

　송진우 씨의 피살 사건으로 나는 말할 수 없는 큰 충격을 받았다. 여지껏 그분을 중심으로 모든 일을 추진하여 왔으므로 대들보가 부러진 듯한 공허감을 메울 길이 없었다. 이와 같이 일시에 모든 의욕을 잃게 된 나는 차라리 고향인 칠곡으로 내려가 조용히 지내기로 마음먹었다. 이러한 나의 생각을 나는 가족들에게도 알리는 한편, 그사이의 잔무殘務를 정리하고 이삿짐까지 꾸리고 있었다.

　그러다가 가만히 생각하니 낙향을 한들 분이 풀릴 것 같지도 않았다. 이때 나의 머리에는 전에 김동성 씨하고 이야기하던 일이 떠올랐다. 나는 바로 김동성 씨에게 전화를 걸었다. 나는 대뜸 "경기도 경찰부장은 어떻게 되었소?" 하고 물었다. "아무리 보아도 마땅한 사람이 없어서 우리는 창랑이 맡아 주기만을 기다리고 있을 뿐이오."라는 그의 말에 나는

— 나의 일대 여정 · 91

창랑 선생은 대한민국 경찰의 기강과 체계를 확립하며, 민주주의 수호과 치안 유지에 최선을 다했다.

"그럼 시작해 보도록 할까요."라고 말했다.

이 말이 끝난 후 5분쯤 지나서였을까, 경기도의 미군 경찰부장 스톤 Walter F. Stone 씨가 나에게 달려와 경찰부장의 정식 수락을 요청하는 것이었다. 나는 원칙적으로 수락한다고 말하고 곧이어 김동성 씨와 동석한 자리에서 수락에 앞선 14개 항목을 제시했다. 14개 항목이란 경찰 인사에 미군정이 간섭하지 말 것, 우리가 요구하는 경찰 예산을 무조건 들어줄 것 등 치안 행정을 시행하는 데 있어서 우리의 자주권을 최대한 인정하도록 하자는 내용이었다. 나의 이와 같은 조건을 받아 쓰고 난 스톤 씨는 잠깐만 기다려 달라고 말한 뒤 나의 집을 나가더니 약 30분 만에 돌아왔다. 그의 손에는 아놀드Archibald V. Arnold 미군정 장관이 나의 조건을 승인한다는 서명이 있는 문서가 들려 있었다.

그런데 면담 중에 내가 영어로 말하자 스톤 씨는 놀라는 표정을 지었다. 그러자 동석했던 김동성 씨는 그가 일찍이 스톤 씨에게 내가 에든버러대학 출신의 신사라고 소개했음을 상기시켰다. 그러자 스톤 씨는 나에게 온갖 칭찬을 다했다. 그는 그렇게 영어를 유창하게 구사하는 한국인은 처음 보았노라고 새삼 감탄했다.

그 후 1946년 1월 13일에 나는 드디어 경기도 경찰부장직에 정식으로 취임했다. 이때는 이미 좌익과 우익이 신탁통치에 대해 찬탁贊託, 반탁反託으로 각각 갈라져 대립하며 연일 시위를 전개하고 있는 중이었다. 이날 저녁 나는 취임 후 처음으로 출입기자단을 국일관國一館에 초대하여 그들을 위한 파티를 베풀었다. 그 자리에 참석한 기자 중에는 〈인민보人民報〉, 〈조선통신朝鮮通信〉 등 좌익계의 기자는 물론 버릇없이 사람을 골리기 좋아하는 무례한 기자들도 없지 않았다. 그러나 나는 여기에 개의하는 눈치를 보일 수는 없었다.

자유로운 시국담을 곁들인 파티가 끝나고 집에 돌아오니 밤 11시 30분쯤이 되어 있었다. 어두운 밤하늘에서는 함박눈이 내리고 있었다.

학병동맹學兵同盟의 난동

경찰부장을 수락하고 얼마 후 전화벨 소리가 요란하게 울려왔다.

"부장 각하 계십니까?"

경찰부에서 걸려 온 전화였다.

"응, 그래. 뭐야?"

"오늘 저녁 수천 명의 반탁反託 학생들이 데모를 벌인 후 서대문의 백범白凡 김구金九[19] 선생 댁으로 향하려다 종로 네거리에서 수를 알 수 없는 무장 괴한들로부터 습격을 받았습니다. 그곳은 상호간에 총격전이 벌어지고 납치와 저항의 싸움으로 수라장이 되었습니다. 이 통에 학생 15명 가량이 죽거나 부상을 당했습니다. 경찰이 긴급 출동하여 지금 범인을 수색 중에 있습니다."

나는 급히 현장으로 달려갔다. 이날 오후 2시에 반탁전국학생연맹反託全國學生聯盟 주최로 반탁성토대회가 있었다. 대회를 마친 학생들이 데모에 나섰다가 저녁 무렵 이런 유혈 참사가 벌어진 모양이었다.

현장인 광화문에 도착하여 보니 문자 그대로 수라장이었다. 눈 쌓인 전찻길 위에는 선혈이 낭자하였다. 구호를 못 받아 쓰러진 채 누워 있는 여학생 두 명도 보였다. 수사관에게 물으니 범행은 학병동맹學兵同盟의 맹원으로 판명되었고, 그중 5, 6명은 이미 체포했다고 했다.

유혈 참극의 시말은 대략 다음과 같다. 이날 오후 5시쯤 반탁성토대회를 끝마친 학생들은 군중들까지 합세하여 좌익계의 〈인민보人民報〉, 인민당人民黨, 서울시인민위원회 등에 몰려가 이를 차례로 습격, 파괴하였다. 그들은 그 후 김구 씨에게 반탁의 총의를 전달하고자 서대문의 경교장京橋莊으로 향하였다. 데모의 대열이 종로 네거리에 이르렀을 때 난데없이 총기를 든 괴청년들이 나타나 학생들을 습격하였다. 좌익계의 응원 요청을 받은 학병동맹의 맹원들이었다. 연락을 받은 학병동맹은 당장에 군사부장 박진동朴晉東의 지휘로 수십 명이 무기를 휴대하고 거리로 나와 반탁 시위 학생들에게 총격을 가했다는 것이다.

이와 같이 사건의 개요를 파악한 나는 곧 주모자의 체포와 삼청동 학병동맹 본부의 수색에 나서기로 했다. 새벽 2시경 무장 경관 50여 명을 직접 지휘하여 동맹 본부를 포위했다. 그러나 포위당한 동맹 본부도 만만치가 않아 경찰에 대하여 먼저 총을 쏘아 왔다. 형편이 이에 이르자 경찰로서도 그냥 있을 수는 없었다. 경찰의 응사로 인하여 총격전이 오래 계속되었음은 물론이다. 얼마 후 쌍방에 피해가 나기는 했지만, 날이 밝기까지 무려 600명이나 되는 동맹원을 체포하게 되었고 다수의 무기를 압수하였다. 그리고 동맹 군사부장 박진동은 부득이 현장에서 희생되지 않을 수 없었다.

세칭 학병동맹 사건이 있고 난 뒤부터 비로소 경찰의 위신이 서기 시작하였다. 또, 이때부터 경찰은 마음놓고 정복을 입고 다닐 수가 있었다. 그전까지 경찰은 권위도, 신뢰감도 갖지 못했던 것이 사실이다. 중부서의 서장 같은 이는 겁이 나서 출퇴근 때는 꼭 사복을 하고 서뽊 내에서만 정복을 입고 있었다. 그러나 이 일이 있고 난 뒤로부터 국민은 경찰의 권위를 인정하게 되었고, 그 정도가 지나쳐 일종의 공포감마저 느끼게 되었다. 확실히 이를 계기로 하여 점차 질서가 잡히고 치안이 회복되어 가는 듯했다. 한마디로 말하면 100만 원의 현금을 가진 여자가 안심하고 밤길을 다닐 수 있을 정도까지 평온하여졌던 것이다.

정판사精版社 사건의 진상

　경기도 경찰부는 이후 수도관구首都管區 경찰청으로 되고, 전국을 3개의 경찰 행정구로 개편하게 되니 나는 제1경무총감부第一警務總監部 총감 겸 수도관구 경찰청장이 되었다. 그리고 이 수도청의 설치와 아울러 경찰의 위신은 더욱 서 가게 되었다. 전 내무부장관 김효석金孝錫 씨는 뒷날 그 당시 자기가 수도청 앞을 지날 때는 어찌나 떨리고 겁이 나던지 일부러 그 길을 피하여 돌아다녔다는 농담 섞인 술회를 나에게 한 적이 있을 정도였다.

　그리고 한 가지 덧붙일 것은 그 당시 좌익은 곳곳에 무기를 숨겨 두고 있었는데 우리는 여러 번 이를 적발하여 압수한 일이 있다. 그 무기는 주로 일본인들이 남기고 간 구구식九九式 소총 등이었다. 그중에는 일제하의 나남羅南 사단에 있던 무기를 소련 점령군이 모아 가지고 남한으로 내려보낸 것들도 많았다.

　이 밖에도 여러 가지 사건이 많았는데 그 어느 경우에도 나는 소신을 굽힌 일이 없다.

설산雪山 장덕수張德秀 씨의 암살 사건이 일어났을 때의 일이다. 이에 대한 수사가 진전됨에 따라 암살의 배후에 백범 김구 씨가 직접 관련된 것은 아니지만, 적어도 그의 지지파 내지는 임시정부 측이 관련된 혐의가 있다는 사실이 포착되었다. 그러므로 나는 경교장에 대한 수색영장을 내리고 하였다. 그러나 이를 눈치챈 하지 중장이 저지시켰다. 그리고 이 사건을 군정 재판에 넘기고 말아서 우리는 끝내 손을 못 대고 말았다. 평소에 모든 사건을 매섭게 처리하는 나의 성질을 잘 알고 있던 하지 중장은 혹 김구 씨에게 무슨 화가 가지 않을까 염려가 된 나머지 이와 같은 조처를 취하였던 것이다. 또 내가 공산당의 박헌영朴憲永을 직접 체포하려고 했을 때였다. 하지 중장은 미국과 소련의 공존을 꾀하던 당시의 국무성 정책에 따라, "만일 당신이 그를 체포하면 국제적인 트러블이 일어난다."고 말하며 이를 막아 버렸다.

창랑 선생이 미군정 러치 장관(Archer Lynn Lerch)에게 수도관구 경찰청장으로서의 권위를 인정받고 있다.

그러다가 1946년 5월에 조선정판사朝鮮精版社의 위폐 사건이 일어났다. 백일하에 이와 같은 공산당의 음모가 폭로되자 국민은 크게 놀랐다. 이 사건은 좌익계가 이 나라에서 합법적으로 설

땅을 잃게 된 터닝 포인트가 되었다. 곧 박헌영 도당徒黨에 대해 지명 수배가 내려졌다. 그때까지 좌익이란 것이 도대체 무엇인지 잘 몰랐던 국민도 이제 공산당에 대한 정체를 똑똑히 알 수 있게 되었다. 이때는 미소공동위원회가 서울에서 열리고 있었기 때문에 소련과의 관계를 고려해서 좌우에 대한 차별은 하지 말자는 것이 군정의 정책이었다.

그래서 이 사건 전까지만 해도 공산당도 라디오 방송 시간을 얻어 민족진영과 대등한 조건으로 대민 방송을 하고 있었던 것이다.

소위 정판사 사건이란 잘 알려진 바와 같이 국내 경제 질서를 교란시키고 공산당에 자금을 조달하기 위한 대규모의 계획적인 위조지폐 사건이다. 이 사건의 단서는 중부서의 현을성玄乙成 경위가 잡았다. 그는 그를 찾아온 한 사람으로부터 우연히 위폐 관계의 얘기를 듣고 힌트를 얻었다 한다. 여기에서 거슬러 올라간 끝에 어느 개인 집에 보관 중이던 백 원짜리 징크zinc판을 압수하기에 이르렀던 것이다. 이 징크판은 바로 조선정판사의 것이었다. 이 사실을 알게 된 수사관 일동은 그저 어안이 벙벙하였다. 조선정판사라는 곳은 바로 10개월 전인 일제 말기까지 조선은행朝鮮銀行 백 원권이 인쇄되었던 근택近澤 인쇄소였기 때문이다.

형사대는 조선정판사를 포위하고 평판과장平版課長을 체포하였다. 평판과장은 일제시대부터 근택 인쇄소에 근무하던 기술자였으며, 해방과 더불어 출판 노조에 가입하고 조선 공산당에도 입당한 좌익 극렬 분자였다. 그는 공산당 지령에 의해 남한의 경제를 교란시킬 목적으로 백 원권

지폐를 대량 위조했다고 자백했다. 곧이어 정판사 사장이 체포되었다. 그러나 최고 지령자인 〈해방일보解放日報〉 사장 권오직權五稷과 공산당 재정부장 이관술李觀述은 도피한 까닭에 뜻을 이루지 못했다.

유석維石과 나와 하지John Reed Hodge 장군

  정판사 사건은 7월 28일에 이르러 서울지방 법원 법정에서 조재천曺在千 검사 등의 입회 아래 양원일梁元一 판사 주심으로 역사적인 제1회 공판이 개정되었다. 이날 새벽부터 정동 일대에는 수백 명의 공산당원이 소위 항쟁가抗爭歌를 부르며 법정 내외를 소란케 하여 기마대를 비롯한 수백 명의 경관이 동원되기도 하였다. 사태의 악화를 우려하여 나는 미군정청 경무부장인 유석 조병옥 씨와 함께 직접 법정에 나가 사태를 지켜보았다.

  수도청장으로 있을 동안 나는 유석과 하루에도 몇 번씩 접촉을 가지면서 경찰 행정, 정부 수립에 관하여 수시로 의견을 나누었다. 그리고 우리는 매사에 의견이 일치되었다. 항간에서는 유석과 내가 좋지 못한 사이라는 풍문도 있었다고 하지만 이것은 터무니없는 이야기다. 그때 좌익과 맞서 일선에서 싸우던 우리의 의견이 맞지 않았더라면 어떻게 건국의 초석을 마련할 수 있었겠는가. 이제 고인이 되었지만 유석은 분명히 그릇이 큰 인물이었다. 그 당시 직제상으로 유석은 나의 상관이었지만 우리는 원래 가까운 사이라 나는 항상 아무 거리낌 없이 그에게 독설을 퍼부었다. 그러나 이에 대하여 그는 한 번도 불쾌한 빛을 보인 일이 없으며 항상 무반응이었다.

하루는 우리 둘이 자리를 함께한 곳에서 의견이 엇갈려 내가 쏘아붙인 일이 있었다. 그런데 이때도 유석은 그저 빙그레 웃고만 있었다. 그의 이와 같은 태도에 나는 더욱 화가 났다.

"이놈아, 너는 어찌 그리 비굴하냐. 나에게 무슨 소리를 들어도 화를 내지 않으니."

나의 도전에 그는 대답했다.

"이놈아, 지금 우리 둘이서 싸움을 하게 되면 나라는 누가 세우냐. 나라를 세우고 난 다음에는 네가 죽든지 내가 죽든지 한바탕 크게 싸워 보자."

이 얼마나 뜻깊은 이야기이며 범인으로서는 도저히 생각조차 못할 일이 아니겠는가.

그러던 어느 날 하지 중장의 통역관 이묘묵李卯默 씨가 수도청으로 전화를 걸어 하지 중장이 할 얘기가 있다고 하니 곧 들어오라는 것이었다. 사령관실에 들어서니 하지 중장은 파이프를 입에 물고 있었으며, 내가 자리에 앉자 이렇게 말하는 것이었다.

"중요한 문제가 있어 오늘 장 총감을 불렀소. 다름 아니라 앞으로의 정책을 의논하자는 것이오. 지금까지 미 국무성에서는 이승만 박사를 지지해 왔는데 이제부터는 좌우 합작을 위하여 중립적인 김규식 박사를 지지하기로 바꾸었습니다. 장 총감도 앞으로는 김규식 박사를 지지하는 방향으로 일을 해 주기 바라오."

이러한 그의 말은 나로서는 도저히 받아들일 수 없는 제안이었다. 나는 비꼬는 투로 말하였다.

"지체 높은 사령관의 말을 제가 감히 거역할 수 있겠습니까. 그리고 지금 그 말은 오히려 늦은 감이 있지만 참 잘하셨습니다. 잘 알았소이다."

그러고는 안주머니에서 봉투 한 장을 꺼내어 그에게 건네주었다. 하지는 의아스럽게 물었다.

"이게 무어요?"

"펴 보시면 알 것 아닙니까?"

나는 퉁명스럽게 말했다.

그 봉투 속에 있는 것이 사표임을 알자 그는 얼굴이 굳어지더니 언성을 높이며 심한 욕설까지 했다.

"당신이나 조 부장이나 다 나쁜 사람이오."

그는 아마 나와 유석이 사전에 협의라도 하여 그의 제의를 거절하기로 한 것같이 생각한 모양이었다. 그러나 사실 우리는 사전에 아무 연락도 없이 한 일이었다.

하지의 방을 나와서 유석을 만나 보았더니 그도 하지의 그 같은 제의를 받고 사표를 냈다는 것이었다. 이러한 일이 있고 난 뒤부터 하지는 두 번 다시 김규식 박사를 지지하라는 말을 하지 않았다.

이처럼 유석과 나는 중요한 문제에 있어서는 이심전심으로 늘 의견이 일치되었다.

이 박사와 위성衛星들

미군정의 좌우 합작 정책에 따라 두드러지게 된 사람이 김규식 박사였다. 김 박사는 당시 치안의 책임을 맡고 있던 유석과 내가 여전히 이 박사를 지지하는 데 대하여 몹시 못마땅하게 생각하고 있었다. 그래서 하루는 김 박사를 만났더니 이와 같이 말했다.

"장 총감은 이제 사표를 내는 것이 어떻겠소. 그렇지 않아도 곧 갈리게 될 터이니."

이 말을 듣고 나는 하지 중장이 김 박사에게 무슨 말을 하였을 것이라고 생각하여 하지 중장을 만났다. 그리고 하지 중장에게 이러한 이야기를 하였더니 그가 대답했다.

"당신과 조 부장은 우리 국무성에서 절대 신임하고 있는 사람인데, 어찌 일개 사령관인 내가 마음대로 할 수 있겠소."

우리가 김 박사를 지지하지 않는 데는 적이 불만을 가지고 있던 하지 중장이었다. 그러나 우리를 다른 인물로 갈아 치운다면 치안을 유지하기가 어려우리라는 사실도 그는 잘 알고 있었다.

이러한 상황에서 1946년 3월 20일에는 덕수궁에서 제1차 공위共委, 미소공동위원회가 열리게 되었다. 이것을 계기로 민족진영은 분열의 위기를 치르게 되었지만, 탁치託治 문제를 논의하는 이 회기 동안 우리 국민들은 한결같이 반탁의 뜻을 나타내었다. 이 기간 동안에는 모든 시위가 금지되었음에도 불구하고 학생을 비롯한 많은 시민들이 덕수궁 문밖에서 반탁 시위를 벌였다. 이러한 국민의 뜻을 공위에 반영시켜야겠다고 생각한 나는 러치 미군정 장관을 달래어 시위대의 대표로 이철승李哲承[20] 씨를 덕수궁에 입장시켜 미국과 소련의 대표와 만나게 하여 준 일이 있었다.

이때 공위의 소련 측 대표이던 스티코프Terenty Fomich Shtykov 대장은 내가 미워서 어쩔 줄을 모르는 눈치였다. 그리고 이 공위가 결렬되기 바로 전에 드디어 그는 나에게 비난의 화살을 돌리고 말았다.

"남한의 경찰은 일제 때 독립운동을 하던 사람들을 체포하던 그 경찰들을 그대로 놓아 두고 갖은 악행을 다하고 있는데, 그 장본인이 바로 장택상이다."

이때 나는 전에 김성수 씨 댁 사랑의 서가에서 읽었던 어떤 책자의 내용이 생각나서 다음과 같이 반박하였다.

"당신들이 존경하는 레닌Vladimir Ilyich Lenin은 왜 혁명 후에도 제정 러시아 시대의 경찰을 그대로 썼는가. 이 사실부터 먼저 대답하여라."

이 말에는 스티코프도 함구불답緘口不答이었지만 그 밖의 일에도 나는 그에게 어떻게 따지고 들었던지 저녁에 집에 돌아오니 목이 쉬고 경찰 제복 칼라collar의 후크가 떨어져 있었다.

만일에 좌우 합작이 된다면 이 나라는 결국 공산화되고 말 것이라는 신념을 가졌던 내가 이 기간 동안에도 계속하여 이 박사를 지지하여 왔음은 앞서도 잠시 말한 바 있다. 사실 우리 민족진영 중에서도 특히 이 박사와 우리와의 관계는 바로 태양과 그 주위를 도는 위성과의 관계에 비유하여도 별로 과장은 아니었다. 그리고 이때 나는 근묵자흑近墨者黑이라는 말처럼 정치에 있어서도 비슷한 교육을 받고 비슷한 생리를 가진 사람들끼리 친하여지게 마련이라는, 지극히 단순한 듯하면서도 항상 작용하는 대전제를 깨달았다. 솔직히 말해서 중국 계통의 임시정부 요인要人보다는 구미歐美 계통의 이 박사에게 친근감이 더하는 것은, 내가 청년 시절의 교육을 영국에서 받은 탓인지는 몰라도 어쩔 도리가 없었다.

그러나 이 무렵 하지 중장은 내가 이 박사에게 호위 순경을 붙이는 것조차 꺼렸다. 또한 나에게 직접 이러한 그의 뜻을 여러 번 전한 일이 있었다. 이에 나는 할 수 없이 경관에게 사복을 입히고 그를 계속 호위하도록 했다. 이 박사가 1946년 12월 도미할 때도 나는 가능한 한 많은 사복 경관을 풀어 그의 신변을 보호하도록 하였다.

위기일발의 나날

나는 미군정 기간 중에 여러 번 암살을 당할 뻔하였다. 그중에서도 특히 두 차례는 정말 위기일발의 순간이었다. 그 첫 번째는 정판사 사건이 있고 난 한 달쯤 뒤인 1946년 11월에 당한 일이고, 또 한 번은 그로부터 2년 후인 1948년 1월의 일이다.

1946년 11월 13월 오전 8시 30분경 자동차로 수표동 자택을 나와 제1경무총감부로 출근하는 길이었다. 을지로 2가 전찻길 바로 앞 중앙 극장 건너편에 있는 공지 부근을 지날 무렵이다. 괴한 두 명이 별안간에 나타나더니 자동차 정면에 수류탄 2개를 던지고 권총을 난사하였다.

바로 차에서 뛰어내린 나는 권총을 뽑고 맞설 태세를 갖추었다. 운전사가 유리창을 부수고 들어온 수류탄을 발로 밀어냈다. 차에 같이 타고 있던 하河 경사는 도주하는 범인을 추격하여 그중 한 명을 체포하였다. 내가 타고 나오던 자동차는 불에 타고 있었다. 이것들은 모두 일순간에 일어난 일이었다.

이때 함께 태우고 나오던 어린애들에게 생각이 미쳤다. 급히 차 쪽으로 달려가 보니 하 경사가 불덩이 속에서 겨우 구출하기는 하였지만 애들은 머리가 다 타 버리고 질식 상태에 있었다.

　잠시 후에 정신을 차리게 되니 나는 통증을 느끼게 되었다. 나는 피를 흘리며 인근의 성모병원으로 달려갔다. 경찰복을 입고 피를 흘리며 들어가니 간호원은 그저 멍하니 서 있을 뿐 응급 치료를 하려 들지 않았다. 이 순간 나는 그 간호원도 혹 공산당원이 아닌가 하는 생각이 들었지만, 사실은 뜻밖의 상황에 너무나 놀란 간호원이 그저 당황하였을 뿐일 것이다. 그리고 이때 입은 상처는 과히 깊지 않아 며칠 후에 완치되었다.

　두 번째 피습은 학병동맹 사건에 보복하기 위하여 남로당의 지령에 의하여 감행된 것이었다. 1948년 1월 24일 오전 10시 반경 수표동 자택을 나와 등청하던 도중 첫 번째 저격을 당했던 장소 부근인 장교동의 어느 사진관 앞 노상에서 잠복했던 괴한에게 소이탄燒夷彈 투척을 받았다. 이때 나는 부상을 당하지 않았으나 2명의 경호원은 손과 머리에 화상을 당하면서 범인 1명을 체포했다.

　이때 나는 달리는 차 속에서 무심히 담배를 피우고 있었다. 별안간 차창이 찡하고 부서지면서 쇠덩어리 하나가 날아와 바른편 손등을 스치면서 발 앞에 떨어졌다. 곧 왼쪽 문을 열고 내리려고 하는 순간 그쪽으로 또 하나가 폭발했다. 나는 다시 바른쪽 창문을 열고 피신하면서 범인을 향해 권총 두 발을 쏘았다.

　내 앞에 떨어진 소이탄은 불발탄이었다. 그러나 밖에서 터진 소이탄에 같이 타고 있던 2명의 경호원이 화상을 당했다. 하 경사는 나보다 재빠르게 뛰어내려 도주하는 범인을 쫓아가 잡았는데 범인은 나를 보고 "허허" 하고 웃었다.

경찰에 인계된 범인은 범행 동기에 대에 자백하였다.

"학병동맹 사건 이래 장 총감의 좌익 탄압이 심하여 도저히 그전처럼 활동을 계속할 수가 없었다. 따라서 장 총감을 죽여 남한의 경찰을 무너뜨리고자 하였다. 그리고 나는 장 총감을 살해하라는 남로당의 지령을 받았다."

내가 이와 같이 생명의 위협을 받자 가족들은 나에게 경찰을 그만두도록 권하였다. 중형仲兄, 장직상의 걱정도 컸다.

"괜히 경찰복을 입고 있다가 제 명에 못 죽을까 봐 그런다. 무엇이 답답하다고 경찰관이 되어 가지고……."

이와 같은 중형의 말에 나는 맞대고 무어라고 대답은 못 하였지만 처음에 고하古下의 원수를 갚고 우리 지도자들을 보호하기 위하여 뛰어들었으니, 이제는 건국 과정에서 그대로 물러설 수 없다고 생각하였다. 이러한 나의 생각은 간접으로나마 중형에게 전하여졌으며, 이 말을 들은 중형은 이와 같이 말하였다고 한다.

"그것이 소신이라면 그대로 하여야지."

지금 돌이켜 생각해 보면 그때 어디서 그렇게 정력이 솟아났는지 정말 밤낮을 가리지 않고 분투, 노력하였다. 그러했기에 5·10 총선거도 극히 평온하게 치를 수 있었으며 이에 따라 정부의 수립을 보게 되었다.

이와 같이 갖은 고초를 겪으며 우리가 닦아 놓은 길에 건국 후 오늘날까지 우리는 여러 번 뜻밖의 사태에 부딪히게 되었다. 마치 '원님 행차한다고 길을 닦아 놓았더니 아무개가 먼저 지나간다'는 속담 격이다.

그러나 하루속히 우리의 눈앞에 탄탄한 대로가 열리는 것을 보고 눈을 감았으면 하는 일념은 병상에 있는 내 머리에서 떠날 때가 없다.

테러 만능 시대에 정계 투신

8·15 해방이 되자 나는 수도청의 전신인 경기도 경찰부장에 임명되었다. 그러나 내 기질이 경찰하고는 먼 것이라 거듭 사양해 오던 중에 고하 송진우 씨가 암살되고 사회가 혼란해지자 주위에서 권고를 하고, 내 생각에 그것도 나라를 위하는 길이거니 하고 경찰부장직을 맡기로 했다.

그 후 어떠한 격동기를 맡게 되었는지 그 많은 사건들을 일일이 나열할 수는 없는 일이다. 다만 공산주의와의 합작으로 해서 한국을 통일시키려는 미 국무성의 방침에 따라 그것을 강행하려는 미군정 측에 맞서 당시 경찰 책임자였던 조병옥 박사와 수도 행정 책임자였던 내가 얼마만큼 고투를 해야만 되었던지 당시를 회상할 수 있는 사람이면 쉬 짐작할 수 있을 것이다.

당장 내일이라도 공산정권이 수립될 듯한 그 무서운 혼란 속에서 전후 아홉 차례에 걸쳐 권총, 수류탄의 습격을 받아 가면서도 진두지휘에 나서 결국은 저들을 굴복시켰던 일이 지금 이 순간에도 악몽처럼 되살

아난다.

이렇게 해서 사회가 어느 정도 안정이 되자 이승만 박사가 대통령이 되었고 조각組閣, 내각 조직을 서두르게 되면서 나는 이 박사의 자문에 응하기 위해 이화장梨花莊에 출입이 잦았다.

그런데 내각이 발표되기로 된 날 아침에 청장실에 있으려니 이승만 박사로부터 곧 오라는 전화가 왔다. 이화장으로 갔더니 기다리고 있던 기자들이 몰려들면서 내가 내무부장관이 된다는 게 사실이냐고 물었다. 사실 이승만 박사와는 사전에 그런 내약이 되어 있었으나 그것이 인사 비밀인 이상 밝힐 수 없었다.

"난 부르기에 왔을 뿐이오."

이와 같이 말하고 들어가 보니까 이 박사는 없고 국무총리로 국회의 인준을 받았던 철기鐵驥 이범석李範奭[21] 씨가 내 허리를 껴안고 반기며 이런 소리를 했다.

"내무, 외무 바꿔."

"아니 철기, 무슨 말이야? 누가 외무고, 누가 내무요?"

내가 시치미를 떼었더니 원래 내가 내무로 정해졌던 것인데, 윤치영尹致暎[22] 씨한테 그것을 맡기고 나를 외무로 바꾼다는 것이었다.

"내 나이 예순이 가까운데 이거 아무리 뭣해도 명색이 독립 국가로 나가는데 일국의 장관을 혼자 쥐었다 놓았다 할 수 있는 사람은 누구고 이게 무슨 체면 없는 일이오. 도대체 뭐요?"

이와 같이 말했더니 이범석 씨가 무안했던지 비로소 내 허리를 안았던 손을 가져가면서 말했다.

"아니 창랑, 석 달만 바꿔 줘."

그러나 나는 "난 가오." 한마디 던지고는 즉시 돌아서 나와 덤비는 기자들을 떨쳐 버리고 수도청으로 차를 몰았다.

그러나 오후에 나온 신문을 보니 '외무부장관 장택상'이라고 발표가 되어 있었다. 물론 나는 마음에 내키지 않는 일이었으나 그래도 정부를 수립하는 역사적인 순간에 괜히 자리를 다투는 인상을 줄까 싶어 입각하기로 했다. 그런데 결국 제1회 국무회의에 참석했던 이승만 박사가 갑자기 일어서더니 말했다.

"외무와 내무가 바뀌었어."

이어 이범석 씨가 선뜻 이렇게 반문했다.

"바뀌었다는 말씀을 잘 못 알아듣겠습니다."

그러나 이 박사는 역시 같은 말을 강경히 되풀이했다. 이렇게 되니 내 자신이 그냥 앉아만 있기가 난처하게 되어 나는 그 자리에서 일어서며 말했다.

"설사 바뀐 게 사실이라 하더라도 그것을 지금 도로 바꿀 수는 없는 일입니다. 첫 내각을 발표해 놓고 사흘이 못 되어 그것을 바꾼다면 정부 위신은 뭐가 되겠습니까. 이대로 두시는 게 좋습니다."

이에 이범석 씨도 말했다.

"저, 지금 각하 말씀은 잘 알아듣겠습니다만 장택상 외무부장관이 경찰 문제에는 수시로 연락을 해서 잘 해결하도록 할 터이니……"

그러나 이 박사는 여전히 소신을 굽히지 않았다.

"안 돼. 바꿔야 해."

이래서 내가 다시 자리에서 일어나 전과 같은 말을 진정으로 해 드렸더니 한참 생각하던 끝에 이 박사는 "그러면 한 3개월쯤 두어 보지." 하고 말해서 우선 그 문제는 일단락을 지었다.

그러고 나서 이 박사는 인촌 김성수 선생을 내각에 끌어들이려다가 실패했는데, 다시 절충해 보라고 내게 지시했다.

"그럼 이름을 주십시오. 무슨 장관을 주시렵니까?"

내가 말했더니 그때 이미 내각의 자리는 다 차 있어 남은 것이라고는 무임소장관無任所長官 자리뿐이었다. 그것을 하게 해 보라는 것이었다.

그래서 인촌 선생한테 가니 즉석에서 거부하는 것이었다. 다음에 또 가니, "이놈의 자식, 또 오면 죽인다." 하고 화를 냈다. 그래서 이승만 박사에게는 가사家事로 인해 못 하겠다고 하더라고 말했으나, 또 가 보라기에 세 번째 인촌 선생에게 갔으나 역시 일은 성사되지 못했다.

외무장관 시절의 에피소드

전진한錢鎭漢 씨는 초대 사회부장관이었고, 허정許政[23] 씨는 초대 내각에서 40일 만에 사임한 민희식閔熙植 씨의 뒤를 이어 자리한 2대 교통부장관이었다.

그런데 이 두 사람 사이에 공무원의 노동조합 가입 문제로 시비가 벌어졌다. 허정 씨는 공무원이 노동조합에 가입할 필요가 없다고 했고, 민희식 씨는 가입해야 된다는 주장으로 맞섰다. 이 때문에 연 3일간 국무회의가 벌어졌는데, 하루는 민희식 씨가 노발대발해 가지고 나가더니 다시는 돌아오지 않고 자퇴해 버렸다. 주위 사람들이 그렇게 만류했건만 결국 그는 장관직을 헌신짝처럼 던져 버렸다. 그런데 얼마 안 가서 무임소장관으로 있던 지청천池靑天 씨가 하루는 가만히 앉아 있다가 불쑥 한다는 소리가 그만두겠다는 것이다. 그래서 내가 물었다.

"왜 그러시오?"

"아냐, 싹을 보니 틀렸어."

"우리도 틀린 줄은 모르는 바 아니오. 그러시지 말고 그냥 더 해 보십시다."

나는 만류했으나 지청천 씨는 머리를 가로저으면서 일어섰다.

"아냐. 나 가오."

이와 같이 말하고 그는 가방을 들고 나가 버렸다.

지금도 그때 그 두 분이 한 통쾌한 일을 생각해 보면 말 없는 경의가 앞선다. 그것은 누구나 할 수 있는 일이 아니다. 천하 없이 좋은 것이라도 자기 기분에 맞지 않으면 도저히 묵과하지 않는 그 기질은 본받아야 한다.

이렇게 싹이 틀린 내각이 5개월째로 접어들었을 때 내가 외무부장관 직을 물러나야 할 일이 생겼다.

윤치영 씨하고 나하고 미국인 헬펙이라는 사람하고 셋이 미군정을 이양받을 때 일이었다. 한참 서류를 대조하고 서명하기에 바쁠 때 불쑥 헬펙이라는 사람이 이런 소리를 했다.

"정항범鄭恒範이라는 사람이 여러 나라 외국어에 능통하고 실력도 있습니다."

그러나 나는 그런 사람을 전혀 모르고 있어서 알아봤다.

그런데 하루는 이승만 박사가 나를 불러서 갔더니 "정항범이를 중국대사로 보내야겠어."라고 하지 않는가. 나는 대뜸 반대했다.

"그 사람 안 됩니다. 좋지 않은 사람입니다."

이에 이 박사는 불쾌한 표정을 짓고 되물었다.

"증거 있소?"

"증거 있습니다."

나는 대답하고 그간 그 사람에 대해서 내가 알아본 대로 말했다. 그리고 물러 나온 지 5분도 안 되어서 또 오라는 전화가 왔다. 그래서 경무대 문을 들어서는데 마침 이범석 씨가 오기에 대뜸 "여보 큰일났소." 하고 정항범 얘기를 했더니 이범석 씨도 그 사람이 중국에서 나쁜 짓을 많이 해 중국 사람들한테는 아주 평이 나쁘다면서 역시 걱정을 했다.

이렇게 이범석 씨와 같이 들어가니까 이 박사는 다시 정鄭이라는 사람 얘기를 꺼냈다. 그래서 내가 말했다.

"저보고 물어보실 것 없습니다. 국무총리가 그 사람을 잘 알고 계십니다. 저는 그 사람하곤 인사도 없습니다."

그때 이범석 씨가 내게 했던 말을 다시 들려주었다.

그러자 이 박사도 "그럼 안 되겠다." 하고 말해서 그날은 그쯤으로 일단락지었다.

그런데 다음날 프란체스카Francesca Donner Rhee 여사한테서 전화가 왔다. 정이라는 사람을 중국 대사로 해 달라는 것이었다. 그래서 "노No." 하고 전화를 딱 끊어 버렸다.

그러나 나는 내 자리가 흔들거리고 있다고 직감했다. 그래서 재빨리 책상 서랍을 정리하는데 몇 시간 안 되어서 다시 경무대에서 호출이 왔다. 내가 올라가니까 짐작했던 대로 이승만 박사는 이렇게 말했다.

"저 필리핀은 내가 윤치영이보고 가라고 그랬는데 영국에는 외무부장관이 좀 가오."

"시찰입니까?" 하고 짐짓 말하니, "아니 대사로……." 하고 말끝을 흐리었다.

나는 더 말하지 않고 준비해 간 사표를 내놓았다.

"그게 뭔가?"

"사표입니다."

"사표라니?"

"외무부장관 사표지요."

"이거 왜 그러나?"

"가정 사정으로 외무부장관은 못 하겠습니다. 영국에는 딴 사람을 보내 주십시오. 이다음에 가지 지금은 못 가겠습니다."

나는 자리에서 일어섰더니, "좀 기다리게." 하고 만류하는 것을, "기다릴 것 없습니다. 바쁩니다." 하고 나오니 이범석 씨가 쫓아 나오면서 막았다. 그러나 나는 그대로 장관실로 차를 몰았다.

얼마 뒤에 존슨을 비롯한 20여 명의 외국 기자들이 몰려와서 물었다.

"영국 가라는 것을 거절하면 그만이지 외무부장관 사표는 왜 내시오?"

나는 내 말을 받아쓰라 하고서 다음과 같이 말했다.

"대한민국 대통령은 자기가 임명한 대한민국 국무위원을 자유로 처리할 수는 있으나, 대한민국 국민을 국외로 오스트라사이즈ostracize, 아테네에서 시행된 정치적 추방의 일환 할 수는 없는 법이오. 착한 사람을 대한민국 밖으로 추방하라는 것은 대한민국 헌법에 없소."

존슨 기자는 "당신이 말한 대로 쓸 수 있느냐?" 하고 물었다. 그래서 나는 대답했다.

"그대로 쓰시오. 더 고치지 말고."

이 말에 비로소 존슨 기자는 급히 기록을 했다.

그 당시 조병옥 씨는 대통령 특사로 미국에 가 있었는데 그 신문을 보고 후에, "창랑이 오스트라사이즈라는 문자를 썼는데 내가 그것을 보고 창랑의 영어 지식에 새삼 감탄했다."라고 하기에 "그건 문제도 안 된다." 면서 서로 농담을 주고받던 때가 어제 같다.

창랑산인(滄浪散人)

수장가收藏家의 고금

서화의 수장은 순위로 말하면 중국, 일본, 조선이다. 조선은 수장가收藏家로 저명한 사람이 극히 희소하다.

조선 초엽에 안평대군安平大君이 명품거작名品巨作을 왕자의 기세로 천금을 불석不惜하고 다수 매입하여 그 목록 잔편이 지금까지 남아 있으나 실물은 병화에 손실되고, 또 조선 사람의 수장 관념에 대한 결핍으로 진기한 법물法物들은 다 구름처럼 흩어졌다. 또 중엽에 와서 낭선군朗善君이 중외금석법첩中外金石法帖과 서화골동書畵骨董을 많이 수장하였으나 역시 출처가 불분명하다. 상고자尙古子 김광수金光遂가 수장에 저명하며, 말엽에 와서 육교六橋 이조묵李祖黙은 가세가 부요富饒하고 학식이 고명하며 시문서화詩文書畵를 다 구비하였다. 중국 명류들과 교유交遊가 빈번하여 불후의 진품을 다장多藏하였으나 지금 와서는 하나도 볼 수 없게 되었다. 이것이 만일 지금까지 남아 있다고 하면 동양무쌍東洋無雙의 보물이다.

미술은 민족적으로 사수할 필요가 있다. 왕석往昔의 광영光榮을 자랑하자면 미술 아니고는 증거할 수 없다. 나폴레옹 황제가 이태리를 정복하고 첫 정사政事로 박물관의 비장품을 절거竊去하였고, 북청사변北淸事變에서 연합군은 영업무전英業武殿의 비장품을 약탈하였다.

이만큼 미술품이 국가나 민족의 이목을 용동聳動한다. 우리는 우리 수중에 남아 있는 미술품도 인식 부족으로 다 버리고 말았다. 참 비참한 사실이다. 최말엽에 와서 오역매吳亦梅, 민운미閔雲楣 양 선생은 참 우리에게 다시 없는 은인이다. 현재 조선에 남아 있는 미술품은 다 이 두 선생의 비장하였다. 이거나마 외지로 산실이 많이 되고 잔품이 아직도 우리 수중에 약존약무若存若無하다.

역매 선생은 청조와 깊은 관계가 있어서 석학홍유碩學鴻儒들과 왕래가 잦았고, 또 감식에 고명하여 희세稀世의 진품을 많이 조선에 수입하였다. 중국 본지에서도 구하려야 구하지 못할 진품이 조선에 와서 남아 있다.

운미 선생은 초방귀척椒房貴戚으로 일찍 무사無事를 비탄하고 급류용퇴격急流勇退格으로 상해에 피신하여 한묵翰墨에 종사하였다. 상해는 물질문명뿐 아니라 정신문명의 중심지다. 당시 강남대가들이 상해에 웅거하고 있었다. 그는 원래 물질의 속박이 없으므로 명류名流들과 나날이 교류하며 문주文酒로써 세월을 보내었다. 그가 사망한 후에 자기 평생 애완하던 비장품 중에 삼분의 이는 상해에서 없어지고 나머지는 조선으로 와서 삼산오열三散五裂되었다. 지금 우리가 가지고 있는 것은 다 없어진 나머지에 천신만고로 구득하였다.

참 참혹하게도 인식 부족한 일이다. 나는 생각하건대 이것이나마 우리가 사수할 필요가 있다고 본다. 사람은 밥만 먹고 사는 것이 아니다. 왕석의 광영도 돌보아야 한다. 수장가의 책임이 우리 조선에 있어서는 이와 같이 중요미가 있다. 칠영팔락七零八落한 우리의 미술품을 사력을 다하여서도 견수堅守하자. 국보외출방지령國寶外出防止令이 생긴 이 시대에 우리는 무슨 꿈을 꾸고 있는가. 다른 사업도 필요하지만 우리 정화의 결정품을 보관하자. 외출방지를 실지화實地化하자면 유지가有志家가 각성하여야 하겠다.

조선의 고대 건물은 나날이 훼철되어 다시 빙거憑據할 수 없고, 경성 시내에 유수한 대가도 집 장수 손에 다 훼철되고 있다. 조선 건축의 윤환미輪奐美는 다시 볼 수도 없이 사라지고 있다. 결론은 조선 민족의 손으로 만들어 놓은 금자탑은 그림자도 없이 된다. 외인의 손에 없어지지도 않고 우리의 손에 다 없어지고 만다. 구주대전歐洲大戰에 백이의白耳義, 벨기에나 불란서 고대 건물이 독일 포화에 파괴된다고 중립국들과 미국이 엄중 항의하였다. 우리는 누가 항의할까 생각하면 비통하다.

창랑 선생은 우리나라 문화재의 국외 반출을 막기 위해 수많은 예술품을 수집했다. 대표적으로 ①분청사기상감초화문매병(보물239호) ②금동여래불입상 ③백자청화사각병 ④주흑칠수자문함 ⑤양각박쥐문 초롱 ⑥충무공전서 외 전적 등이 있으며, 위 예술품을 비롯한 도자기 11점, 불상 2개, 서화류 10점, 전적류 15점, 인장 23점, 민속품 20여 점 등이 영남대 박물관에 기증, 전시되어 있다.

선봉사지칠층석탑은 고려 초기에 제작된 높이 2.3m의 보물급 문화재다. 문화재 훼손과 반출을 막기 위해 창랑 선생은 1932년 이 석탑을 수습했다. 그 후 1963년 케네디John F. Kennedy 미국 대통령이 암살되었을 때, 고인을 추모하고 한국의 문화재를 세계에 알리고자 이 석탑을 미국의 케네디 대통령 무덤 앞에 세우려 했다. 이는 창랑 선생은 영국 유학 시절 주영駐英 미국 대사였던 케네디 대통령의 부친과 친분이 있었기 때문이기도 하다. 하지만 재클린 리 케네디Jacqueline Lee Kennedy 영부인이 그리스 사업가 아리스토틀 오나시스Aristotle Onassis와 재혼한다는 소식에 실망한 창랑 선생은 이를 전면 백지화했다.

이와 같이 몰각沒覺한 일을 보고 지내기가 정말 어렵다. 조선 미술의 구세주는 다시 나지 않는가. 학수鶴首로 고대苦待한다. 우미優美함이 좋고 추악醜惡함이 싫은 것은 사람의 상정이다. 우리의 실력으로도 자각만 하면 많은 미술품을 아직도 수장할 수 있다.

국회부의장 되자 6 · 25 전쟁 발발

외무부장관직에서 물러난 뒤 향리인 경북 칠곡에서 제2대 국회의원에 입후보하여 압도적으로 당선된 나는 의정 활동에 투신하게 되었다. 내가 국회부의장이 된 것이 이때인데, 민주 정치의 구현을 위한 온갖 시련을 맛보아야 했다. 세상이 다 알고 있겠지만 6 · 25 전쟁을 겪어 온 국민이 다 그러했듯이 이 제2대 국회의원들처럼 많은 사건에, 또 수난을 당한 의원들도 없을 것이다.

1950년 6월 25일, 이날은 때마침 일요일이었다. 그래서 노량진에 있는 우리 집에는 국회의원 이호석李浩錫, 류홍柳鴻 두 분이 와서 환담을 나누고 있었다. 그런데 오전 11시쯤 난데없이 비행기 소리가 나더니 폭탄이 폭발하는 소리가 요란스럽게 들려왔다.

이에 당황한 나는 불길한 예감에 곧 영등포 경찰서에 연락을 해 보았으나, "아무 일도 없습니다. 비행기요? 그건 연습하는 것이겠지요." 하고 대답할 뿐이었다. 그래서 다시 육군본부 정보국에 전화해 보았더니 그곳에서도 같은 대답이 왔다. 그런데 얼마 뒤에 경찰서에서 전화가 걸려 왔다. 그 비행기는 북한 괴뢰들의 것이고, 여의도 비행장에 폭탄을 떨어뜨렸다는 것이다.

그때까지 소규모의 전투는 종종 있었으나 비행기가 날아와서 폭탄을 던지는 예는 없었기에 불길한 예감을 안은 채 다음날 국회에 나가 국방부장관 신성모申性模 씨로부터 정세 보고를 받았는데, 조금도 염려할 바 없다는 답변이었다. 그러나 이에 자극된 국회는 미국에 무기 원조를 교섭하기 위한 대표단을 선출하고 일단 해산을 했다.

그런데 6월 27일 새벽 2시에 해공海公 신익희申翼熙[24] 씨로부터 전화가 왔다.

"창랑이오? 아무래도 국회를 비상 소집해야겠소. 빨리 오시오."

매우 힘없는 음성이었다.

나는 곧 차를 몰고 국회의사당으로 달려갔다. 조소앙趙素昻 씨를 비롯한 30여 명의 의원들이 나와 있었고 이제 경무대에서는 자리를 뜬 뒤였다. 국회는 정세를 알아보기 위해 나를 뽑아서 신성모 씨에게 보냈다.

국방부 복도에서 이형근李亨根 씨를 만나 물으니, 방금 미아리에서 돌아오는 길인데 수도 서울의 방위가 불가능하다고 했다. 나는 덜컥하는 가슴을 누르며 행여나 하고 장관실에 들어갔더니 신성모 씨가 이렇게 말했다.

"고향 선배니까 솔직히 말씀드리는데 빨리 뜨십시오."

나는 그 길로 국회로 돌아와 보고했다. 정식 개회를 본 새벽의 국회는 서울 시민과 함께 수도를 사수하자는 주장과 정부를 따라 남하하자는 주장이 엇갈려서 논란이 벌어졌다. 그러나 결과적으로 수도 서울을 사수하자는 주장이 단연 우세하여 새벽 2시 반에 사수할 것을 결의하였다.

이렇게 해서 일단 결의를 했으나 전세는 시시각각으로 험악해져 갈 뿐이었다. 결국 국회의장단은 국회의원 각자가 개인행동을 취하라고 통지했다.

그 후 노량진 집으로 돌아온 나는 가족의 뒤를 따라 시흥에 있는 내 별장으로 갔다. 거기에는 국회 사무총장 가족도 와 있었고, 그날 오후 4시에는 당시의 외무부장관 임병직林炳稷[25] 씨도 나타났다.

다음날 정부를 따라서 대전에 집결한 국회의원들은 이승만 박사가 국민에게 사과문을 발표할 것을 의결했다. 이에 해공과 죽산竹山 조봉암曺奉岩[26]과 내가 도지사 관저로 이 박사를 찾아가 그 필요성을 설명하면서 간곡히 청했으나, "내가 당唐 덕종德宗이야?" 하고 한마디로 거절했다. 백성을 난에 휩쓸리게 한 것을 자기 잘못으로 알고 사과문을 발표한 당나라의 덕종이냐는 반문이었다.

국회는 대구에 가서야 정식으로 활동을 재개했다. 9월 초순 군사 원조를 요청하기 위한 대표단으로 임병직 씨와 김동성 씨와 내가 선출되어 뉴욕에서 열리는 5차 유엔총회에 참석했다.

내가 돌아왔을 때는 정부와 국회는 서울로 옮긴 뒤였다. 그때 국회에서는 남하 못한 국회의원들에 대한 시비로 한참 논란을 벌이고 있었다.

그래서 나는 그 부당성을 강경하게 주장, 역설하였다.

다시 말하면 비단 국회의원뿐만이 아니라 일반 국민들이 남하 못한 데 대한 책임은 우선 정부가 져야 한다는 것이 내 의견이었다.

6·25 전쟁이 터지고 얼마 지나지 않아서의 일이다. 그러니까 6월 27일 정부가 수원으로 옮겼다는 말을 듣고 시흥에서 수원으로 향할 때 마침 김용한 씨의 승용차가 비탈길에 빠진 적이 있었다고 한다. 그런데 바삐 후퇴하는 군인들이 지치고 위급한 걸음을 멈추고 이 자동차를 끌어올려 주더라는 것이다. 이에 감격한 김용한 씨가 담뱃값이라도 하라고 하면서 얼마간의 돈을 주려고 하자 군인들은 "우리들이 돈이 필요해서 그런 것이 아닙니다." 하고 도리어 불쾌한 내색을 하더라는 말을 전해 듣고 나는 우리가 결코 망하지는 않겠다는 신념을 다시 갖게 되었다.

어떠한 국가를 막론하고 후퇴하는 군인들의 소행이란 거의 똑같이 약탈과 추행으로 장식되는 것이다. 위급한 걸음을 멈추고 비탈길에 빠진 민간인 차를 구해 준다는 것은 군의 사기와 규율이 그대로 살아 있다는 사실을 입증하는 것이며, 그 사기와 규율이 살아 있는 한 결코 망할 수 없다는 신념을 갖게 해 주는 것이었다.

6·25 전쟁으로 대구에 피난 가 있을 때, 하루는 김홍일金弘壹[27] 장군이 나를 찾아와서는, "죄송한 인사를 올리고자 왔습니다." 하기에 내가 "그게 무슨 말씀입니까? 수많은 생명을 구한 은인인데……." 하고 한강 작전에서 떨친 그분의 공로에 경의를 표했더니, 그분은 대략 다음과 같

은 말을 들려주는 것이었다.

　괴뢰군이 서울에 침입하였을 때 정부 요인과 국회의원, 그 밖에 수많은 피난민들이 한강 이남에 머물러 있었다. 만약 괴뢰군이 한강을 넘어서기만 하면 이 수많은 생명이 일시에 희생을 당할 순간이었다. 그러나 김 장군은 한강 남쪽에 높이 서 있는 내 집을 기점으로 하여 며칠 동안이나 사력을 다하여 괴뢰군에 대항함으로써 수많은 사람들을 대전, 대구로 피난할 수 있도록 하였다는 것이다. 그러니까 내 집과 재물은 괴뢰군이나 유엔군의 비행기에 폭격당한 것이 아니라 한강 방위를 위한 김 장군의 폭탄 세례에 희생되었던 것이고, 김 장군이 나를 찾아와서 사과하는 것이 바로 그 점이었다.

　그러나 수많은 생명이 그로 인해 구해졌으니 나는 반갑고 기쁠 따름이었다. 김 장군의 공훈은 높이 평가되어야 할 것이다.

명외교가名外交家 전말기

1950년 9월 초순, 당시 국회부의장이었던 나는 지금 주 인도印度 총영사로 있으며 당시 외무부장관이었던 임병직 씨와 함께 5차 유엔총회에 참석하기 위하여 미국으로 동정同程했다.

우리는 부산 수영水營 비행장에서 서북 항공기North West Airlines 편으로 알래스카를 거쳐 뉴욕으로 가게 되었다. 우리는 이른 아침 첫새벽에 알래스카 미 공군기지에 도착하였다. 사령관 스미스 중장은 일행을 맞이하기 위하여 비행장에 대기하고 있었다. 그리고 우리들은 스미스 중장의 차를 타고 저택으로 안내를 받았다.

그런데 나는 조반 대접을 받기 전에 수염을 깎기 위하여 내 가방 안에 넣었다고 생각되는 면도를 찾았으나 어찌된 일인지 면도는 들어 있지 않았다. 그래서 나는 할 수 없이 스미스 중장에게 면도를 빌려 달라고 요청하였다. 그랬더니 스미스 중장은 전기면도기를 나에게 빌려주는 것이었다. 그러나 나는 이 전기면도기의 사용 방법을 알지 못하였기 때문에 어쩔 줄을 모르고 좀 당황하였다. 스미스 중장은 내 눈치를 즉시 알아채고 나를 의자에 앉히더니 자기가 직접 면도해 주겠다고 말하는 것이었다.

나는 "미안하다."라고 말하고, "미국 공군 중장의 손으로 내 수염을 깎게 된 것은 일생에 잊지 못할 영광이다."라고 말하였더니, 스미스 중장은 대뜸 나에게 "천만에! 내 아무리 공군 중장이라 하더라도 일국의 국회부의장의 면도를 하여 주게 된 것을 내 자신의 영광으로 생각한다."고 반격하여 오는 것이었다. 그런데 이것은 그와 나, 단둘이서 주고받은 말이었는데도 어찌된 일인지 미국 중요 도시의 신문에 이 일이 일제히 하나의 에피소드로서 보도되었다.

나는 5차 유엔총회를 마치고 그해 10월 하순 귀국할 차비를 하고 있었는데, 워싱턴에 주재하던 당시 주 미국 대사 장면張勉[28] 박사로부터 "미국 대통령이 내일 아침 11시에 백악관에서 장 부의장을 인견引見하겠다니 장 부의장은 밤차로 뉴욕을 떠나 워싱턴에 도착하여 주었으면 좋겠소."라고 연락이 왔다.

그래서 나는 장 박사에게 "우리 일행인 김동성 의원은 어찌하면 좋겠느냐?"고 물어보았더니 장 박사는 "백악관 비서관 말이 국회 간부가 아닌 평의원平議員은 대통령을 인견하기가 좀 어렵다고 하니 김 의원은 그대로 뉴욕에 남아 있는 것이 좋겠다."고 대답하는 것이었다.

나는 즉시 뉴욕에서 밤차를 타고 워싱턴으로 향하였다. 그 익일 11시에 나는 외무부장관 임병직 씨와 장면 박사의 안내로 백악관에 가서 트루먼 대통령Harry S. Truman 비서관의 안내를 받았다.

그런데 그때 내가 입고 있던 복장은 초라하였다. 6·25 전쟁 당시 나의 가산과 모든 의복은 다 공산군의 전리품이 되어 버렸고, 나는 국회를 이끌고 대전으로, 대구로 전전하면서 부산에 갔던 까닭에 옷 한 가지 변변히 사 입지 못하였던 것이다.

그래서 이 대통령의 요청으로 내가 향미(向美)하였을 때는 모자 하나 제대로 쓰지 못하고 동경에 들렀더니 재일교포 한 사람이 모자를 사 주기에 그것을 덮어쓰고서 뉴욕까지 가게 되었던 것이다.

우리들이 백악관에서 트루먼 대통령을 만나기로 한 시간은 상오 11시로 되어 있었으나 우리들은 20분을 앞당겨 대통령 비서관실에서 대기하고 있었다. 대통령 비서관은 장면 박사와 담화를 나누고 있으면서도 연상 곁눈으로 내가 입은 복장과 신은 구두를 보더니, 대뜸 나에게 말을 걸어 보는 것이었다.

"장 부의장이 신은 황색 구두는 좀 곤란한데요."

나는 즉각 대답했다.

"내가 비록 이 모양으로 이곳을 들어오기는 하였으나 이 복장, 이 구두가 말이 안 된다는 것쯤은 알 만한 사람이오. 그러나 뜻밖에 대통령 요청으로 이곳까지 오게 되어서 내 자신도 당신이 말하기 전부터 무례하게 되었다는 점을 느끼고 있었소. 그러니 나는 대통령 인견을 사양하겠소."

나는 그 자리에서 벌떡 일어섰다. 그러자 비서관은 아연실색, 내 손을 꽉 잡고 말하는 것이었다.

"나는 과거에 이런 전례가 없었을 뿐 아니라 백악관 전통에도 황색 구두를 신고서 들어온 분이 없었기 때문에 말해 본 것뿐이지 결코 장 부의장에게 실례를 의식하고 한 말은 아닙니다."

비서관은 사과하면서 몹시 당황해하는 것이었다.

"내가 어떻게 대통령의 요청에 따라 오시게 된 분을 만나야 한다든지, 또는 만나서는 안 된다고 말씀드릴 수 있겠습니까."

그래서 나는 다시 자리에 앉으면서 "그렇다면 할 수 없지 않소!" 하고 웃어 버렸다.

우리들은 11시 정각, 비서관의 안내로 대통령실에 들어갔다. 트루먼 대통령은 자리에서 일어서서 우리를 맞이하여 주었고 몹시 반가워하는 눈치였다.

그런데 우리들이 대통령실에 안내를 받아 들어가기 전 비서관은 우리들에게 주의의 말로, "대통령이 오늘 하오 2시 웨이크도島에서 맥아더 Douglas MacArthur 원수와 만나기로 되어 있으니 면담 시간은 15분 내로 끝마쳐 주십시오."라고 부탁하는 것이었다.

트루먼 대통령은 6·25 전쟁으로 얼마나 고생이 많으냐고 위로의 말을 하면서 우리 세 사람에게 일일이 악수를 하여 주는 것이었다.

트루먼 대통령이 자리잡고 앉아 있는 정면 벽에는 길이 2미터 반, 폭이 80센티미터가량 되어 보이는 미국 초대 대통령 워싱턴George Washington의 초상화가 걸려 있었다. 나는 트루먼 대통령을 정면으로 쳐다보면서 말했다.

"저기에 걸려 있는 초상화는 미국 건국의 영웅이요, 초대 대통령이신 워싱턴 장군의 그림인데 우리 한국 사람들은 현 트루먼 대통령을 미국 시민이 생각하고 있는 워싱턴 대통령보다 더 존경하고 있습니다."

그 이유로 "트루먼 대통령이 6·25 전쟁에 군원軍援과 재원財援을 하여 주지 않았던들 극동의 고아인 신생 공화국은 이미 세계 지도에서 지워지고 말았을 것입니다."라고 설명하면서 "한국에서는 국민학교초등학교 아동들까지도 트루먼 대통령을 구세주로 생각하고 있을 뿐 아니라 또 그렇게 알고 있습니다."라고 덧붙였다.

이 말을 듣고 있던 트루먼 대통령은 "오, 미스터 장! 천만의 말이오. 천만의 말이오." 하고 두 번 되풀이 하더니, "사람은 죽어서 관 속에 들어간 뒤라야 그 진가를 말할 수 있지. 더구나 내가 그렇게 한국 사람의 존경을 받을 수 있겠소."라고 말하면서도 희색이 만면하였다. 그리고서는 왼편에 서 있던 애치슨Dean Gooderham Acheson 국무부장관을 쳐다보면서, "여보, 미스터 애치슨! 이 사람들이 온 목적이 한국의 미군 증원과 또 여러 가지 요구가 있을 것이니 우리 정부로서 할 수 있는 최대한의 성원을 하여 주어야 합니다."라고 말하면서, 자기가 웨이크도에 갔다 오기 전이라도 마샬George Catlett Marshall 국방부장관을 이 사람들과 만나게 하여 주어 이 사람들의 모든 요구를 미국 정부의 힘이 닿는 대로 도와주도록 하라고 강력히 지시하는 것이었다.

우리들은 10분 남짓하여서 자리에서 일어섰더니 트루먼 대통령은 놀라는 기색으로 왜 벌써들 일어서느냐고 우리보고 더 있으라고 만류하는 것이었다.

나는 "대통령실에 들어오기 전 비서관으로부터 15분이라는 면담 시간을 벌써 정해 받았습니다."라고 말한즉, 트루먼 대통령은 "아니 내 비행기는 2시에 떠나는데 1시 반까지는 시간이 넉넉하니 한국 사정을 더 알려 주시오."라며, 내 옷깃을 잡고 자리에 도로 붙들어 앉히는 것이었다.

그래서 나는 본국을 떠나기 전 구영숙具永淑 보건사회부장관으로부터 부탁받았던 일이 생각나서 트루먼 대통령에게 "우선 급한 것이 노천에서 공부하고 있는 수만 아동들이 떨고 있는 것입니다."라고 실정을 설명하고 모포 50만 장을 대통령에게 요청하였다. 그러자 트루먼 대통령은 즉석에서 애치슨 국무부장관에게 "30시간 이내에 모포 50만 장을 한국으로 수송하시오."라고 명령하는 것이었다.

그 후 내가 부산으로 돌아오자 구 보건사회부장관은 국회부의장실로 나를 찾아와서, "장 부의장의 주선으로 모포 50만 장을 받았습니다." 하고 치하의 말을 하는 것이었다.

나는 부산 임시수도에 돌아온 후 귀국 보고를 하기 위하여 대통령 임시 관저로 이 대통령의 유무를 전화로 알아보았더니 비서관 말이 서울에 계시다고 했다.

그 이튿날 나는 미 군용기 편으로 서울에 가서 경무대로 이 대통령을 찾아갔다. 비서관의 안내로 대통령실에 들어갔더니 이 대통령은 자리에서 일어서면서, "장 부의장은 훌륭한 외교가야. 어쩌면 그렇게 트루먼 대통령을 말 한마디로 녹였지?" 하고 몹시 기뻐하는 것이었다.

내가 이 대통령 밑에서 수차 봉직하여 보았지만, 그날처럼 만면희색滿面喜色으로 나를 맞이하여 주기는 처음이었다. 나는 이 대통령을 향하여 "선생님, 어떻게 그것까지 알고 계십니까?" 하고 물었더니, 이 대통령은 "장 부의장이 오기 전에 다 보고가 들어왔지." 하고 말하면서 평생에 없던 차 대접까지 하여 주는 것이었다.

지금 지난 과거를 더듬어 볼 때 이런 일 저런 일들이 상기되어서 때에 따라서는 감개가 무량하기도 하다.

동란動亂 속의 유엔 외교

외교관 타입은 예술가처럼 선천적인 것이요, 후천적으로는 되지 않는다는 것이 식자의 결론이다.

때는 1950년. 공산군 탱크 부대는 평화스러운 남한의 정적을 깨뜨리고 38선을 넘어 노도와 같이 몰아쳐 왔다. 장비로 보나 병력으로 보나, 무엇보다도 사기로 보아서 빈약한 우리 군대는 계절풍에 떨어지는 낙엽과 같이 흩어지기만 하였다.

수도 서울은 완전히 무방비 상태였고 정부와 국회는 심야에 회의만 거듭할 뿐 어찌할 방도를 몰라 서로 얼굴만 쳐다보고 있었다.

소총 소리가 들려오고 탱크의 포탄이 쏟아져 내리는 이른 새벽에 정부는 정부대로 도망쳐 버렸고, 국회는 국회대로 삼삼오오 짝을 지어 한강을 건너가는 것이었다. 이것이 바로 우리가 겪은 6·25 전쟁의 편각片角이요, 그 외에 일반인이 겪은 참담한 모습이란 바로 단테Durante degli Alighieri가 그려 놓은 지옥, 그것이었다.

내가 지금 말하고자 하는 에피소드는 정부와 국회가 부산으로 이동한 그해 9월 미국 뉴욕에서 열리는 5차 유엔총회에 유엔군 증파增派 및 국군 장비 강화 문제로 정부에서 임병직 외무부장관. 국회 대표로는 부의장인 나와 김동성 의원이 파견되어 강력한 외교 정세를 취하던 때의 일이다. 이상 우리 세 사람은 뉴욕에서 장면 주 미국 대사와 만나 우리들이 할 역할을 분담하기로 합의했다.

유엔총회는 9월 하순에 막을 올렸다. 우리는 대통령의 신임장을 유엔 사무총장에게 제시했는데 대한민국은 정식 회원국가가 아니기 때문에 총회에는 참석할 수 없었고 정치위원회에만 참석할 수 있었다.

그것도 처음에는 회원국가가 아닌 우리나라 대표단의 발언을 듣기 위하여 유엔 정치위원회에 입장시키느냐의 여부로 한동안 유엔 내부에서 말썽이 있었다. 이 문제를 해결하기 위하여 나는 선두에 나서 먼저 영국 대표를 만나 간청하고 애걸복걸했다. 그 결과 가장 먼저 그들의 동의를 얻었고, 다른 대표들도 분담받은 외국 대표들에게 어려운 동의를 얻어 마침내 정치위원회에서 받아들이기로 결정을 보게 된 것이다.

그때 기억나는 일로는 미국 정부도 미국 정부지만, 가장 앞장서서 우리들 입장을 대변해 준 나라가 희랍希臘, 그리스이었다. 지금도 그때 일을 상기하면 희랍 정부에 심심한 감사의 뜻을 바치게 된다.

우리들은 정치위원회에서 지정된 시간에 임병직 외무부장관을 수석 대표로, 국회부의장이었던 나와 장면 주 미국 대사를 2석으로 하고, 국회의원 김동성 씨까지 4명이 참석하여 수석 대표가 연설을 하게 되었다.

마침내 의장으로부터 한국 대표에게 연설하라는 호명이 있자 유엔 빌딩이 떠나갈 듯한 우레와 같은 박수가 터져 나왔다. 그들은 아마 우리들이 전쟁을 수행하고 있는 반공 국가 대표라는 의식이 머리에 떠오른 것 같았다. 그중에서도 가장 흥분되어 소리치면서 벌떡 일어나 박수를 보낸 국가는 바로 남미에 있는 콜롬비아 대표였다.

외무부장관 임병직 씨가 미리 준비하였던 연설문을 들고서 낭독하려는 찰나 어디서 외마디 소리가 쏟아져 나왔다. 50여 개국 대표들은 뜻하지 아니한 이 외마디 소리에 서로 놀라 앞뒤를 살펴보았더니, 이 외마디 소리는 바로 소련 대표석에서 나온 것이었다.

당시 소련 대표 비신스키Andrey Yanuarevich는 그 유명한 파철破鐵 같은 목소리로 우리 대표단을 손가락질하면서 욕설을 퍼붓기 시작하는 것이었다. 그는 다짜고짜로 첫마디가 "이 사람 백정 놈들아." 하고 벌떡 일어나더니, "너희 놈들은 애국자를 도살屠殺하고, 미국 놈들로부터 얻어 온 총탄으로 평화스러운 인민의 나라 북조선을 침입하여 동족상잔을 일삼는 놈들이다."라고 소리치면서 한층 음성을 높이더니, "그 원흉 조병옥, 장택상, 이 두 놈은 인민의 적이며, 저기에 앉아 있는 장면이도 인민의 고혈을 빨아먹어 살이 통통하게 쪘다."고 입에 담지 못할 상된 욕을 퍼붓는 것이었다.

국제회의는 물론 어느 회의 석상에서든지 수석 대표 아니고서는 발언을 할 수 없게 되어 있기 때문에, 나로서는 과연 참기 힘든 일이었다. 그

6·25 전쟁 속에서 5차 유엔총회에 참석한 창랑 선생과 한국대표단의 모습. 그들의 성공적인 외교로 5차 유엔총회에서는 대한민국이 국제적 지지를 얻는 주요 결의들이 채택됐다.

러나 겨우 참고서 다만 나의 오른쪽 주먹을 번쩍 들어서 비신스키의 턱을 쥐어지르는 형용만 하였다. 비신스키는 러시아 제정 시대에 검찰총장과 사법부 요직을 역임한 사람으로 법률 전문가일 뿐 아니라 외국 역사에 해박하기로 그 유례가 드문 인물이었다. 어느 나라가 자기의 공격 목표가 될 때 그는 그 나라 역사부터 들고 나선다.

그 비신스키가 유엔에서 발언하기 시작하면 대다수의 외국 대표들은 가져왔던 가방을 다시 챙겨 들고 나가 버린다. 그 이유는 저희들에게 불리한 결의가 있으리라고 예상되는 때는 비신스키는 하루 종일 연설을 계속하여 다른 국가 대표들에게 발언할 시간 여유를 주지 않아서 그 결의는 결국 흐지부지 유산되고 말게 되는 것이다. 이것이 공산당의 전략이기도 한 것이다.

우리가 5차 유엔총회에서 할 사명으로 한국을 떠나기 전 이 대통령으로부터 몇 가지 지시를 받았는데, 그중에서도 가장 중요한 문제는 유엔군의 증원 문제였다.

그리고 나와 장면 주 미국 대사는 한국에 주재하고 있는 유엔 회원국 대표 중 몇몇 국가의 대표를 대체하자는 데도 합의를 보았다. 내가 대체를 주장하는 국가는 인도와 시리아 두 나라였다. 나와 장면 대사는 이 문제로 당시 미 국무부장관 애치슨 씨와 수차 회담을 가졌으나 애치슨 씨는 난색을 보이는 것이었다. 그는 이 두 국가의 대표를 대체하자면 그들에게 체면이 깎이지 않을 어떤 설명이 필요한데, 미국 정부로서는 어떤 '익스큐스excuse'도 찾을 수가 없다는 것이었다. 그런데 내가 인도와 시리아 양국 대표를 타국 대표로 대체하여 달라고 하는 이유는 그들이 우리에게 사사건건 반대하는 태도를 보여 왔고, 유엔 본부에 보내는 보고서에서도 우리 측을 불리하게 유도할 뿐 아니라 여러 가지 정세를 사실과 달리 비꼬아서 그러는 까닭이었다.

장면張勉 씨의 선견先見

하루는 장면 대사와 내가 애치슨 장관을 만나 유엔 회원국 대표 대체에 대하여 결말을 지어 달라고 대들었다. 애치슨 씨는 우리들의 강경한 요청을 아무 답변 없이 듣기만 하더니 돌연 나보고 "장 부의장은 영국 출신이라 하던데 사실이오?"라고 묻는 것이었다. 그래서 내가 그렇다고 대답하자 애치슨 씨는 "여러 회원국 중에서도 영국 대표의 동의를 얻기가 가장 난처하니 장 부의장이 먼저 영국 대표를 만나서 미리 뜸을 좀 들여 주시오."라는 것이었다.

나는 다음날 일찍이 영국 대표부를 찾아갔다. 수석 대표를 만나겠다고 하였더니 수석 대표는 사흘이 지나야 영국에서 돌아온다면서 차석인 외무부의 차관보 나팅 씨가 만나 주었다. 그가 "사건이 중요하면 런던으로 전화 연락을 해서 해결 짓겠다."고 언질을 주기에 나는 나팅 씨에게 내가 온 목적을 다 설명하여 주었다. 그러고 나서 여담으로 "한국 정계에는 미국 출신은 많으나 영국 출신은 나 하나뿐이오."라고 말하면서 이 문제에 대하여 나를 좀 도와달라고 간청하였다. 나팅 씨는 나의 솔직한 고백에 동정하는 빛을 보이고 그 즉석에서 별실로 들어가 한 40분쯤 지나 나와서 하는 말이 "외무부장관이 일체의 교섭을 나에게 일임하였으니 걱정할 바 없소."라면서, 즉시 미 국무부장관을 만나라고 말하는 것이었다. 나는 시치미를 떼면서 미 국무부장관과는 일면식도 없으니 소개장을 써 달라고 부탁하였다. 나팅 씨는 즉석에서 소개장을 써 나에게 수교하여 주었다.

나는 그 길로 애치슨 씨를 찾아가 그 소개장을 보여 주었더니 애치슨 씨는 대단히 반기면서 곧 장면 대사를 불러 나와 동석시키고 그 자리에서 "어느 국가 대표와 대체했으면 좋겠소?"라고 묻는 것이었다. 장면 대사는 나를 보며 "장 부의장이 써내시오." 하기에 나는 먼저 '중국 대표'라고 썼다. 그랬더니 장면 대사는 우리말로 "장 부의장! 어쩌려고 그러시오." 하며 놀라운 표정을 짓는 것이었다. 그래서 나는 "자유중국보다 우리를 더 동정하는 국가가 어디 있소?" 하고 반문하였더니 장면 대사는 "그것은 틀림없는 사실이지만, 지금 유엔 내의 정세가 자유중국 대표는 조만간 퇴진하고 중공이 자유중국을 대체할 형편이니 그렇게 되면 우리는 어떻게 된단 말이오?" 하고 반문하는 것이었다. 나는 장면 대사의 여유 있는 사고방식과 미래를 미리 내다보는 식견에 탄복하고, '중국 대표'를 지워 버리고, '호주濠洲'와 '태국泰國'을 써넣었다.

이렇게 나와 장면 씨가 말을 주고받고 하자 애치슨 씨는 의아한 듯 "무슨 얘기를 하고 있소?" 하고 우리에게 묻는 것이었다. 그래서 나는 장면 대사와 하던 말을 그대로 애치슨 씨에게 번역하여 주었더니 애치슨 씨는 빙그레 웃으며 아무 말 없이 인도와 시리아 대표를 호주와 태국 대표로 대체하여 주겠다고 약속하는 것이었다.

나는 10월 중순께 유엔 결의가 통과되는 것을 보고서 부산으로 돌아와 국회에서 그 경과와 내용을 보고하였다. 나는 그 보고에서 장면 대사를 특히 찬양하고 '우리나라 외교관 중에 그분의 식견을 따를 사람이 없을 것'이라고 말했었다. 지금도 그렇지만 그때 유엔의 분위기는 인구 8억이 넘는 중공을 무시하고 절해絕海의 고도孤島에 불과한 자유중국 정부를 중국을 대표하여 유엔에 머무르게 한다는 것은 상식상 있을 수 없는 일이라는 여론이 비등하였던 것이다. 특히 소련과 소련을 지지하는 위성국가衛星國家 대표들이 언제나 이점에 대하여 강경하게 미국 정부를 힐난하던 일은 우리가 다 잘 아는 바이다.

그런가 하면 하루는 우리 대표단 일행이 유엔 본부로 들어가는데 누가 나의 목덜미에 손을 대며 "미스터 장!" 하고 부르는 것이었다. 내가 뒤를 돌아다보니 거기에는 덜레스John Foster Dulles 미 국무부장관이 서 있었다.

그는 전에 내가 초대 외무부장관으로 있을 때 경제 사절단 단장으로 서울에 와 있었다. 나는 그를 외무부장관실로 초대하고 우리 경제인 수십 명을 초대하여 회담한 일이 있었다. 그런 그를 그 자리에서 만나니 퍽 반가웠다. 그는 대뜸 나보고 하는 말이 자기가 한국을 방문한 것이 한국의 국운國運에 크게 도움이 되었다 했다. 그는 자기가 한국을 떠나서 일본서 장시일長時日 맥아더 원수와 회담하고 횡빈橫濱, 요코하마에서 배편으로 미국에 돌아온 지 불과 2주일밖에 되지 않는다고 말하면서, 그가 귀국 도중에 배가 하와이에 닿기 이틀 전에 선중船中에서 무전으로 공산군이 38선을 넘어 그 익일에 서울을 점령하였다는 말을 듣고서 트루먼 대통령에게 일본에 주둔한 미국 군대를 한국에 파견할 것과 한국을 적극 후원할 것을 강조하였다고 자랑삼아 말하는 것이었다. 나는 거듭 감사하다고 말하고, 끝까지 우리를 도와 달라고 부탁하였다.

덜레스 씨는 우리가 미국에 체류하는 동안 물심양면으로 우리를 많이 도와주었다. 그런데 한 가지 생각나는 것은 이분이 국무부장관으로 등장한 뒤로는 어쩐지 이승만 대통령과 사이가 나빠져 이 대통령은 대미對美 관계에 있어서 가장 불리하였고, 이것이 4·19 혁명 때 이 대통령으로 하여금 미국 측의 유형, 무형의 반대에 부딪혀 끝내 대통령직으로부터 물러나 하와이로 망명亡命을 떠나게 되는 원인이었다고 할 수 있다.

파리 만찬의 희비쌍곡喜悲雙曲

1951년 10월경 6차 유엔총회는 불란서 파리에서 열리게 되었다.

나는 1년 전인 6 · 25 전쟁 당시 부산 임시수도에서 5차 유엔총회에 참석하였던 관계로, 아직 완전 해결을 보지 못한 여러 가지 문제를 위하여 6차 유엔총회에도 내가 다시 참석하게 해 달라고 이 대통령에게 서면으로 건의하였다. 그런 지 한 4, 5일 후 황黃 비서관이 전화로 나에게 대통령 임시 관저로 곧 와 달라고 전하는 것이었다.

이 대통령은 나를 보자 "그렇지 않아도 자네가 또 갈 것을 마음속에 바라고 있었는데 수고하여 주겠다니 고맙네."라고 말하면서 당시 국무총리 장면 씨와 파리로 같이 가 달라고 부탁하는 것이었다. 그때 우리들의 목적은 헤이그Hague 국제재판소에 유엔 안전보장이사회의 거부권을 제거하여 달라고 제소提訴하는 것이었다.

나는 그해 9월 16일 장 총리와 함께 파리로 떠났다. 우리는 4개월 반이나 장구한 시일을 그야말로 악전고투하였으나 우리의 소기 목적을 거두지 못하였다. 그러나 어느 정도 한국의 국제적 입장을 뚜렷이 나타낼 수 있었던 것만은 부인할 수 없는 사실이다.

그런데 그 4개월 동안 우리들이 겪은 희비극은 이루 다 헤아릴 수 없겠으나, 나는 지금 막판에 가서 내 자신이 경험한 에피소드 하나를 서술하고자 한다. 이것을 비극이라고 해야 할지 희극이라고 해야 옳을지는 모르겠으나, 나는 국가적으로 보아 희비쌍주곡喜悲雙奏曲이었다고 말하고 싶다.

유엔총회는 1952년 1월 초순에 막을 내렸다. 그런데 막이 내리기 수일 전 불란서 외무성은 유엔 멤버 대표와 옵저버observer로 참여한 한국, 오국奧國, 오스트리아, 일본, 스위스 등 제국諸國 대표들을 외무성 주최 만찬회에 초대하였다. 그때 장면 씨는 그 전해 10월께부터 신병으로 와병

창랑 선생이 6차 유엔총회 한국대표단으로서 환송받고 있다.

창랑 선생이 6차 유엔총회 참석을 환송하는 가족들과 기념 촬영 중이다.

臥病하고 있었으므로 유엔총회에도 참석하지 못하였고, 따라서 나와 임병직 씨, 이묘묵李卯默 주 영국 공사와 전규홍全奎弘 주 불란서 공사 4인이 주로 활약하였다. 이 만찬회는 세계적으로 전통이 삼엄하였고, 장식이 화려한 불란서 외무성 회의실에서 열리니만큼 누구나 이 자리에 초대받는 것을 일생의 영광으로 생각하는 것이었다.

나도 참석할 마음은 도도滔滔하였으나 참석에 필요한 야회복이 없었고, 또 야회복에 맞는 신도 없었다. 그래서 나는 가지 않기로 결심하였다. 그러나 전규홍 공사는 흥분하면서 나를 강제 비슷하게 격려하는 것이었다.

"세상에 사람이 났다가 이런 좋은 기회를 놓칠 수가 있습니까?"

나는 "나도 그것쯤은 잘 알고 있으나 내 자신의 체면은 그만두고라도 한국 체면을 생각한들 어찌 평상복을 입고서 만찬회에 참석할 수 있는가?" 하고 완강히 거절하였다. 그러자 옆에서 듣고 있던 이한빈李漢彬 주스위스 총영사가 "장 부의장, 그럴 것 없이 내가 가지고 온 야회복을 한번 입어 보십시오. 장 부의장에게 맞지 않을지 모르지만 한번 시험 삼아 해 봅시다."라고 말하면서 자기 야회복을 끄집어내어 주는 것이었다.

이 총영사의 키는 나보다 조금 작은 까닭에 내게 꼭 맞지는 않았으나 그런대로 입을 수는 있었다. 그러나 또 이 야회복에 맞는 신이 없었다. 그래서 나는 또 그만두겠다고 거절하였다. 그러자 침대에 누워서 잠자코 듣고 있던 장면 씨가 문득 말하는 것이었다.

"장 부의장, 신 문제는 해결할 수 있습니다. 이묘묵 박사의 발이 내 발보다 조금 작지만 내 신을 신고, 장 부의장은 이묘묵 박사의 발보다 조금 작지만 이 박사의 신을 신어 보죠."

그래서 나는 이묘묵 박사의 신을 신어 보았다. 그 신은 나에게 한 치 반이나 컸다.

그러나 우리들은 서로 신을 바꿔 신고 웃어 가면서 불란서 외무성으로 갔다. 평지에선 그래도 그런대로 행보할 수 있었으나 계단을 오를 때는 큰 신은 제대로 벗어지곤 한다. 불란서 외무성에는 큰 대리석 계단이 있었고, 그 양측에는 옛날 복색을 한 용기병龍騎兵 수십 명이 도열堵列하여 서 있었다. 나는 전규홍 공사의 손을 꼭 잡고 한 계단 한 계단 조심스럽게 올라갔다. 간신히 이 난관은 통과하였다.

그러나 진짜 비극은 회의실 문 안으로 들어서면서 발생하였다. 회의실 안에는 천여 명 가까운 선남선녀가 파종다리같이 서 있었다. 그런데 내 일이 잘 안되려는지 터키 대표 이들Kamil Idil 박사가 나를 바라보자 반갑다고 내 앞으로 다가서면서 자기 앞으로 내 손을 끌어당기는 것이었다. 그러자 그 틈바귀에 내 신 한 짝은 벗어지고 말았다. 사람이나 적으면 벗어진 신을 다시 찾을 수도 있겠지만 파종다리같이 족립簇立하고 서 있는 군중 속에서 벗어진 신 한 짝은 도저히 찾을 수가 없었다.

이들 박사는 전에 한국에 와 있던 관계로, 또 특히 나하고는 교분이 가까웠던 관계로 반갑다고 내 손을 잡은 채 조금도 놓아주려고 하지 않았다. 나는 간신히 묻는 말에 대답을 하는 정도로 수작을 하면서 왼쪽 발을 사방으로 내저어 보았으나 벗어진 신 한 짝은 좀처럼 내 발에 걸리지를 않았다. 그때 마침 내 뒤에 서 있던 전규홍 공사가 눈치를 챘던지 내 벗어진 신 한 짝을 찾아서 자기 발로 굴려 내 발 있는 쪽으로 밀어붙여 주었다. 나는 이때 온 전신에 땀이 한증에 들어간 사람처럼 흐르고 있었다.

나는 이들 박사 곁을 간신히 떠나 유엔총회 의장과 불란서 외무부장관에게 인사만 하고서는 전규홍 공사에게 "여보 전 공사, 여기 더 있다가는 큰 망신하겠소. 어서 갑시다." 하고 재촉하여 돌아서 나오기 시작하였다. 나오다 보니 나보다 더 꾀가 약은 이묘묵 공사는 문턱에 들어서자마자 벽에 기대어 서서 몸을 꼼짝도 않고 서 있었다.

그때 우리들은 중대한 사명을 띠고서 외국으로 나가는 경우에도 1일에 불과 8달러밖에 받지 못하였다. 이것 가지고서는 호텔 방값과 겨우 조반만 먹으면 다 없어지는 것이었다. 그래서 우리들은 외국으로 떠날 때는 그때마다 자기 호주머니 돈을 털어서 암달러를 바꾸어 가곤 하였다. 이런 창피스런 꼴을 한두 번 당하고 나니 우리들은 다시 외국으로 나갈 용기조차 나지 아니하였다.

그래서 나는 언젠가 한 번 부산 수영 비행장에서 잘 아는 당시 대통령 비서관 장기봉張基鳳 씨를 만나자 질책을 한 일이 있다.

"자네는 이런 사정을 잘 알고도 남을 텐데 왜 대통령께 말씀도 아니하고 그대로 두고만 보는가!"

그 덕분으로 그 후부터는 1일 15달러를 받게 되어서 외국 가는 사람들은 그 혜택을 입게 된 것이다. 물론 이 대통령도 외교에 있어서 물질이 필요하다는 것을 잘 알고 있었지만 그만큼이나 미화 한 푼을 금쪽같이 아껴 썼던 것이다. 지금 생각해 보면 고맙기 짝이 없는 일이다. 이 나라 살림을 마치 자기 개인 살림 이상 보살폈고 나랏돈을 자기 호주머니에 있는 돈 이상으로 아껴 쓴 그 유덕遺德을 생각할 때 누가 애국자인가는 스스로 판단이 날 것이다.

보아라! 현 정부 집권자들이 거의 물보다 더 흥청망청 외화를 써 버리는 것을. 이 대통령의 넋이 만일 여기 있다면 기절초풍했을 것이다.

제3대 국무총리 취임

나는 파리에서 개최된 6차 유엔총회에 참석했으며 1952년 3월에 귀국했다. 이때는 이미 저 유명한 부산정치파동의 기운이 감돌고 있었으며, 내 자신이 결국 그 파동의 주동 인물 중의 한 사람으로 등장하지 않을 수 없었으니 거기에 대해서 언급해 보기로 하겠다.

파리에서 내가 귀국했을 당시 나는 사실상 국내의 정세를 상세히 알고 있지 못했다. 그러나 당시의 민국당民國黨은 대통령에 장면 씨를 추대키로 함과 동시에 내각 책임제 개헌안을 추진하고 있다는 이 두 가지 사실을 알 수가 있었다. 이런 정세를 알고 나자, '장면 씨가 대통령이 될 거라면 난들 못할 것이 뭐냐' 하는 심정이 들었다.

파리에서 귀국하여 며칠 안 되는 어느 날, 지금은 고인이 된 이종영李鍾榮 씨가 국회부의장실로 나를 찾아왔다. 이종영 씨는 내각 책임제 개헌안에 대해서 국회의원들이 토의를 하려 하니 다음날 저녁에 요정인 '신성新星'으로 나와 달라는 것이었다. 나는 즉석에서 이를 응락했는데, 그로부터 얼마 후 다시 오위영吳緯泳 씨가 찾아와서는 이종영 씨와 똑같은 당부를 했다.

그래서 다음날 7시 신성에 나가니 곽상훈郭尙勳, 정헌주鄭憲柱, 임흥순任興淳, 엄상섭嚴詳燮, 이종영, 오위영 등 20여 명의 의원들이 회합하고 있었다. 그런데 당시 사회를 보던 곽상훈 씨가 대뜸 말했다.

"내각 책임제 개헌안에는 이미 123명이 도장을 찍었으니 장택상 의원도 도장을 찍으시오."

순간 내 표정이 달라지지 않을 수 없었다. 그럴 것이 이종영, 오위영 두 사람이 전날 밤에 찾아와서는 내각 책임제 개헌안에 대해 토의하자고 나와 달라고 해서 참석했던 것인데, 그와는 달리 이제 일을 다 꾸며 놓고 나로 하여금 도장만 찍으라고 하니 사람의 기가 찰 노릇이 아닌가. 나는 곧장 이종영, 오위영 두 사람을 쳐다보면서 말했다.

"이게 토의라는 것이오? 나는 도장 찍으려고 나온 것은 아니니까 가야겠소."

나는 자리에서 일어섰다. 그러자 정헌주 씨가 "그건 곽상섭 의원이 잘못 알고 말한 것이니 그러지 말고 토의합시다." 하고 만류하기에 나는 다시 자리에 앉으면서 "그럼 대통령 선거를 먼저 합니까, 개헌안을 먼저 상정합니까?" 하고 물었다. 다시 말하여 '선선후결先選後決'인가, '선결후선先決後選'인가 물은 것이다. 그러자 그곳에 모인 여러 의원들이 이구동성으로, "그거야 대통령 선거를 먼저 해야지요." 하고 대답했다. "그럼 대통령은 누굴 뽑을 생각입니까?" 하고 내가 의중을 떠보니 이에 그들은 장면 씨 이야기는 없이, "대통령이야 이승만 박사를 뽑아야지요." 하고 선뜻 대답했다.

이렇게까지 내가 듣고 있던 것과는 다른 이야기들을 하기에 이 사람들과 그 무엇을 의논할 좌석이 아니라는 것을 직감하고, 그러한 개헌안에는 도장 못 찍는다고 전제했다.

"당신들도 알다시피 이 박사가 대통령으로 있는 한 내각 책임제는 도저히 불가능합니다. 따라서 개헌안을 먼저 상정한다면 몰라도 이 박사를 대통령으로 뽑고 나서 개헌안을 상정한다는 그 자체에 이미 불순한 요소가 있다고 보오."

나는 그 자리를 물러나 집으로 돌아왔다.

다음날 아침, 그러니까 신성에서 그와 같은 애매한 회합이 있은 다음날 아침 오위영 씨가 다시 국회부의장실로 나를 찾아왔다. 그는 말하기를 그날 내각 책임제 개헌안을 제출하려고 했었으나 내가 동의하지 않아서, 아니 내가 도장을 찍지 않았기 때문에 4, 5일 연기하기로 되었다는 것이다.

그런데 얼마 뒤에 의사과장議事課長 이호진李鎬賑 씨가 와서는 그날 아침 123명의 동의로써 개헌안이 제출되었다는 말을 해 주는 것이었다. 순간 나는 조금 전에 한 오위영 씨의 말을 상기하면서, "그렇지 않을 걸요. 조금 전 오위영 의원이 와서 4, 5일 연기했다는 말을 하고 갔는데······." 이와 같이 말했으나 이호진 씨는 "접수됐습니다. 제가 똑똑히

창랑 선생이 국무총리로서 전념하던 시절의 유영(遺影)이다.

봤습니다." 하고 분명히 대답했다.

나는 하도 어이가 없고 괘씸한 생각이 들어 김판석金判錫 씨를 불러 암만해도 그들이 하는 소행이 이상하니 우선 그것을 알아보고 개헌안에 동의한 사람들 중에서 35명의 취소 도장을 받도록 부탁했다. 이래서 마침내 36명의 취소 날인을 받는 데 성공하여 그들의 1차 정략은 완전히 실패하고 말았다.

한편 이와 같은 정치적 뒷무대를 조용히 주시하고 있던 원내 자유당 합동파에서는 연일 그 대책을 강구하기에 여념이 없었다. 그러는가 하면 이 박사는 이 박사대로 조용히 정국 수습책을 궁리하더니 뜻밖에도 나를 국무총리로 지명하는 것이었다. 그때가 1951년 4월 22일의 일이다. 지명은 받았으나 정세가 너무나 혼란해서 여러 차례 거부했으나 이 박사는 "장택상이가 내 말을 안 들어." 하고는 일방적으로 국회에 인준을 요청해 버렸던 것이다.

나는 나대로 원내 각 교섭 단체와의 비공식 회합을 갖고 내 일신상 문제는 말할 것도 없거니와 앞으로 닥쳐올 정치상 문제 등을 의논한 결과 내가 나서는 것이 좋다는 지배적인 권유도 있고 해서 하는 수 없이 이를 수락하고 국회 인준까지 받았다.

부산정치파동 경위

　내가 국무총리직을 수락하자 예측했던 대로 야당 측은 내각 책임제 개헌안을 제출하였고 정부 측에서는 대통령 직선제 개헌안을 제출하였다. 이 둘 중에서 어느 것이 통과될 것인가는 예측을 불허하는 극히 중대한 문제였다.
　또한 이와 같은 중대한 난국에 겹치어 '백골단', '땃벌떼'를 비롯한 폭력이 국회의 기능을 위협하고 있었다. 이에 가장 입장이 난처해진 사람은 국무총리인 바로 나 자신이었다.
　그러나 나는 국무총리라는 직분보다는 국회의원의 직분에 충실하기로 작정했다. 사실 내가 국무총리에 임명될 때 이 박사는 두 가지 조건을 붙였다. 즉, 인사 문제와 달러 문제에는 관여하지 말라는 것이었다. 그래서 내가 국무회의에서 무슨 발언을 하게 되면 이 박사는 웃으면서, "이 사람은 국회 국무총리지 내 총리는 아니야." 하는 말을 곧잘 하곤 했다.
　그러니까 악명이 높은 정치파동이 그 절정에 달하였을 때다. 마침내 헌병대 크레인이 국회의원이 탄 버스를 끌고 가는 참담한 모습을 국무총리실에서 직접 유리창을 통해서 내다본 나는 깜짝 놀라는 한편 분노를 억제할 수가 없었다.

세상에서 국회의원이라면 흔히 10만 선량이라고들 말한다. 그러니까 군인들이 와서 크레인으로 국회의원들을 끌어간다는 것은 바로 국민들을 버스에 실어 간다는 말과 다를 바 없다.

내가 이러한 정경을, 세계에 다시 없을 정경을 보고 있을 때 부의장실에는 당시 국회의원이었던 신용욱 씨가 같이 있었다. 푹 치미는 나의 분노는 나도 모르는 사이에 눈물로 변하였다. 나는 곁에서 역시 요지경 속에 망연히 서 있는 그분의 양복 자락을 붙잡았다.

"여보, 오늘이 바로 대한민국이 장송곡을 부르는 날이구려."

나는 통탄해 마지않았다. 그러나 내가 그 자리에 그냥 머물러만 있을 수는 없는 일이었다. 그래도 내가 부의장이라는 직과 국무총리라는 직을 가지고 있는데, 국민의, 나아가 한 국가의 장송곡을 듣고 그 자리에 그냥 멍청히 서 있을 수는 없는 일이었다. 국가의 중대 위기에 처하여 가만히 있을 내 처지가 아니었다. 그래서 나는 당시 경남 도지사 관저에 있는 이 박사를 찾아가 내 모든 자존심을 버리고 이 박사 앞에 두 무릎을 꿇고 두 손을 맞대고 통곡하면서 국회의원을 체포하는 부당성을 간곡히 진언하였다. 그러나 이 박사는 "이런 국무총리는 안 돼!" 하고 일갈하고는 내실로 들어가 버리는 것이었다.

그 후 신라회新羅會에서 발췌개헌안을 제출하여 가까스로 그 난국을 수습하게 되었는데, 그 이면에는 공개할 수 없는 국제적인 모종의 계책이 있었다. 이 내용은 당시 국회의장실에서 의장단과 각 교섭 단체 대표들에게 공개된 바 있었는데, 어쨌든 그와 같은 난국에 처해 해결할 수 있는 유일한 방법으로서 발췌개헌안이 채택되었던 것이다.

이와 같이 일단 개헌 파동이 끝나자 뒤이어 우리나라 역사상 처음으로 직선제 정·부통령 선거가 실시되었던 것이다.

또, 이 선거 결과 대통령에 이승만 박사, 부통령에 함태영咸台永 씨가 당선되자 당시 자유당은 그들의 공천 후보 이범석 씨가 부통령에 낙선된 것은 내가 선거 자유 분위기를 방해했기 때문이라고 해서 나를 고소한 바 있다.

그러나 실상 그때는 내가 국무총리라고 해서 선거 자유 분위기를 방해할 만한 아무런 실권도 없었다. 그때만 하더라도 이미 자유당 천하로서 실질적인 선거 관리는 전부 자유당 손아귀에 있었다. 또, 함태영 씨 당선에 있어서 내가 크게 작용을 한 것처럼 나쁘게 이야기하는 사람이 있다면 이것 역시 그렇게 말하는 사람의 잘못인 것이다.

내가 알기로는 당시 부통령에는 이 박사의 측근으로 알려진 이범석 씨를 비롯하여 이갑성李甲成, 임영신任永信 씨 등이 입후보했는데, 가까운 측근자들이 이 박사에게 누가 좋은가 하고 의중을 타진했을 때 이 박사도 꼭 누구를 시키라든가 누가 돼야 한다는 것이 아니라, "함태영 목사 퍽 양심적이지……." 하는 정도의 말이 있어 이 말이 당선에 주효했던 모양이다.

전시戰時 생활 개선의 안팎

내가 국무총리로서 한 5개월 지나는 동안 남에게 욕을 먹기도 하고 잘했다는 말을 듣기도 했는데 그중에서도 지금 내 기억에 남는 일을 간추려 본다면, 그때엔 전시여서 우선 국민들이 절약하지 않으면 안 되는 때였고, 그래서 전시 생활 개선에 관한 국무총리령을 발하여 공무원들의 요정, 다방 출입을 금했고, 그때 처음으로 대여양곡貸與糧穀이라는 시책을 만들어 영세 국민들을 보살폈다.

그때는 공무원이라는 게 11시쯤 되어서 점심을 한다고 나가서는 2, 3시까지 지체한 다음에 그것도 모자라 다방에서 한두 시간을 보내고, 그래서 돌아오는 게 3, 4시가 되니 그래 가지고 사무를 봤을 리 없고, 또 밤이 되면 고급 요정에 드나들면서 협잡을 하기 일쑤이니 그래 가지고 또 무슨 일이 제대로 되어 나갈 리 없는 것이다. 그래서 우선 그런 것부터 바로잡아야겠다 싶어 비위非違 공무원을 추리니 자그마치 4,900여 명이 걸리어 쫓겨났다. 그중에는 국방부차관도 끼어 있었다. 그때만 해도 국방부가 특전부로 명령을 안 듣기로 유명했는데, 그 또한 그 통에 수정되었다.

애초 이 '전시 생활 개선법'의 공포를 반대하느라고 별 음모, 모함이 다 있었다. 그래서 어쩌면 햇빛을 보지 못할 뻔도 했다. 그러나 근본부터 시정되지 않으면 절대로 이 나라가 바로 될 수 없다는 신념으로 나는 최선을 다해 이 명령을 통과시켰다.

이 국무총리령이 시행되는 동안 그래도 지방 각 곳에서는 적지 않은 환영을 받았던 모양이다. 하루는 어떤 강원도 친구가 찾아와서 하는 소리가 그 사람이 내가 총리로 있을 때 강원도청에 가서 어느 과장에게 점심을 같이 먹자고 하니까 그 과장이 하는 말이, "목이 달아나니까 나갈

창랑 선생이 각부 차관에게 접견 연설을 하고 있다. (출처: 국가기록원)

수 없다."라고 거절하더라는 것이다.

그리고 내가 총리 시절에 부산 대신동에서 셋방을 살고 있었는데, 하루는 어떤 상인이 찾아와서 돈다발을 내주며 말했다.

"이걸 받아 주십시오."

"그게 뭐요?"

내가 물었더니 돈이라는 대답이었다.

그래서 나는 "그런 건 받을 수 없소." 하고 거절하니 그 사람이 말하는 것이었다.

"이건 받아도 좋습니다. 왜 그런가 하니 그전에는 은행에서 예금한 것을 찾으려면 1주일이고 열흘이 걸렸는데 장 총리께서 취임한 이후로는 현장에서 척척 내어 주니 이 돈은 그 이익금으로 드리는 것입니다."

또 한 번은 총리를 그만두고 부산에서 서울까지 자동차로 올라오는 도중 밀양에서 점심을 먹는데 집주인이 점심값을 받지 않았다. 그래서 주인을 불러서 물어보니까 주인이 대답했다.

"장 총리께서 계실 때는 경찰이고 군청 서기고 간에 얼씬도 하지를 않더니 장 총리께서 그만두니까 또 우르르 몰려와서는 마구 거저먹어 대고 하니 한때나마 덕을 본 표시로 밥값을 안 받겠습니다."

그해 10월 국무총리를 사임하고 무소속 국회의원이 되어 민주주의 대원칙에 입각하여 정치를 해 왔다. 따라서 일의 옳고 그름에 따라 때로는 야당 편에 서기도 했고 때로는 여당 편에 서기도 했지만 대체로 야당과 보조를 같이해 왔다. 이것은 나의 정치적 생리이지만 나는 정부를 찬성해야 한다거나 정부를 반대해야 한다는 등의 어떠한 규범 안에서 무엇을 생각하고 행동하고 싶지는 않았다.

아쉬운 재상도宰相道

메마른 한국 사회에 재상도宰相道가 아쉽다.

"자네 그것 알지, 응?"

그 당시 재상이었으며, 한때는 국무총리로서 국가의 제2인자였던 그는 한 외무부 중견 관리에게 노기충천怒氣衝天해서 쏘아붙이고 있었다. 이 관리는 이 말을 들으며 당황한 어조로 변명과 사과의 말을 겸해 올렸다.

"저야 꾸중을 듣고 있습니다마는 어찌 된 영문인지 그 까닭을 알 수 없습니다."

"아니, 자네 외삼촌이 한 일을 자네가 모른대서야 말이 돼? 자네 외삼촌이 내 총리 자리를 떼어먹었단 말이야! 그래도 몰라?"

그는 흥분하여 손바닥으로 책상을 탕 쳤다. 그런데 이 외무부 중견 간부의 외삼촌이란 다른 사람이 아닌 바로 나였던 것이다.

그런데 나는 그 사람의 자리를 떼어먹은 적이 한 번도 없었으며, 오히려 자리를 굳혀 주는 역할을 해 준 적이 한두 번이 아니었다. 실상은 그 사람이야말로 자기 상사의 자리를 노리다가 그것이 발각되자 자리를 비켜 놓게 된 것이다.

1952년 2월 초순에 나는 파리에서 6차 유엔총회를 마치고서 귀국 도상에 나의 제2의 고향인 영국 런던에 들렀다. 영국은 내가 17세 때부터 30세 때까지 청춘 시절을 보낸 곳이었고, 빈약하나마 내가 지닌 교양과 교육을 받은 곳이었다. 그래서 영국의 일초일목一草一木은 나에게 다 그립고 추억의 발자취가 역연한 곳이었다.

비행장에는 주 영국 공사 이묘묵 박사와 내가 외무부장관 시절에 데리고 있던 임윤영林胤榮 서기관이 마중 나와 있었다. 나는 공사관에서 이 공사로부터 이 대통령의 전훈電訓을 받았다. 이 전훈은 나에게 한국 정부를 대표하여 영국 황실에 조의를 표하라는 것이었다. 그것은 2월 3일 내가 불란서로부터 런던에 도착하던 바로 그 전날 밤 영국 황제가 붕어崩御하였던 것이다.

나는 곧 옷을 갈아입고 이 공사를 대동, 궁내宮內로 직행하여 한국 정부의 정중한 조의를 표하였다. 그러고 나서 나는 익일에 미국에 있는 자녀들을 만나 보고 귀국하기 위하여 미국을 향해 떠났다. 그 후에 들으니 이 대통령은 나에게 영국 황제 장례식에도 참석하고 오라고 전보로 지시하였으나 내가 이미 런던을 떠난 후였기 때문에 이에 불급不及되고 말았다는 것이다.

그러니까 1951년 9월 중순께 나는 당시 국회부의장으로 임시수도 부산의 수영 비행장에서 당시 총리이던 장면 씨와 함께 유엔 한국 대표의

한 사람으로 6차 유엔총회에 참석하기 위해 파리로 향해 떠났다. 우리가 9월 20일께 파리에 도착하자마자 1주일도 되지 못하여 정면 씨는 지병인 황달黃疸로 와병하여 버렸고 그 익년 불기不起의 몸이 되었다. 그래서 우리가 이 대통령으로부터 지시받은 매우 중요한 사명을 수행하는 데 많은 지장을 가져왔던 것이다. 우리 진용은 빈약하나마 이묘묵 주 영국 공사와 임병직 씨가 나를 도와서 활약하게 되었고, 나는 4개월 만에 임무를 마치고 위에 말한 바와 같이 1952년 2월 초에 영국과 미국을 거쳐 귀국하게 되었던 것이다.

나는 뉴욕에서 하룻밤을 지내고 그곳에서 비행기로 내 자녀가 있는 로스앤젤레스로 떠났다. 비행장에는 아이들은 물론 당지 주재 한국 총영사가 나와 있었다. 그런데 내가 미처 자동차에 오르기도 전에 총영사는 나에게 파리에 있는 장면 씨로부터 전보가 왔다고 말하면서 그 내용은 자기가 2, 3일 후에 로스앤젤레스로 직행할 터이니 장 부의장은 본국으로 먼저 떠나지 말고 자기를 기다려 달라는 것이었다고 전했다. 그 말을 듣자 나는 깜짝 놀랐다. 그래서 총영사보고 물었다.

"아니 내가 파리에서 런던으로 떠날 때 장면 씨는 병이 아직 낫지 않았으니 스위스로 가 더 요양을 해야겠다면서 우리 두 사람이 서로 작별하였던 것인데, 지금 와서 갑자기 로스앤젤레스로 오겠으며 나보고 먼저 본국으로 가지 말라고 하니 도대체 어찌 된 일이오?"

그러자 총영사는 나를 쳐다보며 말했다.

"저는 어차피 내용은 백지입니다."

그야 나도 그럴 줄로 생각은 하였다. 총영사가 알 까닭이 없었기 때문이다.

내가 6차 유엔총회에서 임무를 마치고 본국을 향해 떠나올 때 장면 씨는 그때까지 병석에 있었다. 그리고 그는 나에게 "나는 이곳에서 스위스로부터 전문의를 만나 몇 개월간 좀 치료를 받고 본국으로 돌아갈 터이니 장 부의장은 먼저 떠나시오."라고 말하여 우리는 헤어졌던 것이다. 그런데 막상 로스앤젤레스로 온다는 말을 들으니 나는 놀라움을 금치 못하였던 것이다.

그리고 불과 수일이 지난 저녁나절 장면 씨가 탄 비행기는 로스앤젤레스의 비행장에 도착하였다. 그는 나를 만나자 즉시 하는 말이 "나는 스위스로 가기로 여정을 작정하였으나 본국으로 돌아가 대통령에게 보고하는 것이 옳다고 생각되어서 예정을 바꾸어 이곳으로 오게 된 것이오"라고 그간의 사정을 설명하는 것이었다.

장면 씨와 나는 로스앤젤레스에서 이틀을 더 지체하고서 하와이로 향하였다. 그런데 우리는 비행기 관계로 하루를 더 지체하게 되었다. 그 익일 아침 내가 비행장에 나가려고 호텔 현관 밖으로 나왔더니 마침 장 총리가 호텔까지 와서 나보고 하는 말이 "나는 장 부의장과 함께 본국으로 가려고 스위스로 가는 여정까지 변경하여 이곳 하와이까지 왔었으나 아무리 생각하여도 이곳에서 더 치료를 받고 가는 것이 좋게 생각되어

장 부의장을 만나러 온 것이니 장 부의장은 먼저 본국으로 떠나시오."라는 것이었다. 나는 좀 이상한 생각이 들기는 하였으나 원체 어떻게 된 영문인지 깜깜부지不知였기 때문에 그러라고 대답하고 나는 부산으로 떠났다.

그런데 연극은 이때부터 시작되었다. 내가 3월 말께 수영 비행장에 도착하여 본즉 국무총리 서리 허정 씨가 마중 나와 있었다. 허 서리는 나를 자기 차에 태우더니 대통령 지시에 의하여 대통령 관저로 직행하자는 것이었다. 허 서리가 앞서고 나는 뒤따라 임시관저 대통령실 문을 열고 들어섰더니 이승만 대통령은 방 한가운데 서서 기다리고 있었다.

"아니 장면이는 어찌하고 혼자 와?"

"아니 장면이는 어쨌느냐 말씀이 어떻게 하시는 말씀인지 저로서는 알아듣기 거북합니다."

"아니 장면이가 곧 대통령이 될 텐데 왜 그 사람하고 같이 오지 아니하고 자네 혼자서 오느냐 말이야."

이 대통령은 삿대질을 하면서 노후怒吼하였다.

"선생님! 나는 대한민국 국회의 부의장이지 장면 씨의 비서가 아닙니다. 그런데 왜 장면 씨의 거취를 저에게 이다지도 따지는 겁니까? 비록 불초不肖하나마 제가 4, 5개월간 국가를 위하여 노고하고 돌아온 것을 위안해 주시기는커녕 선생님께서 오히려 이다지도 무정한 꾸지람을 하시니 저로서는 받아들이기 어렵습니다."

나는 즉각적으로 돌아서 문고리를 잡고 발걸음을 옮겼다. 그제야 이 대통령은 목소리를 낮추고 "창랑, 내가 좀 흥분했어." 하면서 두 손을 들어 돌아서 나가는 나의 어깨를 잡아 돌려세우는 것이었다. 그리고 이 대통령은 비로소 미소를 띠며 "수고했어." 하고 말하는 것이었다.

"선생님, 모든 일을 그렇게 하시면 아니 됩니다. 밑도 끝도 없이 장면이가 대통령이 될 텐데 왜 같이 오지 않았느냐고 저에게 꾸지람을 하시니, 제가 비록 불초하나마 장면 씨가 받을 꾸지람을 왜 제가 받습니까?"

나의 항변에 이 대통령은 말했다.

"장면이가 치밀한 계획을 꾸며서 국회의원들과 손을 잡고, 다가오는 대통령 선거에서 자기가 대통령이 되려고 계획을 하고 있으니 이 사람이 하루라도 빨리 와야 될 것이 아니겠는가?"

"장면 씨가 대통령이 되거나 부통령이 되거나 저로서는 아는 바도 없으며, 저는 다만 4, 5개월 파리에 체류하면서 수다한 고생만을 한 사람입니다. 그런데 선생님으로부터 위로의 말씀은 한마디도 받지 못하고 장면이는 어쨌느냐고 꾸중만 들으니 제가 장면 씨하고 무슨 음모를 꾸민다는 말씀인지 아닌지 저로서는 분간하기 어렵습니다."

그때까지도 나의 얼굴빛은 좋지 아니하였다.

"그러면 나가서 알아봐. 내 말이 무슨 말인지 잘 알 것이니."

나는 "잘 알겠습니다." 하고 허정 서리와 같이 이 대통령 앞을 물러 나와 그를 잡고서 "도대체 이것이 어떻게 된 일이오." 하고 그 내막을 묻기 시작하였다. 허 서리는 침울한 표정으로 "내 방으로 갑시다. 가서 들으면 잘 알 것이오." 하고 대답하면서 나를 이끄는 것이었다.

그리고 그곳에서 그는 "장면 씨가 국회의원 몇 사람을 통하여 간접 선거에 자기가 대통령으로 입후보할 것을 논의하였고, 또 파리 체류 중에도 연락부절連絡不絕로 끊임없는 모의를 하였소."라고 저간這間의 소식을 전하여 주는 것이었다.

나는 이 말을 듣고서 아연하였다. 나는 장면 씨와 파리에서 한 호텔에 있으면서도 좀 이상스러운 눈치는 보았었지만 그가 대통령을 꿈꾸고 있는 줄은 전연 눈치채지 못하였다. 그러고 보면 나도 석두石頭임에는 틀림없으리라. 장면 씨가 총리를 퇴직한 후에는 의당 있을 수도 있는 일이겠지만 현직으로 있으면서 자기 상사의 앉은 자리를 파헤친다는 것은 상식적으로 도저히 생각할 수 없는 일이었고, 더구나 일국의 재상으로서 있을 수 없을 뿐만 아니라 또 있어서도 안 될 일이었기 때문이었다. 그러기에 '비록 내가 석두가 되는 것이 차라리 옳지 않겠는가' 하고 스스로 자위도 하여 보았다.

그 후 1개월이나 지나서 장면 씨는 마침내 부산으로 돌아왔다. 대통령과 총리의 사이는 말할 것도 없이 빙산 같았다. 그래서 장면 씨는 총리직을 사퇴하였고 당시 사회부장관으로 있었던 이윤영李允榮 씨가 총리 서리로 피명被命되었다. 이때가 1952년 4월께였고, 그러고 나서 한 달이나 지난 뒤 5월에 가서 나는 알지도 못하는 사이에 이 대통령으로부터 총리 지명을 받았던 것이다.

그렇다면 장면 씨의 말과 같이 내가 장면 씨의 총리 자리를 떼어먹었다는 말은 시기상으로나 논리상으로 부당한 것인데도 불구하고 장면 씨가 자기 자리를 마치 내가 물려받은 것처럼 봉인첩설逢人輒說한다는 것은 일국의 재상을 지낸 사람으로서 재상도가 좀 아쉽지 않은가 하는 것이 나의 판단이다.

그리고 이야말로 이 대통령에게 뺨을 맞고 나에게 눈을 흘기는 격이니 마치 우리 속담에 이른바 종로에서 뺨 맞고 한강 건너 눈 흘기는 격이 아니겠는가?

나는 거듭 강조한다. 아쉽다, 재상도가!

임시정부 인사에 대한 첫인상

정치학이 역사로부터 분리된 지는 불과 1세기 남짓하다. 그러므로 정치와 역사는 서로 떨어질 수 없는 관계를 맺고 있는 것이다. 내가 왜 이 말을 하느냐 하면 이 나라의 가장 최근의 역사를 살펴보아도 오늘의 우리나라 정치가 어떤 형태로 나타났던가를 짐작할 수 있겠기 때문이다.

우리가 해방 직후 '상해 임시정부'를 맞아들일 때 우리는 그분들을 열광적으로 환영하였고 또 큰 기대를 걸었다. 그러나 막상 그들이 귀국한 후의 그 언동을 보았을 때 우리는 실망에 실망을 거듭하였다.

우리 국내 정치인들은 임시정부가 상해로부터 서울에 도착하던 바로 그날부터 실망하였다. 지금 그때 우리가 처음 안 일들을 상기해 보면 해괴망측한 일이 한두 가지가 아니었는데, 그중의 한 예를 들어 보면 다음과 같은 일이 있었다.

주석 김구 씨와 임시정부의 각료들이 서울에 도착하여 서대문의 최창학崔昌學 씨 집에 자리잡고 있을 때였다.

국내 정치인의 대표, 고 송진우 씨와 김성수 씨를 위시하여 고 조병옥 씨, 백관수 씨, 김준연 씨, 허정 씨와 나까지 이분들을 만나려고 최창학 씨 집으로 찾아갔다. 그날 날씨는 영하 15도나 되는 몹시 추운 날씨였다. 오후 3시쯤 최 씨 집 문 앞에 당도하니 일본식 장총을 멘 경비원이 5, 6명 서 있었다.

우리들은 우리 명단을 내놓고서 "주석을 만나러 왔소." 하고 뜻을 전하였다. 그중 두 사람이 우리 명단을 받고 우리보고 "문밖에 서 있으시오."라고 말하고는 안으로 들어갔다. 우리는 문밖에 서 있었다. 그러나 약 한 시간이 지나도 명단을 갖고 들어간 사람은 그림자도 나타나지 아니하였다.

우리는 추운 날씨에 장구한 시간을 서 있기도 어렵고 하여 할 수 없이 문밖 맨땅 위에 그대로 주저앉았다. 약 1시간 반 후에 명단을 갖고 들어간 그자가 나타나더니 "주석이 바쁘시니 더 기다리시오." 하고 명령하다시피 말하고는 그대로 들어가 버리고 말았다. 그래서 우리는 추운 날씨에 맨땅 위에 그대로 앉아서 기다렸다.

6시가 좀 지나자 자칭 주석 비서격이라는 김석황金錫璜이라는 사람이 나타났다. 마침 백관수 씨가 이자와 안면이 있었던지 일어나서 인사를 하고는 "우리들이 주석을 만나기 위하여 오후 3시부터 기다렸소."라고 말하고 "이미 해가 저물어 어두워졌으니 좀 만나게 해 주시오."라고 간청을 하였다. 그러자 그자는 입맛을 다시면서 우리들을 하나하나 점검하다시피 하더니 도로 안으로 들어가며 "면회가 좀처럼 어려우니 좀 기다려 보시오." 하고 말하면서 자취를 감추고 말았다.

불같이 급한 성격을 가진 나로서도 이때만큼은 꾹 참았다. 그로부터 약 30분이 지난 후에야 웬 중국옷을 입은 자가 하나 나타나더니 우리들을 옥내屋內로 안내하였다. 우리는 그자를 따라서 일본식으로 된 최 씨 집 2층 방 문을 열고 들어섰다. 주석 김구 씨는 좌석에 앉은 채로 요지부동, 우리들의 큰절을 차례로 받았다.

우리들은 임시정부의 귀국에 인사말을 올리고 물러 나왔다. 그리고 다음으로 이시영李始榮 씨를 찾았다. 그분은 앞서 느꼈던 고자세와 달리 신사적이었다. 우리들의 인사를 따뜻하게 받고서는 "일인들의 가혹한 통치 밑에서 국내에서 얼마나 고생을 하였소." 하고 도리어 우리에게 위로의 말까지 하여 주었다.

이것이 국내에서 정치에 마음을 두었던 우리들의 임시정부 인사에 대한 첫인상이었다. 그리고 임시정부 인사에 대한 그 인상은 미군정 3년 동안 똑같이 대체로 차갑기 그지없었다.

이에 반하여 이승만 박사가 귀국한 후 우리들에게 준 인상이란 딴판이었다. 물론 그분은 구미歐美, 유럽과 미국에서 반생을 넘도록 생활한 분인 까닭에 대인 접촉하는 방식이 친절하고도 의미심장하였겠지만, 특히 당시 경찰권을 쥐고 있던 조병옥 씨와 나에게, 또 우리를 통하여 경찰에게 가장 친밀한 태도를 보였다. 그는 경찰 회의가 있을 때마다 반드시 회의에 참석한 경찰 간부 전원을 초대하여 만찬을 같이 하고 노고를 치하하였으며, 은근히 경찰의 호감을 사기에 노력하였다.

    그러나 임시정부 인사는 입국 초부터 경찰을 적대하기 시작하였다. 좌익이 백주에 살인, 방화 등 범죄를 감행할 적에 이의 저지에 나선 경찰관을 마치 민족 반역자처럼 비난하기에 여념이 없었다. 이것이 바로 미군정이 한국 통치를 종말하고 정권을 우리들에게 넘겨줄 때 임시정부가 계승을 하지 못하고 개인인 이 박사에게 통치권이 넘어가게 된 가장 큰 원인이었다고 나는 생각한다.

인간, 죽산竹山

　죽산 조봉암은 공산당의 중진이었다. 일찍이 공산당의 대본영大本營인 소련에서 교육을 받았고, 귀국한 후에는 박헌영과 더불어 대등되는 인물이었다. 그러나 그는 해방 직후 일찌감치 공산주의자들과 손을 끊고 기수機首를 남쪽으로 돌렸다. 모스크바 3상 회의에서 신탁통치가 의결되자 죽산은 급작스럽게 민족주의 노선을 택하게 된 것이다.

　죽산은 대한민국을 인정하고서 초대 농림부장관에 취임하였으며, 물러나자 2대 국회의원에 압도적으로 당선되었고, 국회에 들어와서는 부의장 선거에서 나 다음 가는 표수를 받고 차석 부의장으로 등장하였다. 6·25 전쟁이 발생하자 죽산은 우리들과 함께 자의로 남하하였고, 그의 부인은 미처 서울을 빠져나가지 못하여 놈들에게 납치되어 갔다.

　이 사람이 결국은 공산주의로 몰려서 처음에는 5년형을 받았다가 최종판에 가서 사형을 받고서 마침내 교수대의 이슬로 사라지고 말았으니 나는 이것이 한 수수께끼가 아닌가 지금도 생각하고 있다. 참인가? 거짓인가? 내 자신의 지식과 양식으로는 판단하기에 당황한다. 아무리 악법이라고 하더라도 법으로서 등장하는 이상 법은 법이다. 죽산 조봉암은 법에 의하여 처단받았으니 나로서는 뭐라고 판단짓기 어렵다. 그러나 내가 죽산에 대하여 말하고자 하는 것은 한갓 사형수로서 한국의 교수대에서 사라진 조봉암이 아니라 바로 인간 조봉암이다.

죽산은 공산주의 테두리에서 벗어났다고 지금도 나는 알고 있으며, 또 믿고 있다. 그 이유는 다음과 같다.

6·25 전쟁을 당하여 국회가 부산으로 전전하여 갔을 때 나는 국회의 사명을 띠고서 정부 측 사람들과 5차 유엔총회에 가게 되었다. 그 사명이란 유엔군 증파와 국군의 장비 문제였다. 이때의 대한민국 판도는 7개 군을 제외하고서는 전부 공산군의 수중에 들어가 있었고, 부산 함락은 시일 문제였다. 그때 어린 자식과 늙은 처를 부산에 남겨 두고 떠나는 나의 심정은 한심하기만 하였다. 당시 국회의장은 신익희 씨였으나, 나는 특히 죽산에게 내 가족 문제를 부탁하였다.

나는 내 가족들을 모아 놓고서 "내가 미국으로 떠난 뒤에 만일 불행히도 부산에 어떤 사고가 생기면 조 부의장의 지시를 받아서 행동하라." 하고 일렀다. 그러고서 나는 죽산에게 "내가 유엔총회에 간 뒤의 내 가족에 관한 것을 모두 부탁한다."고 유언처럼 당부하였다. 죽산은 이 말을 듣고서 한참 동안 침묵을 지키더니 내 얼굴을 쳐다보면서 문득 하는 말이 "부인께 이 말씀을 여쭈었소?" 하는 것이었다. 내가 그렇다고 대답하자 죽산 눈에는 눈물이 글썽하는 것이었다. 그리고 그는 "공산당 잡던

전 수도청장이 전 공산당원에게 가족 부탁을 다 하나?" 하면서 파안대소하는 것이었다. 그는 이어 웃음을 걷더니 내 손을 잡으면서 "걱정 말게. 내가 보살피지." 하고 일어섰다. 그래서 나는 안심하고 본국을 떠났으며, 미국으로 가는 길에도 나는 가족들의 안위에 대하여 별로 걱정을 하지 아니하였다.

내가 이렇듯이 죽산을 믿은 것은 죽산이라는 인물이 일에 당해서는 차근차근하고 조심성이 많기 때문이었다.

허사로 돌아간 죽산竹山 구명운동

　죽산은 머리가 영민한 사람이라 그가 정신착란증에 걸리지 않는 이상 김일성金日成의 첩자로부터 돈 몇 푼에 팔릴 사람이 아니라고 나는 믿고 싶다. 이야말로 그 진상이야 하늘이나 알고 땅이나 알지 인간으로서는 모를 일이지만, 나는 부산에서 미국으로 떠날 때 죽산에게 진 부채를 어느 정도나마 보상한 것으로 알고 있다.

　죽산이 처형을 당할 무렵, 하루는 죽산의 영양令孃 호정이가 내 집을 찾아왔다. 그는 일이 닥쳐온다는 뉴스를 내게 전하고는 하염없이 눈물을 흘리고 있었다.

　나는 즉시 구명운동에 나서 법무부장관을 만났다. 법무부장관은 두 가지 조건을 내세우면서 이 조건들이 이루어질 때 죽산의 처형을 익년 3·15 선거 후로 미루겠다고 다짐했다. 그래서 나는 시기를 놓치지 않고 두 가지 조건을 완수하였다. 그 조건 중의 하나는 죽산의 성명서 발표였다. 그 성명서는 공산당이 아니라는 성명서로서 이는 내가 저작했고, 윤길중尹吉重 군이 받아쓴 것이다.

윤 군은 이 성명서를 가지고 내 차로 형무소로 직행, 죽산에게 온 이유를 설명하고 성명서 내용을 말하려 했다. 그런데 죽산은 듣기도 전에 노기를 띠며 "창랑이 집필했으면 그만이지 내게 설명은 무슨 설명이야!" 하고 윤 군을 나무라면서 돌아서 나갔다.

나는 윤 군으로부터 이 말을 전해 듣고 안타까운 마음에 두 눈에서 뜨거운 눈물을 흘렸다. 사람은 지기知己를 위하여 죽는다는 말이 옛날부터 있어 왔지만 메마른 이 세상에도 아직 남아 있었다고 생각했다.

그러나 결국 이것은 다 허사로 돌아가고 말았으며, 죽산은 끝내 그해 7월에 처형되고 말았다. 이것은 법무부장관의 배신이었고 식언食言이었다. 이 배신에 대한 심판은 이 세상에서 받지 아니하면 천국에 가서라도 받을 것이다.

내가 똑똑히 말해 두고 싶은 것은 죽산은 비겁한 자가 아니라는 것이다. 죽산은 성격상 자기의 실낱만 한 생명을 붙들기 위하여 자기가 평소에 품은 뜻을 속일 리 없다.

어쨌든 나는 해방을 당한 후 이 나라 인물로 우리가 자랑할 만한 사람을 우리의 손으로 불법이거나 법적으로거나 피계彼界로 보내고 인물 기근饑饉에 굶주리게 된 우리 민족이 슬프기만 하다.

일본 제국주의자들이 한국으로부터 철거된 후 국회가 소집되고 정부가 선 후 최초로 등장한 것은 바로 자유당이다. 이 자유당을 영도한 분은 바로 이승만 박사였고, 우리들은 자유당보다 이 박사의 과거 혁명가로서의 업적과 그의 인품에 많은 기대를 걸었다. 그분의 공과는 후세의 사필史筆에 맡겨야겠지만 나는 이 기회에 자유당에 대한 나의 판단을 한마디하고 싶다. 이 나라에서 머리를 하늘에 둔 사람은 다 자유당의 죄과罪過는 공보다 더 크다고 생각한다는 것이다.

죽산의 판결이 5년형으로 확정되자, 판결이 경輕하다고 매수된 무뢰한 수천 명을 동원시켜 법원에 난립하여 판검사를 위협하고 법의 질서를 무너뜨린 것이야말로 천고에 씻을 수 없는 죄악인 것이다. 누가 그 다음에 오는 판결을 옳게 된 판결인지 그릇된 판결인지 판단할 수 있겠는가. 솔로몬의 지혜로도 그 진위 여부를 가려내기 어려울 것이다.

죽산은 사회주의자이다. 또 자기 자신도 늘 그렇다고 말해 왔다. 그러나 아마 제4대 국회 때인가 싶다. 사상 문제에 관하여 질의전이 벌어졌을 때 국회에 출석한 법무부장관은, "대한민국 국법에 사회주의 정당은 용납될 수 있는가?"라는 나의 질문에 대해 즉석에서 "용납할 수 있다."고 답변하였다.

어글리 코리안 Ugly Korean

어글리ugly라는 말은 '추악하다'는 뜻으로 노블noble, 곧 고귀高貴하다는 말의 반대어이다. 수년 전에 《어글리 아메리칸》이라는 미국 사람의 추악한 면을 그린 책자가 나와서 갑작스럽게 세상 사람들의 주목을 끌었고, 그 후 우리 신문과 잡지에서도 '어글리 코리안'이라는 글이 나와 우리 사람들의 추악한 실상을 그려 내었다.

스코틀랜드 시인 로버트 번스Robert Burns는 그의 자탄시自嘆詩에서 '남이 나 보듯 내가 나를 보게 되었으면……' 하고 읊었다지만, 나는 물론 나를 아는 사람들로부터 어글리 코리안으로 단정을 내리게 한 적도 많았을 것이다.

내가 지금 그리고자 하는 어글리 코리안은 내가 평소에 많은 사람들과 접촉한 결과, 뜻하지 아니한 사람으로부터 뜻하지 아니한 상황을 접하고 나서 잊히지 않았던 몇 가지 일들이다.

햇수로 따지자면 근 1년 가까이 되는 일들이지만 그때나 이제나 내가 본 이 사람들은 단정코 어글리 코리안에 속하는 인물들이었다고 말하고 싶다.

　나는 당시 현역 국회의원이었고, 국가의 중요한 사명을 띠고 두 분과 외국 땅에 갔었다. 두 분은 모두 현역, 전역으로 학원 최고봉의 자리를 차지한 사람들이었다. 말하자면 나를 제외한 두 분은 다 훌륭한 사람들이었다. 그런데도 내가 이 두 분 중 한 분을 어글리 코리안이라고 보게 된 것은 내 자신에게는 물론이요, 그 장본인에게도 불행사不幸事였다고 아니할 수 없다.

　이분이 내게 어글리 코리안으로 보인 것은 우리가 본국에 돌아온 뒤의 일이었다.

　우리가 사명을 마치고 본국으로 돌아올 무렵이었다. 하루는 우리들 중 한 분이 "이승만 대통령의 생신도 가까워 왔으니 우리들의 여비 중에서라도 몇 푼씩 걷어 축하 선물이라도 하나 사서 드리도록 합시다." 하고 발의하는 것이었다. 그래서 나는 즉각 이 발의에 찬성하고, "매인每人 30달러씩 걷읍시다." 하고 주장하였다. 그러자 또 한 분은 이에 반대하면서 "여비조차 모자라는 우리들로서 30달러씩이나 낸다는 것은 너무나 과한 일이니 15달러씩만 걷도록 합시다." 하고 주장하는 것이었다. 그래서 우리 세 사람은 15달러씩 거둬 그 돈으로 탁상용 좌종坐鍾 하나를 샀다.

　그리고 귀국하는 즉시 경무대로 들어가 귀국 보고를 마치고 나서 그 좌종을 이 박사에게 드렸다. 이 박사는 매우 좋아하는 것이었다. 그때 나는 바로 그 자리에서, 다시 말하면 우리 세 사람이 다 있는 자리에서 내 호주머니에서 녹비鹿皮 장갑 하나를 꺼내어 이 박사께 드렸다. 이 박사는 당장 그 자리에서 장갑을 손에 끼어 보더니 부인을 돌아보며 "창랑이 내 장갑 사이즈도 잘 모르면서 어떻게 이렇게 꼭 맞는 장갑을 사 왔지?" 하며 퍽 기뻐하는 것이었다. 그리고 우리들은 돌아서 나왔다.

그런 일이 있은 지 2, 3일 후의 일이다. 국회 무소속 의원실에 앉아 있으려니까 국회에 출입하는 한 신문 기자가 와서 하는 말이 "세상에 모를 일도 많지. 그 사람이 그러다니." 하고 한탄하는 것이었다. 그날 아침에 그 기자가 대통령 비서에게 들었는데, 외국에 갔다 온 세 사람이 귀국 보고를 하는 자리에서 이 박사에게 좌종과 장갑을 전달한 후 두 사람은 물러갔으나 한 사람은 나가지 않고 처져서 300달러짜리 순금제 팔목시계 한 개를 이 대통령에게 올리더라는 것이다.

세 사람이 30달러씩 내자고 하던 것도 많다고 반대하던 바로 그분이 우리들이 퇴장한 후 그 자리에 남아 있다가 300달러나 되는 금시계를 이 대통령께 선사하였다니 그 현장을 비서가 목격하였다는 것도 이상하지만, 이런 종류의 행사行使는 점잖은 사람으로는 보기 드문 일인 동시에 어글리 코리안을 연출하는 한 장면이었다고 아니할 수 없다.

또 부산 피난 중 내가 본 한 인물에 대해서도 말하고자 한다. 때는 내가 총리 재직 중이었고, 곳은 부산 대통령 임시관저였다. 국무회의는 매주 화요일과 금요일에 상례적으로 열리었고, 화요일은 국무총리가, 금요일은 대통령이 출석하여 사회를 보게 되어 있었다.

국무회의에서는 각부 장관으로부터 소관 사무에 대한 모든 국정을 보고받고 긴급한 사항은 의결로써 매듭을 지어 대통령령이나 국무총리령으로 시행하기도 하고, 또 국회에 법안으로서 제출하기도 한다. 그래서 국무회의는 어느 때나 각 소관 부처의 장관들로부터 제각기 요구 사항의 설명과 납득시키기 위한 장광설의 열띤 설득 공작 때문에 매우 바쁘기 마련이다.

그러나 각부 장관 중에 가장 중요한 부처를 맡은 한 장관은 국무회의 때마다 한마디의 설명이나 요구도 없이 다만 묵비권만을 행사하는 것이었다. 이 장관은 총리나 타 장관이 자기에게 관련된 사항을 물으면 겨우 대답만 할 뿐 누가 물어보기 전에는 한마디 말도 없었으며 자기에게 해당된 사무에 대하여서까지도 말하려 하지 않았다. 그래서 나는 그 장관의 동정을 유심히 살펴보기로 하고, 또 그 이유를 밝혀내려고도 하였다.

국무회의가 대개 3, 4시간 만에 끝나면 대통령은 자리로부터 일어나서 자기의 사옥으로 들어가곤 하였다. 그러면 이 묵비권을 행사하던 장관은 대통령이 일어나자마자 자기도 자기가 가져온 손가방을 움켜쥐고 서는 그 뒤를 따르는 것이었다. 나는 처음에는 무심코 보아 넘겼으나 그 뒤에도 계속하여 이 장관이 대통령의 뒤를 따라가는 것을 보고 그 까닭을 알아보았더니, 이 장관은 국무회의 석상에서는 대소사를 막론하고 논의할 필요가 없다는 것을 혼자 느꼈음인지 대통령이 국무회의를 마친 후 퇴장할 적에 그 사옥으로 따라 들어가 그 자리에서 모든 계획과 복안腹案을 다 꺼내어서 대통령을 설득하고 자기가 지향하는 방향으로 이끌어 가는 것이었다.

이런 종류의 인물이야말로 동양말로는 '소인小人'이라 하고, 현대 서양말로는 '어글리 코리안'이라 말하는 것이 아닐까.

시詩적 성격의 우남雲南

　나는 이른 봄 아침 한강 연안에 있는 국립묘지를 참배하고, 서쪽 산기슭에 있는 이 대통령의 유택幽宅도 아울러 역배歷拜하였다. 끊임없이 내리는 구슬비는 몹시 차갑고, 얼굴과 손등에 비바람이 닿을 적마다 온몸에 싸늘한 기분이 스며들었고, 이 대통령 유택의 주변은 무심한 적막이 감돌기만 하였다. 왕년의 호기, 마치 산해山海를 사무칠 그 호기는 찾아볼 길이 없었다. '3천만 민족의 국부國父요, 우리나라 3군 원수로 이 나라를 호령하던 5척 단구의 늠름한 모습도 한 주먹의 흙이 되고 말았구나.' 하는 생각뿐이었다.
　중국 두공부杜工部, 두보가 제갈무후諸葛武候에게 보낸 만사輓詞에 '호장불문시호령虎帳不聞施號令'이라는 구절이 있다. 장군 막사에 호령 소리가 들리지 않는다는 뜻이다. 바로 이것이 이 대통령에도 적용될 수 있는 만사요, 실화이기도 하다. 나는 이 시구를 머릿속으로 읊으면서 부지불식중에 눈시울이 뜨거워졌다. 인생이 하도 허망하기에 영웅도, 촌부도, 미인도, 추부醜婦도, 학구學究도, 백정白丁도, 그야말로 두공부가 쓴 취시가醉時歌의 '공구도척구진애孔丘盜跖俱塵埃'이다. 즉, 모두 한 줌 흙으로 돌아가고 만다.

천고불후千古不朽의 명작으로 전해오는 영국 시인 토머스 그레이Thomas Gray도 '어느 촌락 교회당 묘지에서 읊은 만가輓歌'에서 'The paths of glory lead but to the grave찬란한 영광의 길도 그 끝은 무덤일 뿐이로다'라고 하였다.

아! 우리는 이 무덤으로 가기 위하여 모든 생의 고난을 치러야만 한단 말인가. 나는 아연하지 않을 수 없었다.

이 박사는 어느 모로 보나 한 성격적 인물이었음을 의심할 바 없다. 이 박사는 말하자면 시詩적 성격을 가진 인물이었다. 그분은 시적 성격을 가졌기 때문에 모든 것이 독선적이었고 초범적超凡的이었다. 이 박사는 소수의 식자識者 간에는 비판을 받았지만 대중은 따르게 마련이었다. 대중은 그런 성격의 인물을 좋아하며 우상으로 삼기도 한다.

이 박사는 애국자였다. 이 박사의 애국은 종교적 신조로 되어 있었다. 그래서 이 박사는 자기 조국을 비판하려고 하지 않았다. 그분의 사고는 '조국이면 조국일 뿐 잘잘못을 따지는 비판의 대상이 될 수 없다'는 논리를 가지고 있었다.

나 자신이 이 박사를 최소년最少年 시대부터 모셔 왔지만 "조선 사람은 안 돼."라는 말을 들어보지 못하였다. 이것은 흔히 우리들 사이에 쓰고 있는 말이지만 이 박사의 사전에서는 그런 말을 찾아볼 수가 없었다. 이와 반대로 그분은 흔히 "외국 사람은 할 수 없어." 하는 말을 많이 쓰고 있었다.

이 박사는 오락을 몰랐다. 주량은 물론이고 장기, 바둑 등 모든 실내 오락도 이 박사는 문외한이었다. 만일 그것을 오락이라고 말할 수 있다면 그분은 글 쓰는 오락은 끊임없이 하고 있었다. 그것은 문장이나 혹은 심상尋常한 왕복서찰往復書札을 쓰는 것이 아니라 조국의 사정을 외국 정부나 정당인에게 알려 주는 글이었다. 그분의 이 습성은 대통령이 된 후에도 쉴 새 없이 가지고 있어서 측근자들이 '이 박사의 타이프라이터typewriter는 단명한다'고까지 말했다.

이 박사는 내가 아는 범위 안에서는 정치가였지 행정가는 아니었다.

창랑 선생이 국무총리 시절 이승만 대통령과 함께 뉴욕타임스 사장 일행과 함께하고 있다. (출처: 국가기록원)

대통령으로서 10여 년간 그의 치적을 살펴보면 스스로 알고도 남음이 있을 것이다. 이 박사는 행정가로서 반드시 가졌어야 할 판단력과 지휘성을 결여하고 있었다. 그리고 또 시야가 좁았다. 이 박사의 인물 등용을 볼 때 이 박사의 시야가 좁았다는 것이 입증된다. 이 박사는 유능한 인사는 차라리 멀리했고 무위無爲한 인물을 가까이하는 것이 그의 습성이 되다시피 하였다. 그 이유는 명백하다. 이런 족속은 피차 복종하기 때문이다. 그분에게는 도대체 'why'와 'how'는 금물이었다. 미국의 정치 평론가 토머스 페인Thomas Paine의 이른바 'little great man'이었다. 이 박사의 과오를 말하자면, 그분은 후계자 육성에 등한하였고 자기를 초월할 정도의 인물이면 제거하였다. 그 예를 들자면 얼마든지 있지만 산 사람이기 때문에 삼가고자 한다. 이 박사는 결국 말하자면 자기만 클 대로 컸지 후배의 훈도薰陶에는 소홀하였다. 이 점에 있어서 인도의 네루Kamala Nehru와 큰 차이가 있다.

　이 박사는 자기와 사고를 달리하는 사람은 곧 이단으로 취급하였다. 사고의 다른 점을 이해하여 보려는 노력은 애당초 하지 않는 인물이었다. 그리고 우선 이단으로 규정받은 사람들에게는 그 처단이 무자비하였다. 그러므로 대통령 취임식 석상에서 자기의 정적政敵을 '원수'라고 부르기까지 하였던 것이다. 이쯤 되면 이 박사의 성격을 일거에 다 알 수 있다. 상대방의 의견을 다 듣지도 않고 또 들으려고 노력하지 않고 덮어놓고 자기가 책정한 대로 하라는 것이 다반사였다. 세상은 반드시 그렇지도 않다는 것을 그분은 알지 못하고 이 세상을 떠난 사람이라고 할 수밖에 없다.

그러나 이 박사는 위엄을 가진 인물이었다. 말없이 앉아 있기만 하여도 무엇인가 불가침不可侵한 내적 위엄이 풍기고 있었다. 이것은 대개 많은 세계 지도자급에서 볼 수 있는 일이다. 그래서 많은 사람들은 이 박사를 대할 때 이 위엄에 압박감을 받아 제대로 의사 표시를 통하지 못하였고, 이 박사 자신은 그러했기 때문에 세상 여론을 외면하는 사람이 되고 말았다. 단적으로 결론을 짓자면 4·19 혁명으로 이 정권이 몰락한 것은 이에 기인되었다고 하여도 과언이 아닐 것이다.

창랑산인(滄浪散人)

동서고금의 위인들

동양 문물의 극치는 당唐, 송宋 원元, 명明에 와서 대성하였다. 정치, 문화, 미술에 있어서 오늘날까지도 우리들의 이목을 놀라게 할 재료는 한없이 풍부하며 우리들의 정신적 경성警醒에 있어서 많은 여운을 남겨 주고 있다.
누구나 중국사에 조금이라도 조예가 있는 사람이라면 알겠지만 동양인으로, 재상으로서 우리들 이목에 반영되는 으뜸가는 인물들은 당대와 송대에 있어서 가장 많이 볼 수가 있다. 정치가로서, 또는 문장가로서 출장입상出將入相한 인물은 당대에 있어서 방현령房玄齡, 요숭姚崇, 두여회杜如晦, 송경宋璟 등을 손꼽을 수 있다. 정치가로서 문학을 겸비한 인물을 동서에 많이 찾아볼 수 있지만, 중국사에 있어서 이런 인물들을 더 찾을 수 있다.
특히 재상 송경은 그 도량度量과 기식器識과 문식文識에 있어서 탁월한 점이 동서에 필주를 찾아볼 수 없다. 송경의 '매화부梅花賦'는 동양 문학 사상 클래식으로서 이에 대적할 작품은 거의 없다 하여도 과언이 아닐 것이다.
동양에 있어서 매화라는 꽃은 한 상징으로 되어 있다. 매화는 열풍과 방우滂雨에도 끄떡없이 그 절조를 과시하는 꽃이어서 고사高士의 품격과 지조가 매화 자체와 방불하다는 점에서 문인 소객騷客들이 매화꽃을 많이 시詩와 부賦로서 읊었다. 그런데 수많은 문인 소객들이 천여 년간 이 매화를 노래해 왔지만, 지금까지 단 두 사람의 작품이 추종을 불허하는 대적 작품으로 남아 있다 할 것이니, 부로서는 당대 재상 송경의 매화부요, 시로서는 송대 음사陰士 임포林逋의 '매화시梅花詩'다. 특히 '암향부동월황혼暗香浮動月黃婚'이라는 시구는 아마 지금까지도 우리들의 시미詩味를 돋우는 절구일 것이다. 중국 항주杭州를 여행해 본 사람 같으면 서호西湖 언덕 위에 있는 임포의 무덤과 또 그의 '방학정放鶴亭'을 보았을 것이다. 임포라는 이름 두 자만 연상하여도 국향國香

창랑 선생은 동서고금의 위인들을 흠모했다. 그 가운데 특별한 영감이 떠오르면 서예로 표현하곤 했다. 그의 서체는 기운이 넘치며, 자유롭고 유려한데, 이는 그의 성향과도 닮아 있다.

이 날 정도로 우리들 후배에게 동경을 자아내게 하고 있다.

물론 서구에 있어서도 정치인이나 장군 중에 문학에 조예가 깊은 사람이 많이 있다는 것은 내가 전에 말한 바 있지만, 특히 중국에 있어서 그 수가 더 많다는 것을 우리는 알고 있다. 송대의 재상 한기韓琦, 부필富弼, 범중엄范仲淹, 사마온공司馬溫公 등등의 인사 중에서도, 특히 범중엄과 사마온공 같은 사람은 문장가로서도 고금에 탁출卓出한 인사들이다.

《고금진보古今眞寶》를 읽어 본 사람은 다 알겠지만 범중엄의 '악양루기岳陽樓

記'는 지금까지 우리들의 일상 용어가 되고 있지 않은가. 원대元代에서도 정치가요, 문장가요, 또 명필가로서 조송설趙松雪을 꼽을 수가 있고, 명조明朝에 와서는 왕수인王守仁 같은 이는 말할 것도 없거니와 가장 근대近代에 있어서도 청조淸朝의 증국번曾国藩 같은 대학자는 지금까지도 우리의 이목에 그 높은 이름이 쟁쟁하게 남아 있다.

한편 서구에 있어서도 정치가로서, 또는 군인으로서 문학과 미술에 높이 평가를 받는 위인들이 희랍希臘, 그리스에서 나마羅馬, 로마에 이르기까지, 또는 중고시대中古時代에 있어서도 불란서, 영국 등의 국가에 많이 있음을 볼 수 있다.

특히 내가 존경하는 정치가 인물 중 불란서의 리슐리외 대승정cardinal-duc de Richelieu 같은 이는 동양에 있어서도 그 필주를 보기 어려운 인물이다. 정치가로서 그의 탁월한 수단은 당시 루이 13세를 손아귀에 넣고서 독재 군주의 발호를 제재制裁하였지만, 특히 그의 《언행록言行錄》은 오늘날까지 우리들에게 많은 교훈을 남겨 주고 있다. 그중 내가 특히 많은 감명을 받은 점이 있다. 루이 13세가 "나는 너의 황제이다."라고 말하자, 리슐리외는 "나는 폐하의 승정僧正이요, 폐하의 영혼을 맡은 사람이오." 하고 맞서 루이 13세는 필경 리슐리외의 뜻을 꺾지 못하였다는 것이다.

영국으로 역사를 돌려 보면 그 수많은 거대한 정치가의 이름은 이루 헤아릴 수 없을 정도로 많지만 내가 가장 동경하는 사람은 정치가요, 문장가요, 또 대승정이었던 영국 재상 토머스 무어Thomas More이다. 그 송죽松竹 같은 지조와 하해河海 같은 문장은 나에게 큰 감명을 주었다. 이 사람은 영국 왕 헨리 8세의 포악한 독재 밑에서도 마침내 그의 지조를 굽히지 않은 까닭에 참수형을 당하고 말았지만, 지금까지도 남아 있는, 그가 사형 직전에 그의 부인에게 보낸 간찰簡札은 오늘날도 한 주옥珠玉으로 생각되는 예술품인 것이다.

사람의 두뇌는 무한량한 것이며 그 뻗치는 한계는 우주를 능가하는 것이다. 특히 지금도 남아 있는 증국번의 수백 권 문집이 태평천국太平天國과 전쟁하는 진중에서도 초고草稿가 마련되었다니 우리는 놀라지 않을 수 없다. 시시각각으로 작전을 계획하여야 하는 진중에서도 문장을 시도한다는 것은 우리 범인凡人으로서는 상상도 하기 어려운 일이다. 이것은 요컨대 두뇌 문제일 게다. 부족한 두뇌를 가지고서 무한한 두뇌를 논할 수는 없는 일이다. 그리고 이 점이 바로 위인 아닌 우리 범인들의 비애라 할 것이다.

이념과 주의主義보다 강한 감정

    1948년 12월 초순 나는 외무부장관을 사직하고, 그 익년 1월 중순에 있었던 경북 안동 보궐 선거에 나갔다가 현직 상공부장관인 임영신任永信 씨의 관력官力과 금력金力에 맥을 못 추고 보기 좋게 낙선되고 말았다. 당시 경북경찰서장 박 모라는 자는 경상북도 과·서장課·署長 회의를 안동읍에 소집하였고, 도지사 정 모라는 자는 도 산하 단체의 차량을 징발하여 안동읍에 총집결시키고서는 어마어마한 시위를 시작하였다. 자유당 정권 시대의 선거에 대한 관권 간섭이 아무리 심하였다 하더라도 초기인 이때만큼 불법과 무법이 주야를 막론하고 감행된 적은 없었다고 하여도 과언이 아니다.

    나는 허무하게도 낙선의 고배를 마시고 귀경한 후 4월 중순에 들어서서 서울 종로 을구에서 있었던 보궐 선거에 다시 나섰다. 그러나 나는 그 전과 마찬가지로 또 현직 장관과 싸우게 되었다. 이때 나의 정적은 당시 법무부장관이었던 이인李仁 씨였다. 그때나 지금이나 선거에서 현직 장관과 싸운다는 것은 무모하기 짝이 없는 일이었다. 그러나 선거구가 서울이라 안동 보궐 선거 때와 같이 관권 발동이 심하지는 않았으나 속담에도 '수양산 그늘이 강동江東 700리를 간다'라고 유형, 무형의 압력은 이루 다 말할 수 없었다.

바로 이때였다. 나는 이른 아침부터 선거 운동에 나서서 동대문 밖 낙산駱山을 비롯하여 산기슭에 게딱지같이 산재해 있는 판잣집 유권자들을 일일이 방문하고 나에게 투표하여 줄 것을 호소하며 다니다가 해가 저문 뒤에서야 그때 내가 살고 있던 수표동 자택으로 돌아왔다. 해는 이미 저물어 전깃불이 들어왔었다. 나는 몹시 피곤하였다. 3년간 수도청장으로 수만 경찰을 호령하였고 뒤이어 외무부장관으로 자리를 옮겼다가 자리를 비운 지 불과 4, 5삭朔 만에 유권자의 문을 두드리며 깨끗한 한 표를 찍어 달라고 구걸하다시피 애원하는 그 모습은 과연 초라하기도 하였다.

이것이야말로 민주주의의 맛을 똑똑히 보는 것이 아닌가.' 하고 나 혼자 생각도 하여 보았다. 그때는 호별 방문이 선거법에 용인되어 있었기 때문에 호별 방문만이 가장 효과적인 선거 운동 방법이었던 것이다.

내가 자택으로 돌아와서 피곤한 몸을 좀 쉬어 볼까 하고 실내에 켜 있던 전깃불을 끄고 혼자 누워 보려고 하던 바로 그 찰나였다. 어둠 속에서 문득 어떤 그림자 하나가 나타났다. 나는 내 선거 운동원인 줄 짐작하고서, "누군가?" 하고 자리에 누운 채 물어보았다. 그러자 그 그림자는 실내로 들어서면서 "창랑, 오래간만일세." 하고 인사말을 던지며 내 누운 자리 옆에 있는 의자에 털썩 앉아 버리는 것이었다. 그제야 나는 그 자리에서 일어나 전깃불을 켜고 그 사람 얼굴을 바라보니 그 사람은 내가 평소에 잘 아는 사람이었다. 뿐만 아니라 내가 수도청장으로 있던 시절에는 미군정청 장교들과 합세하여 당시 경무부장이었던 조병옥 씨와 나를 현직에서 파면시키기 위해 눈부시게 활약하던 사람이었다. 그뿐인가. 그는 우리 정부가 미군정과 교대해서 수립된 후에는 파렴치하게도 선거에 나서 당선도 하였고, 또 가장 가까운 옛날에는 참의원 의원까지 지낸 어마어마한 경력의 소유자였다. 그 사람이 나에게 말을 건네기 시작하였다.

"창랑! 이 박사의 독재 밑에서 선거를 하자니 괴롭지 않은가?"

그 사람은 다시 말했다.

"국민들은 다 이 박사가 대통령 자리에 앉게 된 까닭이 유석과 창랑의 힘이라고들 생각하고 있는데, 이 박사는 안동 선거에서 창랑을 보기 좋게 후려갈겨 마침내 낙선시키고 말지 않았는가. 그러니 이제 종로 을구 선거에 있어서도 창랑의 적은 현직 법무부장관이 아니라 현직 대통령이라는 것을 똑똑히 알아야 하네."

나는 잘라 말하였다.

"내가 국회의원에 입후보한 것은 조국, 대한을 위한 국회에 나가자는 것이지 나의 일신상의 영달을 위하여 이 고생을 하는 것은 아닐세."

그 사람과 나는 말을 이어나갔다.

"사람은 감정적 동물이야. 그리고 천하만사가 다 기브 앤드 테이크가 있는 법인데 이 박사는 자네한테 너무 하잖는가?"

"우리들이 이 박사를 대통령 자리로 추대한 것은 이분만이 현실의 조국을 구원할 수가 있다는 이념에서 나온 것이지 어떤 상벌賞罰을 받기 위해서 추대한 것은 아니야."

"내가 시내 공기를 살펴보니 자네가 또 낙선할 것은 틀림없는 사실 같은데, 자네같이 두뇌가 영민한 사람이 이런 푸대접을 받는다는 것을 자타가 다 같이 아깝게 생각하는 바일세."

그가 미소를 띠면서 말하는 것이었다.

"글쎄, 내가 생각하는 출구는 행정부를 떠나서 입법부로 들어가는 길밖에 없다고 생각되어서 지금 이 선거 운동에 나서고 있는 것이 아닌가?"

"이 사람아! 그것이 그거여. 이승만 치하에서 삼권 분립을 바란다는 것은 몽유병자의 얘기일 뿐이야. 내가 지금 말하는 출구라는 것은 그런 종류의 출구가 아니라 아주 딴판의 새 출구를 찾아보라는 이야기야."

"자네는 해방 전부터 잘 아는 나에게 좋은 말을 해 줄 사람으로 믿네. 내가 나가야 할 출구란 도대체 무엇인가?"

나는 심각한 표정으로 물어보았다.

"창랑! 지금 폐간되었지만 미군정 때 있던 조선통신朝鮮通信을 잘 알지?"

"이 사람아, 알기만 하겠나. 그 통신을 폐간시키는 데 내가 주력 부대

노릇한 게 아니었나."

나는 웃으며 말했다. 조선통신은 남로당南勞黨 기관이었다.

"그러면 조선통신의 정치부장으로 있던 안 씨를 잘 알지? 그 사람이 군정 때 월북한 것도 잘 알고 있을 줄로 짐작하네만 창랑은 그 사람을 어떻게 생각하나?"

"그 사람이 공산당원인 줄은 자네도 잘 알고 있지 않은가?"

"글쎄, 공산당원인 줄은 나도 잘 알지만 내가 알기로는 창랑과의 사적 친교가 매우 두텁다고 말을 들었는데 나는 그것을 말하는 거야.

"응, 친교야 있지. 그러나 그 사람은 개인의 친교보다는 당에 대한 관념이 더 강한 사람인 까닭에 친교를 따지기는 어렵다고 생각하네."

"창랑! 더 말할 것 없이 내가 이 밤중에 찾아온 것은 창랑에게 구원의 손길을 뻗치기 위해서 온 것이니만큼 내 말을 잘 들어주게."

그는 이어 말했다.

"안 군은 지금 개성에 와 있는데, 김일성이가 창랑에게 보내는 친서까지 가지고 있고, 또 창랑이 오케이만 한다면 안 군이 서울로 들어와서 창랑을 만나 모든 월북하는 절차를 마련해 주겠다고 약속하고 있으니 창랑 의사는 어떠한가?"

그러자 그때 전에 보이지 않던 키가 큰 사람 하나가 바로 내 방 문턱 밖으로 썩 다가서는 것이었다. 나는 깜짝 놀라서 그 사람에게 "아니 이 분은 누군가?" 하고 물으며 얼굴을 쳐다보았다.

"이 사람은 안 군의 사자使者야. 내게 오는 안 군의 편지를 가지고 이곳까지 와서 창랑도 마저 만나 보고 가겠다는 거야."

나는 하도 어이가 없어서 그 사람에게 다시 묻기 시작하였다.

"월북 절차라는 것은 도대체 무엇을 말하는 것이며, 김일성의 친서 내용은 또 무엇인가?"

"월북 절차는 창랑 자신은 말할 것도 없고 창랑 가족까지도 다 감쪽같이 38선을 넘겨 주겠다는 것이며, 친서 내용은 창랑이 전향만 한다면 내무상內務相으로 등용하겠다는 것일세."

그는 나의 얼굴을 살펴보았다. 조금 전에 나타났던 키가 큰 그자는 그때까지 방문 밖에 그대로 서 있었다. 그래서 우리들이 주고받는 말을 다 듣고 있었다.

이때 내 머릿속은 그 사람의 말을 듣고서 마치 전화기로 강력한 마사지를 받은 것처럼 진동하였다. 그리고 '이놈을 당장 경찰에 신고하여 잡아넣어야겠다'라고 생각되기도 하였으나, 급전직하急轉直下로 생각을 돌려서 '아! 내가 이승만에게서 무지무지한 배신을 받는 것보다 차라리 코스를 돌리는 것도 어떨까?' 하고 삽시간 명상에 빠져 있었다.

"여보게, 나에게 내일 이맘때까지만 생각할 시간적 여유를 주게."

나는 자리에서 일어나며 말했다.

"물론 그렇게 하지. 그렇지만 창랑, 잘 생각하여 보게. 이승만이라는 사람은 믿어서는 안 될 사람이야. 달면 삼키고 쓰면 뱉는 사람이지. 자네도 잘 알지만 전에 입법원立法院에 있었고 지금은 미국에 간 김호金乎와 전경무田耕武 두 사람의 사정을 알고 있지 않은가."

이 두 사람은 과거에 창랑도 알다시피 이승만의 수족이었던 사람인데도 지금은 수원지간讎怨之間이 되고 말지 않았는가?"

"글쎄, 그건 그것이고 내 케이스는 이와는 좀 다르니까 내 거취는 24시간 후에 작정하기로 하세."

그 말을 하고 나는 그 두 사람을 돌려보냈다. 그 익일 그 시간에 그 사람은 전날 밤에 같이 왔던 사람을 떨쳐 놓고 혼자서 나타났다. 그리고 나의 대답은 바로 '오늘날의 나'였다.

정당론政黨論

과거 몇 달에 걸쳐 나는 신아일보 동지들의 간곡한 요청을 어길 수 없어 불학不學이나마 '수상잡초隨想雜抄'라는 제목하에 내가 과거에 듣고 본 몇 가지 기억을 더듬어서 쓰기를 시도하여 보았다. 그러나 나는 전에도 말한 바와 같이 독서에는 흥미를 가졌다고 자부하나 집필에는 전혀 문외한이기 때문에 30회가 넘었지만 무상하기 짝이 없다는 것을 부끄럽게 생각하는 바이다.

그러나 내가 꼭 하나 쓰고 싶은 것은 현 한국 정계에 임립林立하고 있는 정당에 대한 나의 솔직한 소감을 피력하고자 하는 것이다. 미국 전 국무부장관 애치슨 씨는 그의 저서 《정당사政黨史》에서 정당을 정의하여 다음과 같이 말했다.

"정당은 그 성격상 국민 전체의 이익을 대표하는 것도 아니고, 또 대변하는 것도 아니다. 정당은 어느 특정 계급을 대표할 수 있고, 또 대변할 수 있을 뿐이다. 그러므로 한 정당의 정견을 전 국민의 정견으로 해석할 수 없다. 그 실례는 미국의 양당인 민주당과 공화당의 정강政綱이나 정책政策을 보아도 알 수 있는 것이다."

그리고 애치슨 씨는 이어서 말했다.

"정당은 기계가 아니다. 정당의 운영은 영도력을 가진 사람이 운영하게 마련이기 때문에 그 영도력의 영향이 국민 전체에게 어느 정도 보급되느냐 여하에 따라 대통령과 상·하원 의원이 당선되게 되는 것이다."

과거에 정당에 관한 많은 저술이 있었지만 애치슨 씨의《정당사政黨史》만큼 정당의 성격을 우리들에게 알기 쉽게 단적으로 표현하여 주는 것은 없다고 나는 생각한다.

이에 반하여 후진국인 우리 사회에 있어서는 정당의 구성 인원이나 정당 정책 등의 내용은 강구하려 들지 않고, 정당이면 마치 다 전 국민의 의사를 대변하는 것처럼 자신 있게 호언장담하는 것을 볼 때 우리들 자신의 무식함을 스스로 부끄러워하지 않을 수 없다. 뿐만 아니라 이 나라 정당에 있어서 가장 구수仇讐같이 질시하는 것은 정당 안에 있는 파벌주의자들이 용병과 사병을 사육해서 자당自黨 내에서 자기네들만의 권익 보호와 좌석 보전에 급급하고 있는 그 추악한 실정들이다.

한국에 있는 정당의 내부를 분석하여 볼 것 같으면 대소의 차이는 있겠지만 이조 초엽의 강신強臣들이나 일본 왕정복고 전의 번주藩士들이 사병을 옹유擁有하고 중앙 정부에 대하여 호시탐탐 응시하던 것같이 요직 선거와 위원 선거 때는 정론을 무시하고 평소에 많지 않은 금전으로 사육하고 있던 용병과 사병을 총동원하여서 일거에 자파自派의 권익을 전취戰取하려는 그 모습이야말로 구역질이 날 정도로 추악한 것이다.

나는 단언한다. 이 악도惡徒들을 정당 밖으로 추방하기 전에는 한국 정당의 전도라는 것은 언제까지나 광명의 길을 걸을 날이 없을 것이고, 또 멸망과 붕괴의 길만을 재촉할 뿐일 것이라는 것을.

정당이라는 것은 도저히 국민 전체와 그 이해를 같이할 수는 없는 것이다. 따라서 국민 전체의 지지를 다 받을 수도 없는 것이다. 농민은 농민의 이해가 있고, 상민은 상민의 이해가 있고, 또 중공업자는 중공업자의, 경공업자는 경공업자의 이해가 있는 것이다. 그러므로 정당이 이 모든 이해관계를 총괄적으로 모조리 대변한다는 것은 도저히 불가능한 것이다.

그러나 그 정당을 영도하는 영도자의 국민에게 미치는 영향력, 또 그 밖의 정치적 비중이 전 국민의 지지를 이을 수 있을 만큼 클 때 그 정당은 선거에서 개가를 올리게 되는 것이다. 그리고 정당 자체에 있어서도 이와 마찬가지로 당원 전체의 이해를 균형적으로 다룰 수는 절대로 없는 것이다.

당으로서 정당 정책을 정할 때는 상호간의 양보와 상호간의 접근으로서 정당 정책을 다루어야 하고 요직 안배에 있어서도 인품과 사회적 비중을 고려하여서 추대推戴하여야 하는 것이지, 자기와 가까운 사람이라고 하여서 이 사람을 어느 요직에 추진시키기 위하여 용병과 사병을 총동원하여서 당기黨紀와 당풍黨風을 문란시키는 자들은 발본색원하여야만 현대 정당 정치를 하고 있는 국가에 있어서 올바른 정당의 형태를 갖출 수 있는 것이다.

한 정당의 당원은 그 정당에 예속되는 당원인 것이지 어느 파벌주의 자들의 당원은 아닌 것이다. 그럼에도 불구하고 몰지각하고 정치도政治道의 현대관을 무시하는 야비한 정당인들은 어느 정당에 명단을 거는 날부터 자기 호주머니를 털어서 그나마 많지 않은 금전을 살포하여 사병과 용병 사육에만 몰두하고 정당다운 정당을 발전시키는 데는 오불관언吾不關焉이라는 태도를 견지하고 있지 않은가. 이것이 곧 오늘날 한국 정당의 이면이다.

우리는 사람마다 모두 인물 빈곤을 부르짖고 있지만 나는 직업이 정치인이기 때문에 정당 내에 있는 정치인의 빈곤에 더 큰 허탈감을 느끼고 있다. 나는 한국 안에 정당 혁명가가 나기를 학수 고대하며 한국 내에 있는 정당의 근본적 개선을 촉구하여 마지않는 바이다.

대성大聖 공자는 일찍이 말하기를 '군자君子는 부당不黨'이라 하였다. 이 당은 곧 붕당을 말하는 것이다. 거듭 말할 것도 없이 당내에 용병과 사병을 사육하는 도배들은 물론 붕당으로 규정할 수밖에 없으며, 또 이 붕당 의식은 정당뿐 아니라 현대 사회에서 반드시 꺼져야 있어서는 아니 될 고대 유물인 것이다. 이조 500년이 붕당으로 말미암아 국세가 퇴폐

된 틈을 타서 임진왜란 같은 피해를 입게 되었으므로 그 미친 영향은 오늘날까지도 너무나 큰 것이다.

중국 역대에 있어서 붕당으로 망한 나라는 먼저 송조宋朝를 손꼽을 수 있을 것이다. 송대宋代 재상이요, 학자요, 또 문장가인 구양수歐陽修의 《명당론明黨論》을 볼 것 같으면 우리는 붕당의 폐해가 너무 엄청난 것에 놀라지 않을 수 없다. 이 나라 정당이 조속한 시기 안에 근본적 개혁을 보지 못하고 지금과 같은 용병, 사병이 그대로 지속되어 나간다면 우리는 정당으로 망국의 씨를 뿌리게 될 것이며, 이로부터 받은 요소가 민족의 혈관으로 흘러서 완치의 날을 보지 못하고 말 것이 너무나 명백하다. 그러므로 우리는 보다 더 나은 정당이라고 해서 다시 정당을 만드는 것보다 당에 대한 근본적 정의를 밝혀서 지금까지 내포하고 있던 모든 독소를 제거하고 선진 국가의 정치를 맡고 있는 정당같이 정당다운 정당을 창립하는 것이 우리 국가와 민족의 백년대계를 위하여 의당宜當하다고 믿어 마지않는 것이다.

나는 피치 못할 사정으로 약 40일간 외국 가는 길에 오르게 된다. 이 길은 결코 호화로운 휴양의 길도 아니고, 또 말할 것도 없이 공무를 띠고 떠나는 길도 아니다. 나의 가족 한 사람의 문병을 위하여 떠나는 길에 지나지 않는 것이다. 나는 마음속에 이 '수상잡초隨想雜抄'를 한 50회쯤 써 볼 심산이었으나 위에 말한 바와 같이 피치 못할 사정으로 잠시 서울을 떠나게 되어 나의 의도대로 끝맺지 못하게 된 것을 심히 불만스럽게 생각한다. 귀국하는 즉시로 신아일보 동지들이 동의하여 준다면 50회까지 계속할 생각이니, 만일 그리된다면 욕된 글이나마 앞으로도 계속 읽어 주시기를 바라 마지않는다.

의외의 낙선과 혹비진或非眞의 눈물

　나는 2대부터 국회의원을 해 왔다. 그리고 전번 6대 때 나는 '박정희 분위기'에 의해서 처음 낙선되었다. 이 박정희 분위기라는 말에 대한 책임은 내가 진다.
　한번은 박정희朴正熙[29] 씨가 야당에 있는 지도 정치인 6명을 최고 회의에 초대하고 환담을 나누었다. 그때 홍종철이란 사람이 박정희 씨 곁에 앉아 있다가 민주주의를 운운했다. 그때 내가 이런 말을 했다.
　"당신들이 민주주의를 하겠다고 하는 것은 백두산에 올라가서 고기를 낚겠다는 소리나 마찬가지다. 세상에 총칼을 가지고 정권을 잡고서 그게 민주주의냐?"
　과연 그들이 민주주의 방식에 의해서 민정 이양을 했는가, 아닌가는 국민이 다 알고 있는 사실이다. 그때 내가 출마 이후 처음으로 낙선이 되었을 때 놀란 것은 나뿐이 아니라 국민이 모두 의아해했다는 사실을 저들이 잊어서는 안 된다.
　그때 나는 "장택상이가 진 것이 아니라 이 땅의 민주주의가 졌다."고 말했다. 아마도 당시에는 누구의 가슴에나 이런 생각이 물결쳤으리라 믿는다.

오늘날 내가 의장으로 활약하고 있는 '한일굴욕외교투쟁위원회'에 대해서 좋고 나쁘고 말이 많다. 이미 한일 국교가 조인되었으니 이 투쟁위원회의 존재 의의가 없지 않으냐 하는 말도 있는데, 이에 대해서 나는 절대 반대다. 한 번 잘못된 것은 언제까지나 잘못된 것이니까 반대를 해야지 중간에서 포기한다는 것은 그릇된 것을 묵인해 주는 결과밖에는 안 된다. 먼 지난날에 있어서도 한일합방이 체결되었다고 해서 그대로 되었던 것은 아니었다. 그러나 가소롭게도 몇몇 야당 인사들은 이미 항일투쟁을 포기했다.

특히 지난 10월 11일 국회 속개續開에서 민중당 대표최고위원인 박 씨는 평소에 대한민국이 좁다 하고 소리 질러서 외쳐 오던 의원 총사퇴 결의를 한 조각 휴지처럼 동댕이치고, 도당徒黨 의원 30여 명을 거느리고 국회 문을 두드리는가 하면, 민중당 진로와 잘못된 지도 노선을 연설하는 도중에 손수건으로 눈을 가리고 우는 형용을 사진으로 우리가 볼 때, 우리는 즉각 느끼기를 그 눈을 가린 손수건을 좀 벗기고 봤으면 하는 심정이다. 우리들이 아무리 상식과 양식을 총동원해 보았자 박 씨에게 흘릴 눈물이 남아 있을까 의아하다. 박 씨에게 눈물이 있었다면 동대생東大生 김중배 군의 죽음에 흘렸을 것이고, 또 박 씨와 동성同性인 이대생梨大生이 경찰의 박달나무 방망이와 악성 최루탄에 맞아 캠퍼스 안에서 쓰러지고 자빠져서 생지옥이 이루어졌을 때 흘렸을 것으로 믿기 때문이다. 눈물은 잘못하면 조소거리도 되지만 동시에 비싸기도 하다. 만사가 다 값이 있는 것처럼 때에 따라 울음값은 아주 비싸다.

이조 고종 말기에 영남의 장張 아무개는 서울에 와서 수년간 감투를 쓰느라 가산을 탕진하고 알거지가 되다시피 되었을 무렵에 마침 당시 세력가인 한 대감이 죽었다는 말을 듣고 평생에 일면식도 없었지만 그 대감 집으로 줄달음쳐서 문턱에 들어서자마자 슬피 통탄하였다. 상주인 대감의 아들은 평소에 보지도 못했던 사람이나마 슬피 우는 것을 보고 아마 이 사람이 평소에 자기 아버지의 친구인 줄로 짐작하고 눈물을 씻어 주고 울지 말기를 권하였다. 그 뒤에 장 아무개는 이유 없는 울음을 계기로 좋은 감투를 얻어 썼다고 한다.

때에 따라서는 눈물값이 비싸다는 것은 정론이다. 그러고 보면 그때 국회 단상에서 박 씨가 흘린 눈물값은 과연 어떻게 평가될까, 과연 혹비진或非眞의 눈물이 아닐까.

공수표 된 도미渡美 계획

　내가 지금 말하고자 하는 것은 벌써 수삼 년 전의 일로서 기억의 완전한 정확을 보증할 수는 없다. 혹 잘못된 것이 있을지도 모르겠지만 내가 더듬는 기억에 따라 서술하고자 한다.
　5·16 후 그 이듬해 늦은 봄이었다. 아마 3월 말일께인 듯싶다. 어느 날 어둠이 채 대지를 뒤덮기 전 수표동 내 집 대문 밖에는 정체불명의 지프차 한 대가 달려와 섰다. 이 지프차는 비록 자가용 넘버를 달고 있었지만, 자가용 차가 아니라는 것을 아는 사람들은 다 알고 있었다. 차에서 뛰어내린 사복 차림의 한 청년이 나를 찾는 것이었다. 이 사람은 실내로 안내를 받자 나에게 겸손한 태도로 인사말을 하고서는 자기는 최고회의最高會議의 가장 으뜸가는 분에게서 명령을 받고 나를 찾아왔다고 말하는 것이었다.
　나는 차릴 인사는 다 차린 후에 그가 나를 찾아온 내용을 물었다. 그러자 그 사람은 찾아온 용건이란 별것이 아니라 가장 중요한 분이 나를 내일 밤 어느 장소에서 만나 보기를 원하고 있다고 말하는 것이었다. 나는 즉석에서 이 요구에 응하였다. 그 사람은 그 익일 밤에 다시 와서 나를 지정한 장소에 안내하겠다고 약속하고는 돌아갔다.

그 익일 밤 8시쯤 사복 차림의 그 청년은 나를 자기가 타고 온 차에 태우고서는 한남동 방면의 외인 주택이 있는 지역으로 달려가는 것이었다. 그때 내가 그 지프차를 타고 갈 때의 심정이란 마치 절에 간 색시의 심정, 바로 그것이었다고나 할까.

어느덧 차는 외인 주택 지역 중에서도 가장 높은 지대에 자리 잡고 있는 어떤 방갈로 앞에서 정차하였다. 그 방갈로는 한강 상류를 목전에 굽어보고 있는 아담한 스위스식 살레chalet와 같은 조그마한 집이었다. 그러나 막상 실내에 들어가 보니 가구의 장식은 매우 아담하고 청결하였다. 그 청년은 나를 자리에 앉으라고 권하고 잠깐만 기다려 달라면서 밖으로 나갔다.

내가 시가렛 케이스cigarette case에서 담배 한 대를 끄집어내어 채 반토막도 다 태우기 전에 드디어 나를 불렀던 그 주인공이 나타났다. 나는 자리에서 일어서서 정중히 맞이하였다. 그 주인공은 나를 그 자리에 오게 한 것이 죄송하다면서 정중히 인사하는 것이었다. 물론 나는 그 주인공과 초면이었다. 그러나 지상紙上을 통해 사진으로 많이 본 얼굴에 틀림이 없었으므로 나는 '아, 이 사람이로구나' 하고 심중에 느낀 바가 있었다.

그분이 나를 대하는 태도는 처음부터 끝까지 초면이라는 인상을 조금도 주지 않았으며 마치 평생을 사귀었던 사람의 말의 표현과 행동의 표시였다. 이런 자리는 반드시 어색하기 마련이었는데도 방 안 공기는 무척 부드러웠고 나는 응수應酬에 마음의 밸런스를 가눌 수 있었다. 주인공과 나는 초면에 있을 수 없는 친근한 말들이 오고 갔는데, 그중에 내가 가장 잊히지 않고 기억에 남는 한 토막은 바로 다음의 대화이다.

"창랑 선생, 시흥에 별장이 하나 있다지요?"

"별장이라고 말할 수 있을까요? 나는 농막農幕으로 알고 있습니다."

"그 별장을 팔지 마세요. 내가 지금 이 자리에서 물러났을 때는 선생님 별장 옆에 터나 하나 얻어서 자그마한 집을 하나 짓고 선생님을 평생 모시겠습니다."

"과분의 말씀. 나야 초야에 묻힌 사람으로 현실을 지켜보고 잘되기만을 빌 뿐이지요."

"저는 부모를 모시지 못한 사람이니만큼 창랑 선생을 친부형親父兄과 같이 모시겠습니다."

"천만의 말씀. 나라와 겨레를 위하는 일이라면 내가 노복奴僕이라도 되겠소."

이것이 바로 한국식 살레 안에서 주인공은 위스키를 마시고 나는 커피를 마시면서 주고받은 한 토막의 야화夜話였다.

그리고 이 회견이 있은 지 수삼 일이 될까 해서 전에 나를 찾아왔던 그 청년이 다시 나를 찾아왔다. 그 사람은 나에게 다음날 저녁 대접을 하겠으니 좀 와 주었으면 좋겠다는 그 주인공으로부터의 전달을 가지고 왔다. 나는 쾌락快諾하였다.

그 익일 밤 7시쯤 그 청년은 차를 가지고 와서 나를 태우고서는 신당동 방면으로 달려 나갔다. 그는 어느 깊은 골목 안으로 들어가더니 개인의 사택 같은 집 안으로 나를 안내하는 것이었다. 현관에 들어선즉 어여쁜 색시 두 사람이 우리를 마중하였다. 바로 그때 아래층 방문이 열리면서 한 정복 장교 하나가 거수경례를 붙이더니 나를 2층으로 안내하여 주었다. 그리고 방문이 열리더니 전날에 만났던 주인공과 당시 중직에 있었고 과거 자유당 때도 정부의 일원으로 자주 국회에 나와서 안면이 두터운 사람이 나타났다. 얼마 되지 않아 술상이 들어오고 술잔이 오고 가고 하자 주인공은 나에게 단도직입으로 요지를 털어놓았고, 말이 이어졌다.

"미국 정부의 의도가 나변那邊, 어디에 있는지는 몰라도 종전부터 한국에 배당되어 있고, 또 3분의 1이나 이미 배에 실어 놓고 있는데도 불구하고 춘궁기春窮期를 당한 지금까지 미잉여농산물美剩餘農産物이 오지 않고 있으며, 정부가 성화같이 독촉을 거듭하여도 예스나 노의 대답이 전연 없으니 창랑 선생은 이 곡절을 아시겠습니까?"

"알지요. 그것은 단 한 가지일 겁니다. 미국 정부가 현 정권의 정체와 성격을 잘 이해 못 하고 있는 데 그런 지장이 있을 것이라고 생각합니다."

"바로 그것입니다. 그 점을 이해시키고 모든 것을 다 순조롭게 우리들과 접선하는 데 창랑 선생의 후원이 필요하다는 것입니다."

"나보고 미국 가라는 말이군요."

"미안한 말씀이지만 바로 말씀 그대로입니다."

"수삼 일 전에 내가 말한 대로 국가와 겨레의 일이라면 다 하겠습니다. 그러나 내 자신이 미국 정부가 가지고 있는 것 같은 그런 오해를 풀지 못하고 있으니 그런 사명을 띠고 가서 미국 정부를 납득시킬 자신이 없는데요."

"천만의 말씀입니다. 반공反共이 우리의 목적입니다. 용공容共은 할 수 없습니다."

"지금 한 말은 조크로 한 말씀입니다. 미력이나마 필요하다면 가 보지요. 그러나 수삼 일간의 여유를 얻어야 되겠습니다. 그 이유는 내가 지금 재야의 한 사람이므로 나의 재야 동지들과 상의해 보아야 내 거취를 결정할 수 있을 것이기 때문입니다."

그리고 나는 그 자리를 떴다.

그 익일 아침 나는 가인街人 김병로金炳魯[30] 씨와 상의하였다. 김병로 씨는 지난날 오고 간 내 말을 잠자코 듣고 나더니 난색을 보이는 것이었다. 그는 "비록 국민의 식량 문제라 할지라도 미잉여농산물이 한국에 때 맞추어 들어오고 보면 이 정권이 더 오래 지속될 것이 아닌가." 하면서 더 생각해 보자는 것이었다.

나는 그 자리에서 나와 즉시 안국동 윤보선尹潽善[31] 씨를 찾아가 찾아온 이유를 설명하였다. 그리고 가인이 나의 도미하는 문제에 대하여 난색을 표하더라고 덧붙였더니 윤보선 씨는 대뜸 그게 무슨 말이냐면서, "그것은 가인이 잘못 생각한 것으로 문제가 국민의 식량 문제인 만큼 누구 심부름이든 가릴 것 없이 하루빨리 미국에 가서 힘닿는 대로 해결지어야 합니다."라며 강경히 주장하는 것이었다.

나는 그 다음날 전화로 연락하고 다시 만나 미국에 가겠다는 언질을 주었다. 그 사람들은 즉석에서 워싱턴에 있는 주 미국 대사에게 전화로 연락을 취하여 미국 정부에게 내가 간다는 연락을 하라고 지시하겠다는 것이었다. 그러나 나는 이에 반대하였다. 미국 정부가 한국 정부의 사명을 띠고서 오는 줄 알면 나를 그렇게 반갑게 대하지 아니할 것이니 나는 조용히 가겠다고 말하였다. 그리고 나는 그전부터 잘 알고 있는 동경 주재 미국 모某 기관 고위층에게 내가 미국으로 가는 사명을 설명하고 모든 것을 잘 주선하여 달라고 부탁하였다. 이 고위층은 아무래도 전화로는 말을 다할 수 없으며, 또 동경에서 만나면 비밀을 보장할 수 없으니 일본 구주九州, 규슈 복망福岡, 후쿠오카호텔에서 만나자고 날짜와 시간까지 지정하여 주기에 나는 꼭 날짜에 대어 가겠노라고 답하였다.

나는 이 회견을 마친 뒤 다시 윤보선 씨와 만나 도미하기로 결정하였다고 말하였더니 그는 그 익일 밤에 나를 환송한다고 자택으로 불러 저녁 대접까지 하여 주는 것이었다. 나는 벌써 미국에 갈 사람으로 짐작하고서 모든 연락과 준비를 완료하였다. 그런데 그 익일 떠나야 할 나에게 여권과 여비에 대한 소식이 없기에 전화로 어떻게 된 일이냐고 물어보았더니 하루가 무섭게 독촉하던 그 주인공은 자취를 감추고 나의 전화를 받던 그 사람은 "선생님의 도미渡美 계획은 그만두기로 하였습니다." 하고 말하는 것이었다.

그 후 알아보니 미국 모 기관 고위층은 약속대로 복망호텔에서 종일토록 나를 기다려도 내가 나타나지 않으므로 "원 세상에 허무한 사람도 다 있다."라면서 동경에 도로 돌아갔다는 것이었다. 나도 하도 어이가 없어서 이분에게 즉시 사과를 못 하고 약 1주일이 지난 후에야 입에 침이 마르도록 구걸조로 사과하였다.

물론 특별한 사정이 생기면 계획은 얼마든지 바뀔 수 있다. 그런데 내가 두 차례나 직접 만나 이야기를 나눠 본 소감으로는 그 주인공이 이처럼 무례하게 연락도 없이 그냥 방치하지는 않았으리라는 생각이 든다. 내가 알지 못하는 그 사정이 무엇이었는지 세월이 지난 지금도 자못 궁금하다.

창랑서신(書信)

My Lovely Daughter

창랑 선생이 조지타운대학에서 유학 중인 딸, 혜에게 부친 편지다. 창랑 선생은 자녀들과 편지를 주고받으며 그들을 향한 애틋한 마음을 표현하곤 했다.

Feb. 19. 1962

Dear Peggy,

How are you? Is everything all right with you? I seldom go up to town but am holed up in this lonely nook fraught with snow and ice!

The reason I am taking this pen to write is that I feel somehow terribly lonesome today, and the reminiscence of when we were together in this villa years ago causes me to be so tearful that I can't write any more.

Well, Peggy, you are young and healthy, and I am now an old

broken man with no future prospect, but what can I do?

Farewell and be of good cheer!

Your loving Father

임인년 2월 16일

혜야.

잘 지내고 있니? 별일 없는 거지? 요즘 아버지는 좀처럼 마을로 나가지 않고 눈과 얼음이 뒤덮인 이 외딴곳에서 지내고 있단다.

오늘 이렇게 펜을 든 까닭은 왠지 모르게 고독이 밀려와서야. 수년 전 우리가 이 별장에서 함께 보냈던 시간들도 떠오르고…… 눈물이 나서 더는 쓸 수가 없구나.

혜야, 너는 아직 젊고 건강하지. 하지만 아버지는 이제 미래가 불투명한, 늙고 쇠약한 사람이 되어 버렸어. 내가 무엇을 할 수 있을까?

잘 지내거라, 항상 건강하고 행복하길 바란다!

사랑하는 아버지가

Feb. 24. 1962

Peggy Dear!

Thanks for your nice and long letter and John's, for which I thank him very much.

You ask me if I need money. Yes, I need it very much. But would it be right to receive alms from you? Thank you all the same.

There is one little thing you can oblige me with—a book which I dearly love to read once more. I used to have this book but lost it during the war of 1950.

It is a small book, so you can send it very easily. It is written by Matthew Arnold and the name of the book is as follows: 《Sohrab and Rustum》. You can ask any bookstore and they will find it for you.

I am glad to hear of your chance of coming to Japan this summer. Japan is very nice. I love the country except the people!

Many thanks for the lovely photos.

Your loving Daddy

임인년 2월 24일

혜야, 보아라.

너와 아들 같은 사위, 존이 보내준 정성스러운 편지 정말 고맙다. 존에게도 꼭 고맙다고 전해다오.

아버지에게 돈이 필요한지 물어봤더구나. 그래, 사실 많이 필요하지. 하지만 딸에게 그 돈을 받는 것이 옳은 일일까. 정말 고맙지만 마음만 받을게.

대신 작은 부탁이 있단다. 아버지가 다시 읽고 싶은 책이 있어, 예전에 갖고 있었는데, 6·25 전쟁 때 잃어버렸단다.

작은 책이라 보내기 쉬울 거야. 매튜 아놀드가 쓴 《소랍과 루스툼》이란 책이란다. 서점에 가서 물어보면 찾아줄 거야.

이번 여름에 일본에 갈 기회가 생겼다니 정말 기쁘구나. 일본은 정말 멋진 나라야. 나는 사람들만 빼면 그 나라가 참 좋더라.

정겨운 사진들도 보내줘서 너무 고맙구나.

사랑하는 아빠가

(n.d.)

Dearest Peggy,

I am much worried about you. Why don't you tell me the plain fact?

I came out to Kimpo airport to see off the Dean.

Korea is in turmoil once again and there is no knowing what will be the next. Poor country!

Be of good cheer Peggy, for my sake if not for yours!

Daddy

(일자 불명)

너무나도 아끼는 혜야.

네가 많이 걱정되는구나. 왜 있는 그대로 말해주지 않니?

아버지는 학장님을 배웅하러 김포공항에 다녀왔단다.

한국이 또다시 혼란에 빠져서 앞날을 내다볼 수 없구나. 불쌍한 나라야!

혜야, 너를 위해, 아니면 아버지를 위해서라도 기운을 내렴!

아빠가

Dec. 10. 1965

This Seven-Storied Stone Temple (Pagoda), which is a creation of the Silla Dynasty period, is given to my daughter, Ms. Byounghye Chang, as a gift of love and remembrance.

T. S. Chang

을사년 12월 10일

신라시대의 작품인 이 칠층석탑을 제 딸 장병혜 씨에게 사랑과 기억의 선물로 증정합니다.

장택상

July. 17. 1968

Dear Peggy,

You have gone through a terrible ordeal this time but thank God it came out all right.

I am grateful to John for all he has done for you.

When you feel better, let me know how you get along.

Father

무신년 7월 18일

혜야.

정말이지 끔찍한 시련을 겪었구나. 하지만 하나님께 감사하게도 모든 것이 잘 해결되었어.

존이 남편으로서 너를 위해 헌신한 모든 것에 고마움을 느끼고 있단다.

심신이 안정되면 어떻게 지내고 있는지 알려다오.

아버지가

Aug. 7. 1968

Dear Peggy,

I would very much like to have you back in Korea for relief after your long illness, but if your school work is in question, I cannot very well ask you to do it. I have so many things to discuss with you concerning our future and etc., but it must not interfere with your job. You can do what is best for you and don't do anything in haste.

Father

혜야.

오랫동안 아팠던 만큼 이제는 네가 한국에 와서 휴식을 취한다면 참 좋겠구나. 하지만 학업에 지장이 있다면, 그렇게 하라고만 말할 수 없겠다. 가족의 미래와 그 외의 것들에 대해 너와 의논할 부분이 많지만, 그것이 네 일에 절대 방해가 되어선 안 된다. 네게 가장 좋은 것을 선택하되 섣불리 결정하지는 말거라.

아버지가

July. 1. 1969

Dear John,

I am seriously sick.

There are two things which worry me. I worry about the future of Korean people and I worry about my daughter Byoung-Hye and her mother.

John! I have told you everything about Korea and I know you will do your best to help the Korean people. I also know that you will help Byoung-Hye and her mother since they need your utmost care.

You have been dear to me and you have been my son rather than son-in-law. I am a lonely man and I know you are able to make this sick man happy.

Daddy

아들 같은 사위, 존에게.
나는 중병에 걸렸네.
두 가지 일이 나를 걱정스럽게 한다네. 하나는 국민의 미래고, 다른 하나는 내 딸 병혜와 그 어머니야.
존! 나는 자네에게 한국에 대한 모든 것을 이야기했고, 자네가 최선을 다해 국민을 도우리라고 믿네. 또한 병혜와 그 어머니는 자네의 세심한 보살핌이 필요한 만큼 자네가 도와줄 것이라 믿고 있네.
자네는 내게 소중한 사람이었고, 사위라기보다는 아들 같았어. 나는 외로운 사람이지만 자네가 이 병든 노인을 행복하게 해주리라고 믿네.

아빠가

二
나의 신념과 사상

연설문, 성명서, 공개장에 깃든 자유혼自由魂

국회부의장 서울 시찰 보고

1951. 3. 22.

이달 15일 오전 7시에 대구를 떠나 가지고 육로로 서울까지 갔었습니다. 갈 때 수원서 1박을 하고 그 이튿날 조조早朝에 안양 사단 사령부에 가서 그 사단장을 만나서 서울이 회복되었다니까 입성을 좀 하면 어떠냐고 논의한 결과에 사단장 말이, '아직은 입성하기에는 대단히 위험한 까닭에 한강 주변까지는 안내를 하지만 일선까지는 도저히 책임상 안내할 수 없다'고 그랬었습니다. 그래서 한강 주변까지 좌우간 일단 가 보고서 입성 문제를 해결하자고, 그래서 사단장과 동행해 가지고 한강 터까지 갔습니다. 가는 연로沿路에 보니까 시체가 도로 좌우편에 금방 죽어서 나자빠진 것도 있고, 다소간 부패해서 사람의 형태를 가지지 않은 것도 있고, 그야말로 대단히 처참합니다. 동시에 포성도 좌우변에서 대단히 시끄럽고 일선의 정취가 아주 여실히 나타났습니다.

한강 터 사장砂場을 가니까 유엔군이 한강과 마포 사이에 다리를 놓으려고 재료를 가지고 트럭 수십 대가 와 있었고 유엔군이 4, 50명이 와서 기다리고 있고, 그 외에 우리 연대가 와서 서울에 들어가려고 준비 중에 있었어요. 대개 비전투원으로는 이 사람 하나뿐이었습니다. 신문 기자 7, 8명이 역시 서울에 들어갈 욕심으로 한강가에 와 있었으나 군이 허락하지 않아서 들어가지 못하고 내가 가니까 혹 따라 들어갈까 하고서 옆에 와서 몹시 아부하는 형식을 취했습니다. 하나 사단장이 한사코 못 하게 하는 것이에요.

그런데 그 시비를 하는 중에 바로 내 옆에 유엔군이 하나 서 있었는데, 지뢰가 폭발해서 그것이야말로 음향과 그때 실황이 굉장했습니다. 그래서 무지무각無知無覺 중에 엎드렸더니 모래가 날려서 사람을 덮어서 호흡하기가 곤란한 지경에 사단장하고 일어나 보았더니 유엔군이 하나 중상을 해서 들것에 들고 갔는데 아마 죽었을 것입니다. 막 끝난 뒤에 바로 내 뒤에서 또 하나 폭발했어요. 모래사장에다가 약 한 간間 거리로 전부 지뢰를 묻었어요. 그것은 트럭 밑에다 장치했던지 파편이 전부 트럭 밑에 들어가서 사람이 상하지 않았습니다. 그런데 한 5분이 못 되어서 우리 있는 데서 5백 야드 강변에서 또 하나 터졌어요. 한 두어 시간 지체하는 동안에 지뢰 세 개가 터졌습니다. 제일 먼저 터진 지뢰는 유엔군 하나를 상하고 다른 인신人身에 대해서는 별 손해가 없었습니다.

사단장 말이 이런 광경을 보고 강을 건너려고 하는 것은 무리니까 다시 수원으로 돌아가셨으면 좋겠다고 그야말로 진실로 애걸을 해요. 두 시간이나 지체하고 신문 기자들도 내 얼굴만 보고 있어서 사단장보고 그랬습니다. 당신이 허락 안 하면 내가 수영을 해서라도 건너가겠다고 하니까 사단장이 막을 수 없을 것 같으니까 그러면 어떻게 다시 생각해 보자고 하는데 사단장 태도가 역시 애매해요. 그래서 미군하고 교섭한 결과 수륙양용정水陸兩用艇으로 지프차를 건너라고 하니까 사단장도 별수 없이 부의장도 배로 건너야 하겠다고 배를 하나 주어서 경비 헌병과 군인 몇을 데리고 강을 건넜는데 신문 기자 7, 8명도 나하고 같이 건넜습니다.

한강 둑을 쳐다보니까 남녀노소가 100여 명가량 모여 있는데 첫째 내리니까 청장년이라고는 도무지 볼 수 없고, 노인과 어린아이, 부녀자 이렇게 모였는데 머리는 한 자가웃을 길러서 그야말로 만삭 임부가 보면 낙태할 지경이에요. 그래 어린아이 하나를 붙들어 살 껍질을 잡아당겨 보니까 이만큼씩 늘어나서 사람의 마음으로는 볼 수가 없어요. 외국신문 기자들이 나하고 같이 갔었습니다. 그 사람들이 이 꼴을 보고 낙루를 해요. 외국 사람이 그것을 보고 낙루를 하는데 한국 사람으로야 그것을 본다면 더욱이 말할 것 없지요.

그래서 첫째 이쪽에서 묻는 말이 이때까지 무엇을 먹고 살았소 하니까, 웬 겨가 그렇게 많이 나왔는지 1월 24일부터 식량이 떨어졌는데, 그때부터 중공군과 인민군이 겨를 배급해서 겨를 먹고 살았다고, 그 때문에 도무지 애들 어른 할 것 없이 전부 설사를 해 가지고 오늘날까지 연명을 했지만 대개 죽은 사람이 태반이라 합니다. 그리고 살아 있는 것은 명이 길어서 살았지 잠 잘 자서 살아 있는 것이 아니라 하고, 주민들이 이구동성으로 하는 말이, 여러분 지금 문 안으로 들어가면 그년들 때려죽이시오 하길래, 그년들이 무슨 의미요 하니까, 15세부터 25세 된 토박이 민애청民愛靑 여자들이 양장하고 허리에 수류탄 두 개씩 가지고 어깨에 창을 메고 집집에 들어와서 강연하기를, 이승만 도배들이 서울을 불바다로 만들 터이니 신성한 38도선으로 건너가라고, 그렇지 않으면 너희들은 총살이라면서 총대를 들이미는데 어린아이 어른 할 것 없이 공포심을 가지고 할 수 없이 옷가지 있는 것을 허리에 차고 쌀을 가지고 나가는데 일렬로 다 세워놓고는 아니 피난 갈 것 없으니 도로 들어가라고 하더래요. 그것이 집을 뒤지면 숨기고 안 내놓을 테니까 이북으로 가라고 해서 나오면 강탈했다는 말이에요. 이런 죽일 년들이 우리 동리에서 문 닫고 숨어 있으니 우리들이 들어가서 원한을 풀고, 지금까지 굶고 고생한 것은 후회될 것 없으니 그년들 원수를 갚아 주고 들어가야 시원하겠다 말하며, 여기 동洞 내에는 네 년이 숨어 있고, 저기 동내에 다섯 년이 숨어 있고, 어린아이들까지 전부 그런 소리를 해요. 민애청 토박이 여자들이라고 그럽디다. 그래서 경찰대 선발대가 들어갔으니까 치안이라든지, 악질 분자를 의법 처분할 테니까 조금도 걱정 말라고 했어요.

그리고 문 안으로 들어간즉 참 그야말로 사死의 도시입니다. 신문지상으로 보도된 것을 보면 약 20만 명이 서울에 있다고 하지만 이 사람이 추측하건대 2만 명 내외인 줄 짐작됩니다. 그것은 왜 그러냐 하면 그날 국군이 정식으로 서울 시내를 행진했는데, 서울 시내에 주둔하지 않고 통과만 했는데 병든 사람이나 그야말로 목숨이 붙어 있는 사람이라고는 아니 나온 사람이 없었을 것입니다. 그럼에도 불구하고 10리에 하나, 20리에 하나, 아주 새벽별같이 모여요. 대개 노인들은 꼬부랑 작대기를 짚고 나선 사람, 여자들, 어린이들이 아무 표정 없이 구경하는 사람이 있는데, 마포에서 시작해서 동대문으로 질주했는데 내가 얼른 손으로 꼽아 보기는 양면兩面에 있는 사람이 수백 명밖에 안 돼요. 통 서울 시내에 사람이 없어요. 20만 명이라고 하지만 그렇지 않아요. 우리가 1월 4일에 떠날 때 혹 20만 명이었는지는 모르지만 내가 본즉 2만 명 내외예요. 그리고 약 세 시간 동안 서울 시내를 다 돌아다니면서 보았는데 지뢰 터지는 소리는 굉장했습니다. 약 한 간 간격으로 묻었어요. 그리고 아스팔트를 깐 데는 지뢰를 묻고서 아스팔트를 새로 발랐는데 도저히 보이지 않아요. 그러니까 공병대들이 드러누워서 보면 일광에 비쳐서 옛날에 발랐던 아스팔트와 새로 바른 아스팔트와 다르니까 그 다른 장소만 찾으면 곧 가서 쇠갈고랑이로 꺼냅니다. 그 지뢰는 유엔군 측에서는 나무와 상자에 집어넣었기 때문에 지뢰 탐지기 가지고 찾을 수 없어요. 그래서 세 시간을 찾아다녔는데 지뢰 터지는 소리가 5분 만큼씩, 10분 만큼씩 12개 사단이 포성하는 것처럼 음향이 대단했습니다.

그리고 국군이라든지 경찰이 빨치산들을 꺼내는데 내 보기에는 수백 명 잡았어요. 전부 총을 가지고 국군이라든지 경찰이 들어온다면 발사하려고 대기하고 있는 것 진부 잡아냈는데, 전부 손을 올려서 잡아매어서 길바닥에 쭉 잡아 놓았어요.

그리고 공공건물에 대하여는 6·25 전쟁 때 비하면 약 2할 정도밖에 파괴된 것 같지 않았습니다. 그것은 왜 그러냐 하면 서울은 3면을 포위해서 이자들이 갈 데 올 데 없으니까 마포, 서대문 방면으로 달아나서 벽제관에 가 있는데, 3면으로 포위해 들어가니까 저항할 도리가 없어서 불같이 나간 까닭에 이쪽 유엔군도 대적을 하지 않아서 그렇게 손해가 없어요. 대개 손해라고 본다면 그것은 유엔군의 포격에 맞아서 파괴된 것이지 그자들이 손해낸 것은 거의 없어요. 점포 건물과 같은 것은 불질러 놓은 것은 많지만 파괴는 미처 못한 것 같습니다. 공공건물은 2할 정도, 주택은 1할 5부이고, 그 외는 별로 손해가 없다고 봅니다.

우리 국회의사당은 의장실이라든지 의사당에 들어가 본즉 아무 일 없어요. 종이 조각, 난로 놓은 것, 그것 다 그대로 있고 난간도 파괴된 것이 없어요. 그런데 조뇹 부의장실로부터 시작해서 사무처의 용마루에 직격탄을 때려서 지금도 벽돌이 떨어지고 해서 사람이 근처에 갈 수도 없고 위험해요. 도둑고양이만 얼른 보니까 한 30마리 눈에 띄었는데 서울은 지프차가 나팔을 불면서 다녀도 전부 길바닥에 도둑고양이, 동물이라고 본 것은 도둑고양이뿐이에요.

이 사람이 청운동 방면만 못 가 보았지 그 외에 신당동·성북동을 대개 들렀는데, 그저 말하자면 개인의 주택은 별로 손損이 없다고 생각합니다. 손은 공공건물뿐이고 식산은행殖産銀行이 파괴되었고 서대문 경찰서는 완전히 파괴되었습니다. 중앙청은 그때보다 별 파괴가 없었어요. 저축은행貯蓄銀行 같은 것은 아주 괜찮아요. 조선호텔도 괜찮아요. 반도호텔은 6·25 전쟁 이후에 우리가 들어갔을 때 수축修築한 부분은 파괴되었습니다.

여행 중에 제일 눈에 띈 것은 대전 이상은 들이나 도시나 사람의 그림자는 볼 수가 없어요. 나자빠져 있는 것은 제2 국민병으로 퇴짜를 맞아서 돌아오는데, 기진맥진해서 길바닥에 누워서 신음하는 것 이외에는 도시라고 들어가면 어린아이 15세 이상은 없습니다. 4세에서 7세, 많아야 고작 10세, 여자로 말하면 40세, 이것이 몇 사람뿐이고 그 외에는 인영人影이 영절影絶입니다. 오산 이북 점령 지대에서 자동차를 정지시키고 물어본즉 20세에서 30세 되는 여자는 전부 잡아갔대요. 이번의 특징은 청장년은 전부 볼 수 없으니까 데려갈 수가 없고, 여자들을 전부 데리고 갔어요. 20세부터 30세까지 징발해서 전부 이북으로, 중공군, 이북군이 점령 즉시 징발해서 전부 옮겨 갔습니다. 이북으로 전부 데려갔다고 합니다. 그것이 그자들의 특징입니다.

대전 이북으로 서울까지 가는데 좌우 주변에 제2 국민병이 늘어져 누워서 채 목숨이 끊어지지 않고 있는 그것을 여러분이 생각하셔야 할 것이고, 꽃 같은 청년들이 눈앞에 총을 맞고 거꾸러지는 그 현상을 연상을 하면서 이 문제를 들으셔야 합니다. 부산의 안전지대에 앉아 가지고 평안한 심정으로 들어 가지고서는 도저히 이 사람의 본의를 해석하시기가 어려울 것입니다.

국회부의장 지방 시찰 보고

1951. 5. 28.

　약 1개월 전부터 전북 관민 유지 여러분으로부터 와 달라고 하는 요망도 있었고 또 나도 역시 가서 실정을 한번 보겠다는 생각을 가지고 있었으나, 우리 국회에 그 동안 복잡한 사정도 많이 있었고 의장 부재 중에 또 돌연히 간다는 것도 책임상 어려운 것 같아서 그동안 많이 연기했습니다. 마침 요전번에 휴회가 얼마 안 남았고, 그래서 조曺 부의장에게 모든 것을 부탁하고 19일날 떠나서 19일날 밤에 전주에 도착해서 20일부터 25일 아침까지 약 5일간 전북에서 체재하고 몇 지방에 돌아다니면서 보았습니다.

　전남은 치안이 불안한 관계로 안 가는 것이 좋겠다는 의견이 있어서 전남은 가지 못했습니다. 대개 전북 일대에서 실제로 본 내용을 간단히 서면으로 기록한 것이 있어서 서면으로 보고해 드리겠습니다.

　전라북도 전주를 위시해서 이리, 군산, 김제, 남원 등지를 시찰해 본 결과 전북 일대는 비단 산간 지대뿐 아니라 평야와 대도변가에도 주민들은 전율과 공포 가운데에 지금 살고 있다는 것입니다.

공비는 주야를 가리지 않고 출몰해 가지고 인명 살해와 재산 약탈은 나날이 일어나는 상태에 있습니다. 왜 그런 공비의 준동이 근자에 와 가지고 갑작스럽게 빈번해졌느냐 하면, 여러 가지 사정도 많지만 여러분이 아시다시피 8사단이 전북 일대에 주둔해 있다가 한 1주일 전에 모 지역으로 출동을 했습니다. 그 사정을 안 까닭에 지금 공비들은 공세를 취하고 주야를 불분不分하고, 약 1, 2주 전까지만도 야간만 이용해 가지고 출몰하던 공비가 이제는 백주에 평야와 대도변을 가리지 않고 인명 살해, 재산 약탈을 하고 있습니다.

19일에 전주에 도착해서 20일 오전에 들으니까 장수군 장계리에 무장 공비가 습격해 가지고 약탈을 하고, 22일 오전에는 남원군 운봉면 화수리에서 화물 자동차를 습격했어요. 그것은 어떻게 된고 하니 전주에서 탄약과 무기를 실은 자동차가 모 지역으로 향해서 떠나는 중인데 아마 이 정보를 들은 것 같아요. 그런데 무기 실은 화물 자동차가 화수리에 도착하기 전에 자동차가 하나 지나는 것을 오인하고서 친 것 같습니다. 백주입니다. 거기서 기타 평민이 일곱 명 죽고, 여러 명의 부상자를 냈습니다.

그리고 23일 오전에는 정읍 읍내를 습격했어요. 그래서 수다한 가옥이 소실됐고, 21일 오전에는 큰길가 대도인 임실군 관촌을 습격하고 식량 30가마와 의류 수백 점과 농우 3두를 약탈해 갔습니다. 그러니까 20

일부터 25일까지 불과 5일간에 나날이 일어난 일이에요.

그리고 김제군 죽산면에 들러서 면장의 말을 들으니까 날마다 밤마다 온대요. 전주에서 불과 5, 60리밖에 안 돼요. 전주 주변을 위시해서 각 지방에 나날이 밤하고 낮하고 물론하고 지금 공비가 출몰해 가지고 있습니다. 거의 방비라는 것은 전연 없다는 상태에 빠지고 있습니다.

그래 주민들은 물론 전전긍긍해 가지고 어느 날 어느 시에 약탈을 당할는지 알지 못해 가지고 손에 아무것도 잡히지도 않고 있어요. 또 피습당한 지방에는 비적들이 있어요. 차라리 논을 모조리 뒤집어 놓아 가지고 모가 다 죽고 이다음에 모를 심으려 해도 도리가 없는 것 같아요. 그래서 그 사람들이 낙심을 하고 있는 지방을 많이 보았습니다. 이것이 일반 지방민의 사정입니다.

전라남북도는 아시다시피 우리나라 곡창 지대니까 그야말로 참 평야가 수백 리 뻗어서 다른 데보다는 우리가 공출하는 식량, 석수가 아마 다른 지방보다는 많은 것은 여러분이 잘 아실 것입니다.

이 사람의 생각에 이렇게 생각이 돼요. 지금 식량 문제를 생각하더라도 전라북도를 그대로 내버려 둔다면 추수할 가망은 전연 없습니다. 그런데 그 사태가 불과 2주일 안에 이렇게 변경이 된 것입니다. 2주일 전의 사정과 2주일 이후의 전북 사정이라는 것은 지금 전연 달라요.

그 사람들의 말은 그것이에요. 지금 정부에서 병력을 새로 내 가지고 전북 치안을 담당해 준다는 것은 오히려 너무나 멀고 또 기대하기가 어려우니까, 국민 방위군이 요번에 법령으로 해소가 됐으니 그 무기를 경찰에다 넘겨주면 경찰과 일반 주민들이 협력해 가지고 치안을 확보하겠다는 거예요. 또 무기로 말하면 지금 국민 방위군이 해산된 까닭으로 육군 본부의 장교들이 전주에 와서 무기 회수를 해 가겠다는 것이에요. 그런데 그 무기로 말하면 우리 같은 보통 문외한이 보더라도 군대에는 소용이 없어요. 군대라는 것은 전부 무기가 일원화되어 가지고 있는 것인데 그 총으로 말하면 전부 잡종입니다. 별의별 종류가 다 있어요. 그 총을 역시 정부에서 국민 방위군에게 준 것이냐 하면, 전연 그렇지 않고 전라도 주민이 한 자루에 2만 원, 3만 원, 5만 원씩 내 가지고 전부 자기들이 사 가지고 국민 방위군에게 내준 것입니다. 그것을 전부 정부에서 가져가겠다는 것입니다. 전북에서는 경찰에게 넘겨 주어서 경찰, 또는 일반 주민이 협력해 가지고 치안을 확보하겠다는 그런 요청입니다.

이 사람이 지금 전북 형편을 본 결론으로서는, 만일 이와 같이 무방비 상태에 빠진 전북 일대에 정부에서 별반 조치가 없다면 식량 문제뿐 아니라, 정부 위신으로 보더라도 도저히 그대로 둘 수가 없습니다. 그야말로 참 전광석화적電光石火的으로 어떤 조치를 해야만 첫째 정부 위신이 설 것이요, 무엇보다도 전전긍긍해서 전율과 공포 속에 살고 있는 전북도민을 구제할 길이 있을 것입니다.

만일 그대로 둔다고 하면 이것이야말로 참 불과 1, 2주일을 앞두고 어떤 사태가 발생할는지 도저히 알 길이 없습니다. 여러분이 아시다시피

한 5, 6일 전에 충북의 도청 소재지인 청주를 습격해 가지고 도청을 불살라 버리고 감옥 문을 열어서 수백 명 죄수를 전부 내보내고, 그 외에 2, 3일 전에 충주를 습격했습니다. 이런 형편에 있어요.

지금 충북 일대, 전남 일대는 가 보지 못했지만, 거기서 들은 바에 의하면 전북보다 더 심하답니다. 지금 이런 현상에 빠져있습니다. 우리가 경남에 앉아서 생각하는 것보다 천양지차天壤之差예요. 여기는 요순시절입니다. 전북의 경찰력을 본다면 지금 현재 4,479명입니다. 의용 경찰이 한 3,000명, 합계를 하면 7,479명, 무기로 말하면 잡종이에요. 아까 여쭌 바와 같이 38식, 99식이고, M1 카빈같이 최신식 무기라는 것은 하나도 없어요. 잡종 무기가 한 4, 5,000정 있는데, 그 인원수를 각 군, 경찰서와 지서에 전부 숫자적으로 배치한다면 정규 경찰관이라는 것이 불과 한 지서에 두 사람밖에 되지 못해요. 그 뭐, 참 치안상으로 보아서 엉망입니다. 도저히 그것 가지고 치안을 유지해 나간다는 것은 상식에 벗어난 일이에요. 그리고 가장 우리가 관심 되는 것은 정읍의 칠보 발전소올시다. 부산까지도 혜택을 입는데 칠보 발전소가 위험한 지경에 빠졌어요. 경찰력 가지고 도저히 확보해 나갈 수가 없고, 그 외에 섬진강 저수지 같은 것도 공비의 침범을 받아 가지고 파괴가 된다면 국가적으로 보아서 우리 국가에서 다시 어떻게 할 도리가 없는 그런 형편입니다.

다음, 우리 국가에서 가장 중대한 문제가 하나 있는 것은 이 사람이 본 결과에는 이것입니다. 만포강과 동진강 연안에 있는 간척지 방파제

개축에 관한 문제입니다. 이 방파제는 그야말로 금전 옥답을 만들어 가지고 국가 식량에 많은 협조를 하고 있는 것입니다. 그 방파제가 해방 이후에 보강 공사를 그대로 내버려 두었던 관계로 1948년 7월 7일에 대조수大潮水와 고파高波로 말미암아 연장 500미터 전부 결궤決潰됐어요. 그래서 위기에 봉착하게 되었습니다. 그래서 긴급조치로 고식적으로 지금 농민들이 군데군데 막고 있으나 그것 가지고 문제가 되지 않아요. 조수가 한 번만 닥쳐온다면 농민의 힘을 가지고, 괭이나 삽 가지고 막아 봤자 도저히 되지 않아요.

당국에서는 6·25 전쟁 전인 1949년 8월경에 조선수리조합연합회朝鮮水利組合聯合會라는 것을 동원시켜 가지고 정부에서 수리와 보강 공사를 실시했어요. 그래서 근근이 이것을 유지했는데 6·25 전쟁 이후로 당국의 관심이 자연히 등한하여 동절에는 심한 조수와 풍파로 인해 가지고 연장 약 5,000미터 구간이 쭉 떨어져 나갔습니다. 이것을 만일 급속히 보강 시책을 아니하게 되면 수천 정보의 농경지와 550여 호의 농가는 전멸 상태에 빠질 것입니다.

그러면 거기 생산되는 식량이 얼마냐 하면 약 20여만 석이, 그 방파제가 결궤된 까닭으로 전부 소멸되고 마는 현상에 빠지고 말아요. 그러므로 그 지방에서 나는 20여만 석 가운데에 식량 19만 3,000석을 정부가 매상買上하는 가격으로 환산해 보았어요. 그러면 금액이 얼마나 되느냐 하면 3002억 6천여 만 원입니다. 그런데 공사비가, 실제로 결손된 그 방파제를 막아 내는 데 공사비가 얼마냐 하면 22억 3천만 원이면 된대요. 그러니 국가 경제로 보아 가지고 다대한 소득이 될 것입니다. 국가 식량 사정이 이와 같이 긴박한 때 이만한 돈을 내 가지고 그 이상의 소득을 얻는다는 것은 국가 경제로 보아서 대단히 유익된 일일 줄 생각합니다. 이것은 정부 당국을 편달해 가지고 한 시일이라도 바삐 신속 시책을 하는 것이 매우 좋을 줄 압니다.

또 한 가지는 이것은 민간 사정입니다. 아시는 바와 같이 전북은 토탄 매장량이 굉장히 많아요. 전북 출신 국회의원 동지들은 다 잘 아시겠지만 제가 본 바에 의하면 다른 도보다도 매장량이 굉장히 많은 것 같아요.

전북 일대의 임산재林産材는 지리산, 덕유산, 백운산의 심산유곡에 있는 건축재까지도 다 채벌해서 장작을 만들어 가지고 땐다 하여도 10년밖에는 도저히 유지해 나갈 도리가 없답니다. 그런 긴급한 연료 형편에 있어 가지고 지금 무슨 방침을 강구치 않으면 도저히 연료 정책을 해결할 수 없습니다.

그래서 요전에도 대통령께서는 나무를 채벌하지 말고 토탄을 장려하라고 누누이 발표한 걸 우리가 잘 알고 있습니다. 전북에서는 그 상부의 지시에 의해 가지고 채굴 계획을 추진했어요. 전북 토탄 매장량은 이리시와 김제, 익산, 옥구, 부안, 고창 등에 숫자를 따진다면 1시 6군에 약 6백만 톤입니다. 금년도의 채굴 계획은 10만 톤을 목표로 농민을 총동원시켜 가지고 5월 15일 현재로 73%를 채굴한 데도 있고 이미 채굴 완료한 데도 있습니다.

  그러나 생산업자와 농민이 식량이나 혹은 요금을 받지 않으면 그 사람들이 일하기 어렵습니다. 도 당국에서는 요금이나 기타 식량을 배정해 주겠다는 약속을 했으나 농림부에서 지령만 내렸지 전연 거기에 대한 대책을 강구치 않았답니다. 그래 거기 말이 그거예요. 각 군수들이 농민을 동원시켜 가지고 식량을 주겠다, 또한 임금을 주겠다, 약속한 관계로 그 사람들이 수개월 동안을 노력해서 채굴을 완료한 데도 있는데 이 사람들이 당신네들이 약속한 임금이나 식량을 주지 않으면 안 되겠다고 해서, 김제 군수 말이, 여기서 우리가 도망을 안 치다가는 내가 맞아 죽겠는데, 상부에서는 이렇게 시켜 놓고는 시치미를 딱 떼고 있으니 결국 죽을 사람은 일선의 관리밖에 없다고 애걸하는 꼴이란 처참하기도 하고, 거 뭐라고 말씀하기가 어렵습니다.

  모든 사정을 종합해 본다면 전부 정부에 대한 원망뿐이에요. 말하자면 우리가 부산에서 본 대한민국 정부가 무능하고 무성의하다는 것이 일선에 가 보면 정부나 국회에 앉아 본 그 이상 반영이 되고 있다는 것을 깊이 심각하게 깨닫고 돌아왔습니다.

  이 토탄 문제로 말하더라도 농림부에서 자기네들이 약속한 그 한도 안의 식량을 주든지 임금을 주지 않으면 첫째 일선 관리가 견뎌 낼 도리가 없고, 또 이 춘궁기에 기아선상에 있는 농민들로 말하자면 동정을 금하지 못할 그런 형편입니다.

그 외 우리가 경북이나 경남, 기타 충남, 충북에서 잘 보지 못한 현상은 뭔고 하니, 경찰서장 가운데에 정부 요인의 배경을 삼아 가지고 경찰서장으로 부임한 자는 자기 치하에 있는 사설 단체, 예를 들면 구국 동맹이니 뭐니 이것을 동원시켜 가지고 전부 농민을 착취, 약탈하고 있어요. 임실군에는 진정서를 만리장서로 써 가지고, 이 사람이 왔다는 말을 듣고 와서 하는 말이, 우리 군에는 농민 41명이 농우를 빼앗겼는데 임실 서장은 정계 요인의 배경을 가지고 지금 서장질 노릇을 하는 까닭에 정부 당국자든지 기타 도 당국은 더구나 말할 수 없고 손을 대지 못한대요. 그런데 이 서장이 수억대의 재산을 모아 가지고, 거기에 또 부족해서 농우 41두頭를 빼앗아다가 지금 자기가 잡아먹기도 하고 팔기도 하고, 또 자기 친척에게 전부 나눠 주었으니, 농사를 지을 수 없다는 진정이에요. 그래 내 말이, 내가 대통령이 아니고 내무장관이 아닌 다음에야 여러분의 사정을 들었다 해서 어떻게 할 도리가 없고 나는 국회에 가서 이런 보고나 하는 데 지나지 않고, 그 외는 어떻게 할 수 없소, 하니까 그이들 말이 그래요. 대통령이나 국무총리한테는 이런 사정 말해도 마이동풍일 뿐이니 국회에 계신 분이 이것을 바로잡아 줘야만 우리가 농사를 짓겠는데, 지금 41두 중에 10여 두는 그대로 있으니 이거라도 어떻게 돌려주도록 해 주십사 그래요. 그래서 내가 임실에 우리 국회의원 엄병학嚴秉學 동지가 있는데 왜 그분에게 보고를 안 했느냐 하니까, 그이가 아무리 활동을 해도 그 서장의 권력이 어떻게나 강하든지 도저히 도리가 없다는 것이 실정입니다. 이러니 이 전북 일대의 사정을 볼 때 이것이 과연 대한민국 영토인지 아닌지 그것이 첫째 의심이고, 이것을 이대로 둔다면 이것 참 우리 양심에 매우 가책이 됩니다.

그나 그뿐 아닙니다. 정읍, 고창 군민의 말을 들으면 임실 같은 데는 태고 요순 적입니다. 정읍, 고창은 사람을 죽이기를 파리 죽이듯 한답니다. 하니 정읍, 고창은 오지 말라고, 귀중한 여러분이 오셨다가 만일 상해를 당하시면 우리 군민의 책임이 되니 오지 말라고 대표자가 전주를 일부러 왔습니다. 지금 그런 치안 상태에 있고, 암흑 정치가 전북에 성행되어 가지고 있다는 것이 오늘날의 현상입니다.

그래서 오늘 국방부차관을 여기 불러오면 거짓말만 살살 할 테고, 그 말을 들으면 또 마찬가지예요. 그러니까 오늘 요정에서 양식을 먹이면서 전북 사정 이야기를 전부 하고, 이것을 좀 바로 할 테요, 국회 본회의에 나가서 매를 좀 맞을 테요, 이렇게 묻기 위해 오늘 1시에 초대했습니다.

그런데 전북 도지사라든지 경찰국장은 일 잘해요. 전북 경찰국장이 작년 가을에 18전투 부대라는 것을 조직해 가지고 지금 공비를 토벌하는 현상을 봤습니다. 그 18부대 별호는 '거지떼'예요. 이게 무슨 말인가 하고 18부대 본부를 가 봤습니다. 가 본즉 참 그야말로 거집니다. 갔을 때 다 토벌 나가고 한 100여 명이 남았는데, 사열을 시키고 옷을 보니 28가지예요. 한 백여 명이 입은 것이 28가지인데, 짚세기 신은 사람, 고무신 신은 사람, 조선 바지저고리, 유엔군이 내버리고 간 저고리, 뭐 별걸 다

입고 있어요. 그리고 소위 숙소라는 데를 들어가 보니까 밑바닥에 가마니 한쪽 깔고, 이불이라는 것도 가마니 한쪽을 또르르 말아 가지고 베개같이 했어요. 그게 밤에 덮고 자는 거랍니다. 이것 참 언어도단이에요. 또 식사장에 들어가 보니까 아무것도 없고 큰 가마에다 국을 끓이고 있어요. 12시쯤 됐습니다. 그런데 그 국을 들여다보니까 배추 잎사귀가 한 50잎 될까요. 국자를 가져오라고 해서 떠먹으니 중놈 머리 씻은 냄새밖에 없어요. 건더기 하나 없고 생선 뼈다귀 하나 없어요. 그것도 토벌하고 본부에 돌아온 사람이라야 혜택을 입고 산간에 있는 사람은 주먹밥에다 소금뿐이에요. 이런 현상에 있어요.

그리고 '南原 智異山 戰鬪司令部남원 지리산 전투사령부'라고 어머어마한 간판을 건 그 집을 들여다보니까 눈물 없이는 볼 수가 없습니다. 경찰관 부상자가 수명이 드러누웠는데 제일 기막힌 일이에요. 관통 총상을 당한 수십 경찰관이 뭘 입었느냐 하면, 아마 한 50세 이상 60세 되신 의원은 짐작할 텐데 예전에 말 부담을 만드는 '마자리'라고 있어요. 이 마자리 떨어진 것을 하나 입고 거기에다 관통 총상을 입어 피투성이가 돼 있길래 전투사령부 사령관이라는 어마어마한 감투 쓴 양반한테 이게 무슨 까닭이냐, 옷이 없었느냐 하니까, 옷은 있었는데 그 산악 지대에서 전투하는 수개월 동안에 다 떨어지고 해서 산골에 내버린 게 있으면 그놈을 갖다 입고 있다는 거예요. 그리고 그 남원군의 부상한 경찰관 외에도 7, 8명이 얼굴이 부은 까닭을 물어보니까 병이 들어 부은 게 아니라 굶어서 그렇대요. 몇 달씩 교대도 못 하고 산골에서 눈과 비바람 치는 데서 토벌하고 죽고 상하고 하니까 어느 사이에 민가에 내려와 가지고 따뜻한 국물 한 그릇 먹을 여가가 없는 까닭에 그렇게 되었답니다. 약제는 더욱 부족해서 말할 것도 없고 참 처참한 현상이에요.

하니 이런 형편을 우리가 안 이상에는 이것을 철저히 당국을 편달해 가지고 전북 일대를 어떻게 좀 개선을 하든지 무슨 조치를 참 시급하게 강구해야 합니다. 안 그러면 우리나라는 결국 유엔군이 전쟁에 이겼다 하더라도 우리나라의 곡창인 전남, 전북을 우리가 그와 같이 파멸 상태에 빠뜨려 놓고는 대한민국이 다시 회복을 한다고 해 봤자 도저히 우리가 200년, 300년 안에는 그 피해를 회복하기가 절대 불가능하다는 것이 이 사람의 깊은 인상이었습니다.

간단하나마 이걸로써 보고를 마칩니다.

정전停戰 문제 외교사절단 파견 건의안
1951. 6. 30.

이 문제는 우리 대한민국뿐만 아니라 서구 우방 제국에서도 상당히 논란이 되고 있는 것이 사실입니다. 하나 이 사람 생각에는 우리가 지금 의사일정까지 변경하고 이 문제를 가지고만 시일을 보내는 것은 불가하다 생각합니다.

왜 그러냐 하면 요번 미국 정부에서 발표한 것과 마찬가지로 현지 사령관이 토의하는 그 휴전 문제도 역시 본국 정부라든지, 또는 참전한 16개국의 동의가 없어서는 휴전 조약이 되지 않는다는 것을 미국 정부에서도 발표하고 있습니다. 그것만 보더라도 이것은 단시일 내에 결정될 일도 아니고, 동시에 소련 측에서 지적한 바와 마찬가지로 대한민국의 사령관도 휴전 회의에 참가하게 되어 있습니다. 그러면 반드시 본국 정부의 동의를 얻어야만 서명 날인될 것이고. 또한 정부로서는 대한민국 국회의 동의를 받지 않을 것 같으면 거기에 자기네들이 서명하지 못할 것입니다. 그때 우리네가 국회에서 행동을 할 것이지, 지금 우리가 와 가

창랑 선생은 탁월한 외교가로 1951년 7월 우리나라를 순방한 토머스 듀이(Thomas E. Dewey)를 맞이하고 있다. (출처: 국가기록원)

지고 시일을 보내고 여기서 왈가왈부해 봤자 아직 나오지 않은 그 복안을 우리가 여기서 알 수도 없고, 또 동시에 우리가 여기서 추측할 수도 없는 것입니다.

우리는 국제 정세를 정관靜觀하고, 외교 위원을 동원해 가지고 외교 정세가 어떻게 돌아가는가 하는 추이를 검토하는 그런 등등의 일은 하지만, 우리가 여기에 모여 앉아 가지고 어떻게 하자고 논의해 봤자 효과가 나지 않고 오히려 경솔한 그러한 태도만 세인의 이목 가운데에 보이지 아니할까 이러한 염려도 있습니다. 소련이 제의한 바와 마찬가지로 휴전의 문제는 다만 전투에 대한 관계뿐이지 정치 문제에 대해서는 논의할 하등의 복안이 없습니다. 또 중공의 안이 어떻게 나올는지 소련은 모른다 하는 것이 주미 소련 대사에게 제시된 것입니다. 그것을 보더라도 장차 나올, 그 정치 회의에서 나올 안을 우리가 아무 지식도 없이 여기서 검토한다는 것은 조리가 없지 않을까 생각합니다.

우리는 정부와 사적으로 긴밀한 연락을 취하고 동시에 사태의 주이를 정관해 가지고 검토하는 것이 옳지, 오늘 의사일정까지 변경해 가지고 그것을 갑론을박해 봤자 아무 효과가 없고 동시에 사태 자체에 대해서 아무 진척이 없을 줄 압니다.

비상계엄 해제 요구에 관한 건
1952. 5.

여러 의원 동지와 같이 장張 국방부 변호사의 법학 강의는 월사금 없이 잘 들었습니다. 대개 정부 위원으로서 국회의 설명 요구를 당할 때는 계엄법이든지 무엇이든지 그 필요성, 그 이유에 대해서는 설명을 가可하거니와 법률안 전체에 대해서의 강의만큼은 좀 미안합니다. 나는 장 국방차관이 무슨 까닭에 번번이 국방부 일에 대해서는 꼭 국회에 자기 자신만 출석하는가 생각했더니 지금 보니까 관선 변호인이에요. 과거 이력을 보면 당연한 변호인입니다. 지방 법원장을 지냈고 또 우리나라 법학계에서도 일류 가는 학자일 겁니다.

우리 의원 동지 생각은 어떠실는지 모르지만 계엄법에 관해서는 일전에 일요일날 외국인 사절단과도 얘기한 일이 있습니다. 계엄이라는 것은 대개 경찰로서는 치안이 유지 안 되는 도시에, 혹은 폭동이 일어나는 도시에만 그것이 필요한 것이지, 한국 전체에 하등의 폭동도 없고 경찰의 힘을 가지고서도 당연히 치안을 유지할 수 있는데도 불구하고 계엄법을 실시해 가지고 이러쿵저러쿵 국회에서까지 말썽을 일으키는 그것은 당연히 해제하지 않고서는 안 됩니다.

우리 현세現勢로 보아서 대한민국에 전투 구역이 있고 동시에 치안이 회복된 구역이 있음에도 불구하고 구태여 계엄법을 가지고 있어야 되겠다는 그 의도가 나변那邊에 있다는 것을 나는 대강 짐작합니다. 아까 국방차관의 훌륭한 답변에서 이충환李忠煥 의원의 제안을 반박하기를 '사람이 있어야지 계엄이 있지, 사람이 없는데도 계엄이 있소?' 하는 그러한 부도不道한 말이 있습니다.

사회부장관의 명령으로써 수복 지구에 백성을 보낸다는 것은 일단 치안이 유지되었다는 것을 증명하는 것입니다. 그럼에도 불구하고 구구한 변명으로서 하는 것이, 사람이 없으면 계엄법이 없을 것이고, 사람이 있는 까닭에 계엄법이 필요하다는 그러한 망령된 말은 당연히 정부 위원으로서 실수라고 생각합니다. 그것은 변명하기 위한 변명이지, 정부 위원으로서 그런 거만하고 무성의하고 불순한 태도를 가진다는 것은 국회에서는 당연히 응징할 필요가 있다고 생각합니다.

수복 지구에, 사람이 없는 곳에 계엄이 있겠냐는 그러한 법학자의 국회에서의 망령된 말은 불순막심不純莫甚한 말입니다. 도무지 국방부의 태도라는 것은 국회의 태도로서는 당연히 우리가 배격하지 않고서는 안 됩니다. 국방부차관의 그 답변하신 것은 용서할 수 없습니다.

국무총리 취임 제1성

1952. 5. 6.

금반 불초不肖가 대한민국 정부 수반인 국무총리의 수락 여부에 관해서는 전 국민이 최대의 관심을 가졌던 것으로 믿는다. 이제 국민 앞에 나의 양심과 지론持論을 설명코자 하는 바는 이 나라, 이 민족의 살 길은 오직 민주주의의 실천에 있다는 것을 금과옥조로 믿고 있는 바이므로 민주주의 발전에 최대의 노력을 다하겠다. 이번 국회에서 나를 인준하는 데 있어 많은 부표否票가 나왔지만 이것은 나를 옥성玉成하는 의미이고 다른 뜻은 조금도 없다는 것을 나는 잘 알고 있다. 내가 총리로서 할 바는 국회와 정부 사이

창랑 선생이 국무총리 취임 후 연설에서 민주주의를 위한 신념과 각오를 다지고 있다. (출처: 국가기록원)

> "
> 이 나라와 이 민족의 살길은
> 오직 민주주의의 실천에 있다는 것을
> 금과옥조金科玉條로 믿고 있는 바이므로
> 민주주의의 발전에 최대의 노력을 다하겠다.
> "

의 알력을 제거하고 융화를 도모하는 것이 이 민족과 이 나라를 구제하는 방법이라고 보는 까닭에, 모든 마찰을 일소하고 국력을 충실히 하여 공산 토벌에 전력을 다할 것을 거듭 맹세하는 동시에, 위로 대통령을 받들고 아래로 민중들과 병행하여 절박한 민족의 운명을 좌우하는 이 위기에 일비지력一臂之力이라도 바칠 각오로 있다.

나의 첫 정책으로 언론의 자유를 방해하는 악습을 일소하고 언론 국가로서 세계 어느 나라에 대해서도 추호의 손색이 없도록 할 것이며, 만일에 관제官制 또는 관력官力 등의 불법 행위로 민의를 억압하거나 자유를 침해하는 경우에는 이를 제거할 확신을 가지고 있다. 나의 관할 아래 있는 대소 관리들은 이 점을 명백히 하여서 어김이 없도록 하기를 엄칙嚴勅하는 바이다.

창랑철학(哲學)

주권 행사

한 나라의 민주 발전에 있어서는 무엇보다도 국민 주권 행사가 법규에 정해 있는 바와 같이 가장 자유로운 분위기 안에서 행사되어야 할 것이다.
이것은 우리나라뿐만 아니라 서구의 선진 국가들도 이 주권 행사의 완벽에 있어서 많은 세월과 많은 투쟁을 요하여서 지금과 같은 민주 발전을 보게 된 것이다. 대한민국은 신생 국가로 아직 이에 대한 인식도 부족할 뿐만 아니라, 국민의 주권에 대한 관심이 부족한 데다가 위정자들의 관권 남용으로 말미암아서 국민의 주권 행사가 올바르게 되지 못하고 갖은 추태를 연출하여 내외국인 앞에 망신할 정도로 세상 사람의 이목을 시끄럽게 한 점에 대해서는 이 나라 장래를 걱정하는 식자들로 하여금 통탄을 금치 못하게 한다. 이 나라의 현실을 살펴볼 때 소위 국민의 권리라고는 여러 방면으로 박탈되어 있고, 따라서 민심이 극도로 정부와 이탈된 감이 없지 않은 것은 누구나가 인식하는 바이지만, 특히 우리가 사수하여야 할 것인즉 바로 이 주권이라고 나는 보고 있다. 주권 행사만큼은 우리의 손아귀 안에 두지 않고는 우리는 앞으로 이 나라 민주주의의 혁신을 도저히 바라볼 수도 없고 이룩할 수도 없다는 것이다.
세계 어느 나라를 막론하고 정권을 잡은 자가 실정失政을 하거나, 또는 그에게 권태감을 느낄 때는 한번 갈아 치우는 것이 관례가 되어 가지고 있고, 또 이것이 현대 국가에서만 있는 관례가 아니라 고대 희랍과 로마에서는 실행해 왔던 것이다. 이것은 바꾸어 말하자면 아무리 악독한 집정자라도 제한된 시일을 넘지 못하도록 규정된 까닭에 대개 4개년이라는 한계를 그어 놓은 것이다. 곧 13세기에서부터 현대까지 갖은 난관과 장애를 극복하여 가면서 여러

나라 민족들이 민주 발전을 위해서 바친 많은 희생의 결정체가 즉 오늘날의 성과를 이룬 것이다. 이 이념과 실행에 배치背馳되는 행위를 감행하는 자들이나 민주 정치에 대한 반역자들은 지위 여하를 막론하고 국민의 심판을 받아야 할 것이고, 국민은 이들에 대해서 엄연한 심판을 내려 민주 발전에 장해물이 되는 이자들에게 단호히 철권鐵拳을 내려야 할 것이다.

내가 스스로 생각하기에는 민주 정치를 국시로 삼은 사회에 있어서는 반드시 자유가 있어야 할 것이고, 자유를 국시로 삼은 사회에 있어서는 반드시 경제적 평등이 없어서는 안 된다. 우리는 이론적 자유는 한 개의 공상으로 들리고 실질적 자유를 구득求得하는 데 관심이 있다. 실질적 자유를 구득하자면 경제적 평등을 요구할 것이다.

그러므로 현대에 있어서 고전적 사회주의를 지향하여 가고 있는 국가에 있어서는 실질적 자유를 볼 수도 없고. 또 이것이 사회, 정책 면에 나타나 있지도 않다. 이것은 곧 공산 독재의 온상을 조장시키는 데 가장 첩경이 되어 있다고 나는 보고 있다. 공산 독재를 제거하는 데는 경제적 평등이 없고는 불가능한 사실이다. 현대 북구北歐, 북유럽 3국에 있어서 공산주의의 해독이라고는 찾으려야 찾아볼 수 없는 현상은 국민 간에 이 경제적 평등이 사회, 정책 면에 나타나 있는 까닭에 불평불만이 없을 뿐 아니라, 공산 이념을 생각할 필요조차 없게 된 것이다. 앞으로 우리가 대한민국에 공산 독재를 제거할 방법으로서는 국방 예산에만 방대한 금전을 소비하는 것으로만은 현명한 정책이라고 할 수 없고, 사회적 불평과 불만을 제거하기에 가장 좋은 방식인 이 경제적 평등주의와 또 우리 민족 간에 현실상 신음하고 있는 가난한 백성은 이 봉건적 자본주의를 말살시키지 않고는 아니 될 것이다.

대통령 임기에 관한 건

1952. 6. 11.

　지금 이재학李在鶴 의원의 말씀을 나는 잘 납득할 수 없습니다. 대한민국 주권이 발동된 것이 8월 15일이라는 것은 세계가 다 주지하는 사실이고 우리는 거부할 수 없습니다. 지금 이재학 의원의 말씀이, 대한민국 의회가 성립되어서 동시에 헌법이 의장 명의로 발포되었으나 그것은 군정으로부터 양도받은 것이 아니고 군정과는 하등 관계가 없다, 이러한 말씀을 하셨습니다만 그것은 일대 착각이라고 나는 생각합니다.

　대한민국 주권을 군정에서 받은 것이 아닙니다. 대한민국 주권은 국제연합에서 탄생시켰고 동시에 국제연합에서 그것을 승인함으로써 대한민국이 주권을 찾은 것이지, 미군정으로부터 받았다든지 혹은 미군정의 영향을 받았다는 것은 그것은 근본적 착각이에요. 미군정에서 받았다는 것을 전제로 삼고 대한민국이 8월 15일 전에 벌써 탄생이 되었고, 주권국가로 되었다면 그것은 법리적으로나 상식적으로 저는 도저히 그것을 그대로 해석할 도리가 없겠습니다.

저는 8월 15일 설說을 주장하기 위해서 나온 것은 아닙니다. 여러분이 취임설就任說에 대해서 말씀이 있어서 이제 참고로 말씀드리고 거기에 대한 본 의원의 견해를 말하려고 합니다외국의 전례를 하나 든다면 미국 건국 초에 이런 일이 있어요. 1789년 1월 1일날 국회의원이 선거되었어요. 미국 독립 전쟁 후, 동년 2월 1일 대통령과 부통령을 국회의원들이 선거했습니다. 그 다음에 취임식을 언제 하였는고 하니 그해 3월 1일날 대통령 취임식을 했습니다. 조지 워싱턴이 취임식을 했어요. 한데 지금 미국서는 그 헌법이 그대로 있음에도 불구하고, 11월달에 선거를 해 가지고 1월 3일날 취임식을 하고, 1월 3일부터 날짜를 기산起算해 가지고 4년이라는 것을 정한 것이에요.

취임식에 대해서 아까 여러 의원 동지들이 고집한 것과 마찬가지로 헌법을 거기다가 개입시켜 가지고 고집할 필요가 없지 않는가 하는 견해를 가지고 있습니다. 그리고 아까 이종현李宗鉉 의원 말씀이 대통령이 내각을 조직했으니까 벌써 대통령이 실권을 행사하는 것이 아닌가 하는 말씀이 계셨지만 저는 그렇게 생각하지 않습니다. 왜 그러냐 하면 사람이라는 것이 아까 서이환徐二煥 의원 말씀과 같이 낳은 그날부터 사람의 권리를 가진다? 당연한 말씀입니다.

하지만 사람이라는 것이 단독으로 사는 게 아닙니다. 사회인인 이상에는 제3자에 대항할 능력이 발생되어야만 비로소 완전한 사람이라는 것은 아마 어떤 법학자들도 다 긍정할 것입니다. 성년이 되지 않고는 제

3자에 대항할 능력이 없습니다. 자기 일개인의 생존권에 대해서는 권리를 보지保持하지만 제3자에 대항하는 능력은 성년이 되어야만 하는 것입니다.

또 법률을 보세요. 우리 국회에서 아무리 통과했다 하더라도 공포일로부터 효력을 발생합니다. 대한민국이 주권 국가로 비로소 발족하기를 8월 15일날부터 했어요. 그것은 어째서 제가 아는고 하니 법리론法理論보다도 당시 외무부장관으로 행정 이양을 받을 때 거기 조인한 사람의 한 사람입니다. 대한민국 주권이 세계만방의 승인을 얻어 가지고 비로소 주권 국가로 발족된 것이 8월 15일이에요. 8월 15일 자정 그 시간입니다.

하니 아무리 우리가 준비행정準備行政을 그동안 했다 하더라도 제3자에 대항할 능력이 없었다고 하면 완전한 것이라고 생각할 수 없어요. 이런 견해만 여러분에게 참고로 말씀드립니다.

대통령 임기 만료에 대한 결의안
1952. 6. 23.

    나는 다른 의원 동지 여러분과 전혀 각도를 달리해 가지고 이 안을 찬성합니다. 그 이유로는 지금 오늘날 우리 대한민국에 있어서 국회와 정부 간에 알력이 생긴 이후에 우리의 현실이 지금 보는 것과 마찬가지로 국회가 둘이 되어 있는 것입니다. 하나는 지금 천정 밑에서 하고, 또 하나는 천정 없는 마당에서 하는 감도 없지 않아요. 동시에 사람이 다 염치가 없다면 곤란합니다.

    지금 우리를 돕는 우방 국가에서는 우리나라에 와서 주야를 불휴不休하고 우리 민족을 위해서 전투를 하고 있고, 동시에 우리를 돕는 유엔 한위韓委에서도 모두 일은 다 바쁘지만 어떻게 하면 이 전국戰局이 안정이 될까 해서 모든 염려를 하는 끝에 이 자리에 나와서 방청을 하고 있는 이 현실을 우리가 볼 때 과연 우리가 이 문제를 가지고 이렇게 여러 번 혼란을 일으키고 동시에 정국을 안정 안 시키고 퇴장하느니, 무엇을 하느니 해 가지고 우리로 보아서는 그렇게 중대한 문제도 아닌데 이것을 끌고서

창랑 선생은 국무총리로서 요소요소를 시찰하며 국민의 생활상을 직접 확인했다. ①전북 수해지구에 대한 보고를 듣고, ②직접 현장을 찾아갔으며, ③일선의 전선에서 국군을 격려했고, ④부산호를 점검하며 동분서주 국가의 안위를 위해 헌신했다. (출처: 국가기록원)

우리 2천만 남한의 국민의 침식寢食이 불안할 정도로 일반 민중에게 중대한 영향을 주고, 양심을 가지고 있다면 우리가 각각 10만의 국민을 대표해 의사당에 와서 출석을 해야 옳을지, 안 옳을지 생각해야 할 문제입니다.

그러면 우리가 어떤 방법으로 이것을 안정시키겠느냐. 지금 우리가 토의 중인 그 타협안이 즉 그것이라고 봅니다. 그러나 지금 민중의 말을 안 듣고 서로 자기가 민의라고 자랑할 때 그 의도가 나변那邊에 있는 것을 우리가 잘 알고 있어요. 그렇기 때문에 법리론法理論을 가지고 우리가 구구히 말하는 것보다도 일단 이 나라를 수습하기 위해서 지금 이 안을 채택해서 임시적으로나마 안정을 시키고, 우리가 즉시 이것을 수습해서 일반 민중에게 안도감을 주는 것이 무엇보다도 제일 급무라고 생각합니다.

지금 이 문제는 일반 민중에게나 일부 불안을 느끼는 사람들에게 안도감을 주고, 이 사태를 수습해서 아무쪼록 서로 마찰이 안 생기도록 하는 것이 국회의원으로서의 의무이고, 동시에 이 나라의 시민권을 가진 한 사람으로서의 의무라고 생각해서 나는 이것을 여러분이 채택해 주시기를 희망하고 내려갑니다.

국무총리 사임에 관한 입장
1952. 10. 16.

지난 5월 6일에 국회의 승인을 얻어서 본인이 국무총리로 취임한 이래 어언 4개월간에 이렇다 할 업적도 없었고, 더구나 6월 정변을 당해 가지고는 국무총리로서 허다한 과오를 많이 범한 것을 가장 유감으로 생각하고 동시에 마음 아프게 생각하는 바가 많이 있습니다. 민주 주권을 전제로 삼는 정치인으로서는 과오를 범한다는 것은 가장 현명치 못한 걸로 압니다. 국회의원으로서든지 또는 민주주의를 전제로 하는 정치인으로 가장 반성을 깊이 느끼고 있습니다.

국회 휴회 중에 소위 일본인 고시진古市進 입국 문제에 대해서 세상을 소란케 하고 일부의 비난을 받아서 국무총리로서 자리를 물러나지 아니하면 안 될 입장에 도달한 것은 대단히 죄송스럽게 생각하고, 또 여러분 앞에 사과를 드리지 아니하면 안 될 입장에 있는 것을 보고를 올립니다.

하나 그 사실에 대해서는 서면으로 여러분에게 나눠 드릴 터이니 상세한 것은 서면으로 보시기를 희망합니다. 너무나 얘기가 복잡한 까닭에,

구두로 설명해 드리기는 어려운 까닭에 인쇄한 것을 배부해서 돌려 드릴 터이니까 보아 주시기를 바랍니다.

그 문제에 대해서는 본 의원으로서 솔직하게 고백하자면, 그 문제로써 정부의 한 자리를 물러나오게 된 것은 평지낙상平地落傷 격이라고 아니할 수 없는 것입니다. 그 왈가왈부에 대해서는 서면을 보신 여러분의 재단裁斷을 기다리고 있습니다.

국무총리 사임에 관한 국회 보고
1952. 10.

一

본인은 지난 9월 18일 국무총리로서 전라북도 풍수해 상황을 시찰하기 위하여 농림부장관을 비롯한 정부 관계관을 대동하고 민의원 관계 분과 위원회의 제 동지와 함께 부산을 출발하였습니다. 시찰 구역은 풍수해 지역의 일부에 불과하였으나 그 참혹한 광경은 도저히 필설筆舌로써 표현하기 곤란하였으며 그 복구 사업은 급속히 실시하여야 하는 바이고, 본 사업의 성취 여하는 한국 전체 복구 사업의 시금석이라는 신념을 갖게 되었습니다. 그리하여 5일간의 예정 여정을 완료한 후 9월 22일 밤 부산에 도착하였습니다.

이러한 결심으로써 귀임한 본인을 기다리고 있는 정보는 의외로 경찰 당국이 본인의 부재를 이용하여 본인이 관련되어 있다는 모종 사건을 은밀히 조사하였다는 것입니다. 그 당시에 본인이 입수한 정보에 의하면, 9월 18일 본인이 출발하기 직전에 신임한 내무부 치안국장 예하의 경찰관은 본인의 출발 당일부터 은밀한 활동을 개시하여 일본인 고시진古市進이 금년 6월에 한국에 상륙한 사건의 조사에 착수하고, 그 사건에 관련되어 있다는 관민 다수인을 문초하면서 본 사건에 대하여 본인이 특별한 관련성이 있지 않은가 하는 점에 조사의 핵심이 있었다 합니다.

이러한 정보에 접한 본인은 이를 일소에 부칠 생각이었습니다. 일부 정객의 본인에 대한 정치 음모를 전일부터 주시하고 있던 본인은 출장 중에 발생한 여사한 사태를 알게 될 때도 그들의 모략이 과거의 그것과 같이 하등의 성과도 없이 실패로 돌아갈 것을 확신하였던 것입니다. 더구나 일본인 고시진을 위해 본인이 법령을 위반하면서까지 무슨 특수한 편익을 특명한 사실은 몽상조차 못 하는 일인지라 본인은 오히려 일부 정객의 졸렬한 모략 계획을 민소憫笑할 수밖에 없었습니다. 다만 본인은 출장에서 귀청歸廳하여서 풍수해 지대의 참경과 이재민의 애원성哀願聲이 아직도 이목에서 사라지지 않고 있는 이 순간에 일부 정객들의 무익한 정치 유희를 듣는 것이 개탄되었을 따름입니다.

익일 9월 23일 국무회의에 출석하기 직전에 본인은 '동양통신東洋通信'이라는 한 통신이 본인이 고시진에게 한국 상륙 특명, 활어 수출 특명을 발하였다는 과장 허식한 기사를 보도하고 있음을 알았습니다마는 본인은 이를 치아에도 걸지 않았습니다. 본인은 국무회의에서 출장 보고를 하고 그 복구 사업의 긴급함을 역설하였으며, 그 결과 우선 300억 원의 경비로써 즉시 착수하게 되었을 때 일부의 만족을 느꼈던 것입니다.

이러한 심경의 본인의 안전眼前에 수일간에 걸쳐서 전개된 광경은 본인에 대한 광적 욕설의 난무이었습니다. 특정한 기개 신문은 전술한 통신을 대대적으로 게재하고 시내에 그 신문이 무수히 게시되고, 백의白衣라는 명의로 본인을 모욕하는 벽보가 도처에 출현하고, 또는 소위

자유당 중앙 본부의 서명하에 본인을 문책하는 성명서가 석石·벽보와 경쟁하기에 이르렀습니다. 그 내용의 공통된 개요는, 본인이 고시진에게 특별 상륙 허가를 특명하고 동인에게 활어 수출 특권의 부여를 특명하였는데, 고시진은 일본 정부 기관의 밀정이었다는 것입니다.

친일파, 매국노, 민족 반역자, 이완용李完用의 재판再版 등 기타 상상할 수 없는 온갖 종류의 과격한 욕설과 모욕 언사가 본인에게 집중되었던 것입니다. 경찰 당국자는 그것을 방임하고 오히려 민주주의 국가에서는 언론 자유를 단속할 법적 근거가 없다고 언명까지 하였다 하며, 그뿐만 아니라 경찰 당국자는 본인이 관련되어 있다는 소위 '고시진 사건'은 국가를 위하여 유감이라고 말하였다 합니다.

일부 정치 선동가들의 무법한 선전에 정부 관헌의 일부가 호응하는 듯한 사태는 국무총리인 본인으로서 묵과할 수 없는 일이었습니다. 2월 24일 본인이 성명서를 발하여 본인의 입장을 천명하였던 것은 그 까닭입니다. 본인의 여사한 성명서와 허다한 신문의 공정한 비판에도 불구하고 사태가 낙착落着되지 않은 것은 물론이었습니다. 특정한 기개 신문, 통신과 백의 벽보는 본인에 대한 악랄한 독설을 안출, 선언하고 본인의 공

사 행동, 본인의 친척, 지기까지 일일이 열거, 허설虛說하여서 본인이 친일파 거두라는 것을 증명하기에 광분하였습니다.

한편 내무부와 법무부에서는 본 사건이 불일내不日內에 진상 발표를 볼 것이라고 성명하였다 하며, 본 사건은 대검찰청에서 입건 수사 중이라고 발표되었습니다.

일체 침묵을 지키려던 본인도 동 25일에 이르러 연합신문에 본인이 고시진의 상륙 허가를 특명한 물적 증거라고 게재된 본인 명함의 사진을 보았을 때는 일경一驚을 끽喫하는 동시에 침묵을 깨뜨리지 않을 수 없었습니다. 외무부 서류의 일부로서 보관되어 있다는 그 명함이 한 신문에 사진으로 게재되는 현상을 의아하게 생각하는 것보다도 그 명함에 기입되어 있는 문구와 그 필적이 본인은 물론 사무실의 어느 사람에게도 기억에 없다는 것입니다. 본인은 즉시로 부산지방검찰청에 대하여 그 명함의 철저한 규명을 요구하는 동시에 그 취지를 공포하였던 것입니다.

그날 25일에는 정부의 한 각료가 현직 국무총리에게 공공연하게 도전하는 현상이 연출되었습니다. 즉 당시의 진헌식陳憲植 내무부장관은 국무총리로서의 본인이 내무부장관으로서의 동씨同氏에 대한 공문, 즉 경찰관 사기에 대한 영향을 고려하여서 당시와 같은 빈번한 경찰관 인사이동을 억제하라는 공문을 기자회견 석상에서 내흔들면서 말하기를, 경찰관 이동이 빈번하다 함은 사실무근이니 증거를 명시하라고 양언揚言하였다 합니다. 이러한 행동이 관기상官紀上 허용되느냐 하는 문제보다도 사실무근이니, 증거 명시니 하는 말은 아연할 따름입니다. 본인이 상술한 공문을 발하기까지 상하를 통하여서 얼마만 한 수의 경찰관 이동이 있었는가 사실을 조사할 때는 역대 내무부장관에 유례가 없음을 용이하게 발견할 수 있을 것입니다.

익일 9월 26일은 자유당 전당 대회가 개최되었으며, 그 익일 9월 27일에는 전국애국단체연합회全國愛國團體聯合會의 주최하에 부산에서 해양침범 규탄 국민 대회가 개최되었습니다. 그리고 동 28일 특정 기개 신문은 대검찰청에서는 익 29일에 본인을 심문할 것이라는 기사를 보도하였습니다. 고시진 사건이 검찰 당국에 의하여 입건 수사 중이고 수 명의 구속자까지 내고 있음을 알고 있던 본인은 본인 심문의 필요성이 있는 경우에는 자진하여 흔연 응하려 하고 있었으나 확실한 심문 일자를 알지 못하고 있던 차, 익 29일이 되자 대검찰청은 본인 심문을 동일 내에 종결해야겠다는 요청을 하여 왔으므로 본인은 당일 하오에 이를 수락하고 국무총리실에서 담당 검사의 내방을 받아 그 질문에 응답하고 본인의 입장을 명백히 하였습니다.

그 익일 9월 30일 대통령 관저에서 개최된 국무회의에 본인은 신병으로 인하여 출석하지 못하였습니다. 그러나 동 회의 석상에서 법무부 장관으로부터 본인에 관한 고시진 사건이 보고되었다는 소식을 듣고 본인은 즉시 국무총리 사임서를 대통령에게 제출하였습니다. 사임서를 제출한 본인의 심경은 명경지수明鏡止水 그것이었습니다. 그런데 본인에 관하여 사태가 이쯤 되어서는 국무총리의 직을 벗어나는 것이 국가를 위하는 도리라고 각오하였던 것입니다. 일부의 정치유희자政治遊戱者들의 쾌재성快裁聲, 혹은 일반 국민의 본인 유죄라는 의혹심, 그러한 일체를 도외시하고 본인이 국가 비상시에 당하여 택하여야 할 길은 그것뿐이라고 결심하였던 것입니다.

그러나 국민을 대표하는 민의원 의원의 일인으로서 본인은 본 사건의 진상을 이 자리에서 보고하는 것이 의무라고 생각하므로, 고시진 사건이 본인에 관련되어 있는 한도의 사실 전부를 천명하려는 것입니다.

二

때는 금년 6월 중순 소위 정치파동이 격심한 시기입니다. 본인이 국무총리로서 취임한 지 약 1개월, 전력을 경주하여서 시국 수습에 몰두하고 있던 시절입니다. 본인의 전정력은 허다한 난관 돌파에 집중되어 있었던 까닭에 지금에 그 당시를 회고하면 세세한 사항은 기억이 명백치 않은 점이 많은 것이 사실입니다.

하여튼 6월 23일이나 혹은 그 전후에 지면知面의 민간인 모씨某氏가 국무총리실에 내방하여 본인에게 말하기를, 일본인 고시진古市進이 한국에 수입 물자를 가져온 선박의 사무장으로 내항하여서 상륙을 희망하고 있으니 상륙 방법이 없는가 하였습니다. 그의 성명은 극도로 착종錯綜하였던 당시였던 만큼 지금 정확히 상기할 수 없습니다. 본인은 당시 모씨의 말을 듣고 갈葛 외무부차관의 의견을 물어보기 위하여 호출하려 했으나 부재 중이므로 그 일은 그대로 흐지부지되었는데, 그 익일인가에 외무부차관이 자진하여 본인의 사무실에 출두하여서 말하기를 "일본인 고시진 문제로 부르셨다지요?" 하기에 본인은 "일본인 고시진이가 상륙 허가를 희망한다니 외무부에서 적당히 처리하시지요." 하고 말하였습니다. 그때 외무부차관이 본인의 명함을 청하므로 그 용도를 물었더니 비고備考 운운하므로 본인은 분망奔忙 중에 무심코 명함 1매를 동 차관에게 수교하였던 것입니다. 그 후에 외무부에서 고시진의 상륙 허가에 관하여 여하한 절차가 진행하였는가는 물론 본인이 관여한 바가 아닙니다. 이것이 고시진의 상륙에 관하여 본인이 관련되어 있는 사실의 전부입니다.

 이러한 사실이 다음과 같이 왜곡, 선전되었습니다. 즉, 한국에 잠입한 고시진이 자기 명함을 인편으로 본인에게 전달하여 상륙 허가를 청하였을 때 본인은 갈 차관을 호출하여 허가를 특명하고 외무부 박모朴某 과장으로 하여금 고시진을 국무총리실에 안내하도록 지시하였으며, 그 결과 동일 내에 고시진이 본인 사무실에 안내되어 왔을 때 본인은 갈 차관을 호출하여 명함에 인장을 찍어 주며 명하기를 고시진의 신원 일체를 본인이 보장한다고 기입하여서 사용하라고 지시하였더니 갈 차관은 일본인 상륙 허가의 전례가 없다고 항변하였으나 본인의 특명으로 부득이

상륙 허가를 발하였다는 것입니다. 이러한 창작과 사실과의 차이를 본인은 일일이 반박할 흥미조차 없습니다. 다만 일부 선동가들은 갈 차관의 비고 운운의 말을 믿고 수교한 본인의 명함을 재료로써 본인을 함정에 빠뜨릴 음모를 꾸미어 본인과 하등의 상의도 없이, 본인이 고시진의 신원 일체를 보장한다 운운의 상식에 벗어난 대담한 문구를 기입하였다는 것은 아연할 따름입니다.

고시진의 상륙에 관한 이상의 경위가 있은 후 수일 만에 그 고시진 자신이 국무총리실을 내방하여 본인에게 경의를 표하겠다고 한다는 말을 들었습니다. 일본인이라 하더라도 구면이 있다고 하여서 내방한 것을 거절하는 것은 일국의 국무총리로서 너무나 협량狹量하다고 그 당시 본인은 생각하였습니다. 원래 본인이 고시진을 알게 된 것은 8·15 해방 후 본인이 미군정하에 수도경찰청장의 직에 있었을 때입니다. 고시진은 일본인 세화회장世話會長으로서 한국을 철거하는 일본인 수송에 협력하는 책임자였으므로 본인은 공무상 동인을 수차 면접할 기회가 있었던 것입니다. 그리하여 본인은 고시진을 국무총리실에서 면대面對하게 되었습니다. 이 3, 4분에 불과한 회담 시 고시진은 한일 간의 교역에 관하여 언급하기에 본인은 그러한 안건은 정부 관계 당국과 협의하여야 한다고 답변하고, 한韓 총무처장을 호출하여 고시진의 말을 들어 보라고 명하였습니다. 고시진은 총무처장과 더불어 국무총리실을 퇴거하였고 이것이 본인이 고시진을 본 최후인 것입니다. 후에 총무처장은 고시진이 제출한 한국의 대일 활어 수출 방침에 관한 질문서를 본인 명의로 외무부에 이송하는 동시에 관계 부의 의견을 청취한 후 고시진에게 회답하라는 공문을 발하였다는 바, 이것은 적법의 사무 처리인 것입니다.

이것으로써 본인과 고시진과의 관련성은 종결하였고, 그 후에 외무부에서 여하한 절차를 취하고 고시진에게 여하한 회답을 하였는지 본인은 전연 관여치 않고 있었음은 물론, 그 당시에는

이에 관하여 들은 바도 없었습니다. 이상의 평범한 사실을 선동가들은 허식 선전하여서 본인이 고시진을 면접한 것은 친일 거두가 과거의 상전에 아첨한 것으로 되고 말았고, 고시진이 활어 수출 특권의 부여를 요청하자 본인은 평신저두平身低頭로 그 취지를 받들어 관계 부처에 특명을 발하고 고시진의 목적을 달성케 하였다고 하는 것입니다. 최근에 이르러서 안 바에 의하면 당시 한 총무처장은 신중을 기하기 위하여 상공, 교통 관계 국장을 소집하여 고시진의 질문서를 검토하고 고시진에 대하여 정부의 기정방침을 회보하기로 하였으며, 관계자 간에 하등의 이의가 없었다 합니다. 특명이니 특별 조치니 하는 여지가 전연 없었다는 것이 명백할 것입니다.

특정한 기개 신문, 통신과 벽보가 본인의 죄악상이라는 것을 특서대거特書大擧하여서 선전할 때 국내 권위자의 말이라고 하여서 다음의 구절을 보도하고 있던 것을 본인은 중대하게 생각하는 바입니다. 즉, '고시진이 한국에 밀입국할 그때 일본 조야의 태도는 한국의 정정政情은 필연적

으로 배일排日 정치가 이승만 박사가 퇴진하고 야당을 중심으로 하는 친일 정권이 한국에 수립될 것이다' 하는 견해이고, '고시진의 밀입국과 국내 제반 정세의 정찰 사건에 장張 국무총리를 비롯한 각계 인사가 관련되어 있는 것은 우연한 사실이 아니다' 운운하는 이러한 그들의 허무맹랑한 억설로써 본인의 국가, 민족에 대한 충성심을 모독하려 한 데에 대하여 본인은 격렬한 공분을 금할 수 없는 바입니다.

三

본인이 금년 5월 6일 국회의 지지하에 국무총리에 취임한 당시에 본인의 사명은 정부와 국회와의 알력을 제거하고 대한민국에 민주주의를 보전함에 있다고 선언한 바 있습니다. 이것은 본인이 국무총리로서 재직한 약 5개월간을 통하여 금과옥조金科玉條로서 신봉한 바이고, 국무총리로서의 본인의 일체의 행동은 이것을 구현하려는 노력이었습니다.

본인이 국무총리로서 재직 중 소위 정치파동이 전행정면을 휩쓸어 버리고, 본인은 그 시국 수습에 몰두하지 않을 수 없게 되어서 평소에 회포하였던 바 시책의 수행에 착수 못한 것은 유감입니다만 본인은 이에 대한 노력을 아끼지는 않았습니다.

정부 시책의 기획 실시에 종합적인 민의를 반영시키기 위하여 국무총리실에 정책위원회를 설치하고 각 부처장과 각계 유능 인사를 망라하여 각 분과 위원회별로 안건을 진지하게 검토한 후 2차에 걸친 본 위원회에서 성안하여 관계 부처에 건의한 사항도 많으나 구체적인 성과를 보지 못한 채 사임에 이르렀습니다.

또한 세궁細窮 농민의 식량 사정을 완화하는 동시에 정부와 농민과의 신의信倚관계를 개선하기 위하여 본인은 제1차로 5월 상순에 세궁민 200만 호에 대하여 정미精米 20만 석을, 제2차로 8월 하순에 세궁민 100만 호에 대하여 하곡夏穀 10만 석을 각각 정부 양곡 중에서 긴급히 방출 대여하였습니다.

그러나 이러한 시책 전에 본인이 가장 노력을 경주한 것은 정부 내부 및 국민 생활의 전시화戰時化 시책이라 할 것입니다.

제1은 정부의 강기숙정綱紀肅正과 기능의 민활화 시책입니다. 정부 인원이 민중의 충실한 공복이 되고 관민 단결하여 시난時難을 돌파하기 위하여 본인은 국무총리 취임 직후부터 관기숙정官紀肅正을 고창하였던 것입니다. 공무원의 풍기를 엄정히 하고 그 근무 태도를 전시화하는 동시에 그 부정행위를 예방하고 범죄 적발을 준엄히 하는 등 만반의 대책을 강구, 실시하였고, 특히 세력 배경에 의한 공무 집행의 문란을 엄계하였으며, 이상의 위반자에 대하여는 계급의 여하를 막론하고 의법 처단을 주저치 않았던 바 적발된 공무원, 군인, 군속의 수는 근 900명에 달하였습니다. 이와 동시에 인사 행정의 정상화를 도모하고 과거의 숙폐宿弊를 일소하기에 노력하였습니다. 정부 기능의 민활화에 관하여는 특히 민원 서류의 신속 처리를 엄명하는 동시에 제도상의 개선을 실시하여 행정 사무의 이양을 대폭적으로 단행케 하여 비교적 경미한 사안은 하부기관 공무원으로 하여금 신속 처리할 수 있도록 하였습니다. 이상과 같은 정부 내부의 정화 작용은 공무원의 처우 개선을 구현할 때 비로소 완성할 수 있으므로 본인은 국무총리 재직 중 부단의 노력을 하였으나 공무원 처우가 구태의연한 채로 개선을 보지 못하였음은 유감된 일입니다.

국민 생활의 전시화에 관하여는 후방 국민이 제1선 장병과 동일한 정신으로써 결속하여야 한다는 현시대의 상식을 실현하기 위하여 본인은 여러 가지 장애를 무릅쓰고 국민 생활의 전 영역에 긍한 허다한 사정에 관하여 자숙자계自肅自戒를 요청하며 부화낭비浮華浪費를 버리고 견실검약堅實儉約을 택하라고 호소하였던 것입니다. 광범한 사회 대중의 일상생활을 상대로 하는 본 운동이 장기의 부단한 노력을 요함은 물론이므로 정부로서는 거액의 경비를 본 운동을 위하여 지출하고 민간 단체의 협조로써 활발한 전개를 보았으나, 본 운동의 중핵체로 할 목적으로 본인이 전시생활개선법시행령戰時生活改善法施行令의 급속 공포를 위하여 많은 노력을 하였음에도 불구하고 그 공포가 정돈 상태에 빠지게 되는 등 제반 사정으로 인하여 본 운동이 사산의 운명에 놓일 염려가 있음을 유감으로 생각하는 바입니다.

이상의 본인의 노력을 일시 이완에 이르게 한 것은 소위 정치파동과 대통령, 부통령의 선거였습니다. 이 2개 사건은 대한민국이 성장하려는 민주주의에 대한 심각한 시련이었습니다. 이 2개 사건의 비판은 후세 사가에게 일임하기로 하더라도 본인은 국무총리로서 이러한 중대 사건에 대처하였다는 것을 오히려 영광으로 생각하는 바입니다. 본인의 국무총리로서의 노력은 주로 이 2개 사건의 처리에 집중되었으며, 만약에 본인의 국무총리로서의 행적이 이 2개 사건의 처리 이외에 없다고 할지라도 본인은 그것으로써 만족할 것입니다. 대한민국은 이 2개 사건을 극복함으로써 민주주의적으로 성장할 능력을 실증한 것입니다.

소위 정치파동의 생기生起, 경과經過, 낙착落着 등 사건의 상세는 재설再說할 필요가 없겠습니다. 한국 민주주의에 관한 기본적 문제가 냉혹한 현실로서 무자비하게 진전되고 있던 그 당시에 본인은 즉시 냉혹한 현실적 관점에서 대처할 수밖에 없었습니다. 본인은 주야 불문하고 전정력을 집중하여 그 처리에 몰두하였습니다. 본인이 이러한 노력을 경주하고 있는 동안에 일반 국민, 특히 국회의원 동지 여러분의 성원과 충고, 편달을 본인은 결코 잊을 수 없으며 무한한 사의를 표하는 바입니다. 헌법 개정안의 국회 통과로써 일단락을 지은 사태는 그 후에도 여전히 진통을 계속하였고 특히 대통령, 부통령 선거의 대사가 목전에 놓여 있었습니다.

국가 원수의 국민 선거는 한국 역사상 최초의 사건이었고 따라서 선거 자유 분위기를 확보하여야 할 정부의 책임은 심대하였습니다. 본인은 한국 민주주의의 역사를 결정하는 본 선거에서 국무총리로서의 전 권한을 동원하고 만난을 배제하여 자유 분위기를 단호히 확보하려는 각오를 굳게 하였습니다. 당시 국내의 전반적 사태는 선량하고 무력한 국민 대중이 의사를 억압당하고 질식 상태에 있었습니다. 그 국민에게 자유를 회복하여 주는 것이 본인의 사명이라고 결심하였습니다. 본인은 전국의 특별시장, 도지사, 경찰국장 회의를 소집하여 이에 관한 엄중한 훈시를 하였고, 7월 3일부터 6일간 전국을 일순一巡하여 지방의 자유 분위기 확보 상황을 시찰 독려하였습니다.

이러한 본인에 대하여 그 당시 일부 정객이 가한 무근의 비난이 본인의 신념을 동요시키지 못한 것은 물론입니다. 그 비난이 점점 횟수를 가하고 정도를 높여서 결국은 본인을 포함한 정부 각료 관헌을 선거법 위반 죄목으로 검찰 당국에 고발하기에 이르렀을 때 본인은 이를 일소에 부쳤습니다. 현직 국무총리를 무근의 범죄 혐의로 고발하는 이 사건은 최근에 이르러서 현직 국무총리를 백일하에 공중 앞에서 반역자라고 낙인하려던 무모한 선동 사건과 마찬가지로 전례가 드문 점에서는 궤를 같이하는 바입니다. 그러나 선거는 소기하였던 자유 분위기 중에 시행되었습니다.

이상의 2대 사건에 직면한 본인이 국무총리로서 걸은 길은 본인의 국민에 대한 맹세, 즉 국회와 정부와의 알력 제거 및 민주주의 보전이라는 맹세에 조금도 배치되는 점이 없다는 것을 이 자리에서 보고할 수 있음을 본인은 다행히 생각합니다. 국무총리로서 본인의 노력이 부족하였다든가 혹은 이루어진 결과가 불만족하다든가 그러한 비판이 있을 경우에 본인은 신념과 성의에 관한 한은 절대로 타인이 시비할 여지가 없다는 것을 단언하려 하는 바입니다. 대한민국이 걸어가는 민주주의의 험로에서 방해가 되는 돌 하나를 본인이 치워 놓았다면 본인은 만족입니다.

용공容共 3장관 활동에 관한 건
1952. 11. 8.

　의사당 안에서 발언하는 것은 한 개인의 정치적 제스처가 아닙니다. 우리가 세계의 민주 우방의 원조를 받아 가지고 공산당하고 사투하고 있는 이 마당에 행정부와 입법부가 연합을 해 가지고 무슨 장난을 하면 중대합니다. 행정부가 부패하면 의사당에서 논의가 될 것이지만, 우리가 생각할 것은 우리나라를 팔아먹겠다는 문제를 국회에서 간부 한 사람으로 공공연하게 발언한 이상 이것은 여유를 달라니 하는 말을 한 의원에 대한 통분痛憤입니다.

　당장에 밝혀서 우리가 문 안에 있는 적을 먼저 물리친 뒤에 논의해야 할 것입니다. 여기서 대한민국 정부 안에 세 사람 장관이 끼어 있고, 또한 입법부에 있는 국회의원이 하나 끼어 있고, 이런 중대한 문제를 가지고 입법부를 조롱하는 것도 아니고 공공연하게 발언한 이상에 여유를 주장한다는 것은 도저히 우리가 용서할 수가 없어요.

　만일 사실이라면 당연히 우리가 처치를 해야 되겠고, 사실이 없는 발

> "
> 국민은 빈곤과 전화戰禍와 부패에 신음하고 있는데,
> 이 참상을 도외시하고 편파偏派 싸움밖에 생각 없는 사람들과는
> 더 이상 같이 국정을 논의할 여지가 없다.
> "

언을 했다면 당연히 책임을 지고 물러나야 될 것입니다. 이것을 유야무야로 두고 만다는 것은 지금 전 세계를 통해 가지고 대한민국이 놓여 있는 사태가 어느 지경에 있다는 것을 깊이 고려한 이상 우리가 이것을 단호히 용서할 수가 없어요. 오늘 이 마당에서 밝혀야 됩니다. 다른 문제를 가지고는 논의할 여지가 없어요.

이 속기록은 대한민국의 공문서올시다. 만대에 이것이 전하여 내려가는 공문서이고, 이것은 국회 본회의에서 취소하지 아니하고는 그대로 효과를 발생하는 것입니다.

윤尹 부의장 발언을 그대로 읽겠어요. "일본에서 연합군 사령부로부터 일본 공산당으로 퇴거 명령을 당한 사람이 우리 대한민국에 와서 지금 소위 3장관 회의, 거기에 어떤 국회의원 하나가 끼어 가지고 매일같이 최고 정책의 모든 것을 의논하고 이 나라 이 국정에 대해서 음으로 양으로 활동한다는 것은 용서할 수 없는 일입니다."라고 했어요. 그런데 이것을 속기록에서 취소하라니요.

이것이 내통이 아니고 무엇이에요. 최고 국정이 날마다 회의하고 있다는 것이 이것이 내통이 아닙니까. 이것이 본인이 발언한 데 대해서 취소하라는 말에 대해서는 윤 부의장이 너무 건망증이 많은 것 같습니다. 만일 윤 부의장으로부터 확실히 정부政府를 들어내 가지고 3장관을 범죄로 처치하든지, 그렇지 않으면 자기가 총책總責을 져야 할 것입니다.

상이 병사 포로 교환 문제에 관한 건
1953. 4. 14.

지금 외무부장관의 답변 중에 자기는 정부 의사를 발표하는 한 대변자에 지나지 못하고 개성이라는 것은 전연히 없다는 데 대하여 질문할 사람으로서 퍽 한심합니다. 외무부장관은 발표하는 도구에 지나지 못한다면 공보처장이면 만족하지 외무부장관을 둘 필요가 어디 있겠소.

외무부장관이라는 것은 자기의 외교 정책에 대한 포부라든지 역량을 대통령에게 진언해 가지고 그것을 실천하는 데 가장 중요한 자리요. 동시에 정부의 의사가 자기의 의사와 다소 차이가 있다고 하더라도 자기의 포부라든지 역량을 거기에다가 추진시켜서 그것을 반응시키는 것이 가장 외무부장관의 중책인 줄 아는데, 자기에게 별로 물을 게 없고 한 도구에 지나지 못한다는 것은 개성을 잃어버린 듯합니다. 질문할 사람이 용기가 없어져서 질문할 마음이 전연 없어지고 말아요.

하지만 지금 내가 질문하고 싶어 하는 것은 외무부장관 개성을 잃어버린 그 사람한테 묻는 게 아니고 우리 국민에게 반응되고, 또한 국제상에

창랑 선생이 6·25 전쟁에서 희생한 육해공 국군의 합동 위령제에서 분향하고 있다. (출처: 국가기록원)

도 역시 대한민국 국회의원으로서 이러한 의견이 있다는 것을 발표하기 위해서 묻는 것이니까 그런 줄 알고 외무부장관은, 개성을 잃어버린 외무부장관은 그렇게 답변해 주시기 바랍니다.

첫째로 외무부장관에게 묻고 싶은 것은 이번 상이 포로 교환하는 그 인원수가 먼젓번 클라크 장군이 저쪽에다가 교섭할 때 미리 그것을 내놓은 인원수인지, 그렇지 않고 임시 600명이라는 인원수를 10대 1로 정한 그 인원수인지 그걸 우리는 자세히 알고 싶어합니다. 왜 그걸 알고 싶어 하는가 하니, 이것이 포로를 교환할 때 작년에 유엔에서 이북 측에 대하여 포로를 교환하자고 할 때 발표된 인원수와 지금 우리가 현실로 교섭하는 그 인원수와 대조해 보면 천양지차가 있어요. 하니 무슨 이유로 갑자기 그렇게 되었는지 그것을 대한민국 정부로서는 잘 아는지 모르는지 그것을 알고 싶어합니다.

둘째로 우리가 만일 상이 포로 교환한 후에 협정이 추진된다고 하면 유엔 측에서 휴전을 수락한 뒤에 대한민국 정부로서도 그 휴전 조약에 진수進遂해 가지고 휴전 상태로 들어가느냐, 또는 유엔 측에서 휴전 수락해 가지고 그것을 실천한다고 하더라도 대한민국 정부는 여전히 전쟁 상태로서 중공군이라든지 혹은 이북 침략군에 대할 용의가 있는지 없는지 이것을 밝혀 주시기 바랍니다.

셋째로 우리 유엔 측에서 이북 측과 휴전 조약을 할 때 그 외교 용법에 있어서 '하이 콘트랙팅 파티high contracting parties'라는 걸 반드시 쓸 줄 생각합니다. 유엔 측에서 주권 국가로 용인 안 한 자기 대상자에게 이런 용법을 써 가지고 현실적으로 사실상 주권 국가로 승인할 그런 위험 상태에 있을 때 대한민국 정부는 어떤 태도로 응할 것인가, 그걸 이 자리에서 명백히 하여 주시기를 바랍니다.

간단하나마 이 답변만은 외무부장관이 개성을 가지시고 좀 책임 있게 밝혀 주셔서 내외국인에 대한민국 정부가 이렇다는 것을 좀 명백하게 알리기 위해서 답변을 요망하니까 잘해 주시기를 바랍니다.

한글 간소화에 관한 대정부 질의
1954. 7. 12.

　이 문제에 관련된 이李 장관은 평소에 존경하는 동지요, 사적으로도 좋은 친구올시다. 하나 문제가 문제인 만큼 좀 심각하게 들어갈 것입니다. 양해해 주시기 바랍니다.

　첫째로 이 문교장관에게 묻고자 하는 말은 과거에 해방 직전에 조선일보 편집국장으로 계실 때 지금 공산 도배에게 납치당해 있는 안민세安民世 동지와 같이 조선어학회朝鮮語學會 사업을 철두철미하게 성원하였다고 하는 것을 본 의원은 잘 알고 있습니다. 물론 세태에 따라서 심경이 변화되는 것도 의당 우리가 알고 있는데, 문교장관으로 들어오신 다음 너무나 그 표변한 태도를 볼 때 이해할 수가 없습니다. 사람은 명예욕이라고 하는 것은 다 있어요. 그러나 그 표변한 태도의 차이가 좀 상식을 벗어나지 않는가 하는 의아심이 듭니다. 아까도 어느 의원이 발언했지만 과거 수삼 문교장관이 퇴직하고 나온 그 가운데는 복잡한 이유가 잠재해 있지만 역시 약았다고 본 의원은 보고 있는데, 현 문교장관은 너무 영웅같이 그 태도를 띠고 있는데 대해서는 감탄 불사하는 바입니다. 여기에 대해서 용기 백배해 가지고 3천 만이 다 싫어하고 언론인, 학자, 국회의원, 이두위천以頭爲天하는 사람은 다 반대하는 것을 혼자 해 보겠다고 하는 용기에 대해서는 문교장관은 일선에 나가서 싸우는 용사가 되는 것이 적당하지 않을까 생각합니다. 그 태도 표명에 대해서는 나는 문교장관에게 두어 가지 묻고자 합니다.

아까 말한 것과 같이 자기의 영화를 위해서 자기의 지조를 굽힌 것인지, 둘째로는 한글 철자법을 몰두하여 연구해 가지고 이것을 고치지 않고는 우리 한국 문화가 일대 위기에 봉착하겠다고 하는 결론에 도달한 것인지, 그 점을 명백히 답변해 주시기를 요청합니다. 이 문교장관은 이 한글이 조성된 과거에 있어 가지고 우리의 선열들이 어떤 희생을 바쳤다고 하는 것을 누구보다도 잘 알고 계실 것입니다.

과거의 긴 역사는 이야기하려 하지 않으려니와 해방 직전에 함경남도 홍원군에서 일어난 조선어학회 사건, 아마 이 문교장관은 잘 알 것이오. 그때 우리가 가장 존경하는 한글학자 이윤재李允宰 선생이 함흥 감옥에서 옥사했고, 또 우리가 이 자리에서 같이 일하고 있는 이인李仁 의원과 태 김준연金俊淵 의원이 사람으로는 당하기 어려운 고역으로 감옥에서 신음하였고……. 그 실태를 아마 이 문교장관은 잘 기억하고 계실 줄로 이 사람은 추측하고 있습니다.

그러면 한글 철자법은 현 문교장관이 선풍기 놓고 장관실에 앉아서 주먹구구식으로 따져 가지고 이론, 여론 다 집어치우고 지령 한 장으로 이것이 능히 고쳐질 것인가 답변해 주시기를 바랍니다.

과거에 우리 애국자들, 일제시대에 정치는 금물인 까닭에 자기네들이 인간 지혜를 다 짜내어 만든 그 결정체가 오늘날 우리가 쓰고 있는 이 철자법이라고 할 것입니다. 그러면 아무리 몰상식한 사람이라도 자기의 양심으로 이것을 함부로 뜯어고치겠다고 하는 생각부터 민족적 죄악이라고 생각합니다. 죄악이 아니고 죄역罪逆이올시다. 영어로 말하면 '트레손treason'입니다. 그런가 안 그런가 하는 데 대해서 문교장관은 이 의원의 질문에 대해서 명쾌히 해 주시기를 요청합니다.

엊그제 문교장관이 터키의 문자 혁명에 대해서 논란한 것이 있는데 그 문제를 잘 끌어냈어요. 그 문제 재료를 제공한 데 대해서는 감사 불사합니다. 내 그것을 똑똑히 밝혀 드리리다. 게말 파샤Mustafa Kemal Pasha 대통령 때 아라비아 문자를 로마 문자로 고치겠다고 하는 전국적 혁명운동이 벌어지게 되어 가지고 마침내 국내가 소란할 정도까지 봉착한 까닭에 국회에서 법으로 제정해 가지고, 아라비아 문자를 고친 로마 문자를 가지고 지금까지 사용하고 있는 것이 사실입니다. 결코 일개 문교장관, 또는 정부에 있는 기개인幾個人이 자기 눈에 서투르다고 해서 덮어놓고 뜯어고친 것은 아닙니다. 이것을 잘 알아야 할 것입니다.

그러면 법으로 뜯어고친 터키 문자 그 과정과 오늘날 문교장관, 또는 몇 사람이 자기가 이해하기 어렵다고 해서 국가적 지보至寶요, 민족적 지

보인 이 문자를 반드시 고치지 않으면 우리 문화가 일대 위기에 봉착할 것인가, 이 점에 대해서 본인을 계몽해 주시기를 요청합니다.

또 한 가지 문교장관에게 묻고 싶은 것은 어제 문교장관 답변 중에 세종대왕께서 문자를 간소화하기 위해서 우리 한글의 전신인 언문을 제정하였다고 하였으니 도대체 문자는 간소화하는 것이 목적인가 아닌가, 이것을 계몽적으로 문교장관에게 나는 답변을 요청합니다. 나는 그것을 잘 모릅니다.

그러면 도대체 이 문제가 어디서 생겼느냐 하면 '받침' 때문에 생겼어요. 엊그제 문교장관이 배부한 몇 권 책자를 보면 10개 받침이 필요하다고 그랬으니 훨씬 간소화하기 위해서는 받침을 다 빼어 버리면 어때요? 이것은 문교장관 한 사람의 힘으로 될 것이 아니요, 보건부장관과 의논해서 해야 될 것입니다. 턱을 떼든지, 안 떼든지!

그리고 최후로 문교장관에게 말씀드릴 것은, 모某 의원의 발언 가운데 이북 방송에 있어 민족문화 말살 운운했다고 이것을 질책하시는 것을 들었는데, 나는 문교장관에게 만강의 동정을 바칩니다. 왜, 의사당 안의 공기를 보니까 자기가 지금까지 계획해 내려온 간소화 안이 패배 지경에 이르렀으니까 한번 용기를 내 가지고 이북 방송 운운해 가지고, 그 말 몇 자를 가지고 권토중래捲土重來하려는 용기만은 대단히 찬성합니다. 결코 문교장관을 나무라지 않습니다. 말기에 있어서 자기의 패배하는 안건을 회복하려는 빈약한 태도에 대해서 도리어 동정할 일이지 시비할 점이 못

된다고 나는 밝혀 둡니다.

 잠깐 잊었습니다. 한마디 문교장관에게 경고합니다. 이것은 질문이 아닙니다. 이것은 헌법 제5조의 위반입니다. 이것을 들어 보세요. 우리 헌법 제5조에는 '대한민국은 정치, 경제, 사회, 문화 영역에 있어서 각인의 자유, 평등과 창의를 존중하고 보장하여 공공 복리의 향상을 위하여 이를 보호하고 조정하는 의무를 진다'고 했는데 문화보다 더 중요한 것이 어디 있습니까. 이것을 보호를 하지 않고 파괴하려 하는 문교장관은 헌법 제5조에 위반하려고 한다는 것을 나는 문교장관에게 경고합니다.

개헌안 표결에 즈음하여
1954. 11. 27.

　이 헌법 개정안에 대해서 본 의원은 자초지종 가부에 대해서 한마디도 언급한 적이 없습니다. 왜? 과거 5·26 파동 때 본 의원은 당시 행정부에 있던 한 사람으로 소위 발췌개헌안에 대한 과오를 범한 사람 가운데 한 사람이올시다. 그러므로 요번의 헌법 개정에 대해서는 왈가왈부를 한 적이 없었습니다.

　하나 나는 여러분의 양심만 믿었습니다. 이 나라를 건설할 때 한 사람인 본인은 이런 나라를 위해서 싸운 것이 아니에요. 수십만의 장병이 일선에서 생명을 바치고, 내 자신도 8, 9차에 걸쳐 습격을 당했던 사람이고, 이 안에도 이 나라를 건설하는 데 피땀을 흘린 사람이 아마 많이 있을 것입니다.

　왜 우리 대한민국에서는 한 사람만 특권을 주고 그 사람만 위해서 우리가 헌법을 조변석개朝變夕改하고, 심지어 끝에 가서는 신성한 의사당에 앉아 가지고 암호 투표를 해 가지고 이 나라 헌법 개정을 추진시키려는 이러한 악질적 수고에 누를 끼치고, 민주 사상에 죄악을 끼치는 이러한 것을 한다는 것에 우리는 여기서 칼을 물고 죽는 것이 오히려 낫습니다. 암호 투표를 발견한 사람은 이 사람입니다. 내가 송방용宋邦鏞 의원에게 암호 투표를 준 것입니다. 이러한 일에 대해서는 아무리 여당의 여러분들이라도 양심을 가지고 계신 것도 우리는 잘 알고, 이 나라를 위해서 장래에 투쟁할 여러분이라는 것도 잘 압니다. 이것은 오늘날 우리가 단호히 개정해야 합니다. 이것을 우리가 고치지 않고는 의사당 밖으로 두 발로 걸어 나가서 가족을 대할 때 어떠한 낯으로 대하겠습니까? 이것은 매국적 행동입니다. 그러니 우리가 이것을 단호히 시정해야 하겠습니다.

내가 또 여러분에게 한마디 충고할 말은 내 발언에 대해서 야유를 한 사람은 이 나라를 건설할 때 어깨 너머로도 넘겨다보지 못한 사람입니다. 어떠한 심정을 가지고 이러한 야비한 행동을 하려는지 이야기가 됩니까?

자유당 동지 여러분의 전체의 의사가 아닌 줄은 압니다. 우리는 이것을 단호히 시정해야 할 것이고, 송 의원이 발언한 대로 양심적으로 해야 되지, 그렇지 않으면 세계만방에 누를 끼친다는 것을 말씀하고 내려갑니다.

정치 규탄에 관한 건
1954. 12. 3.

　재작년 정치파동 당시 발췌개헌안을 통과할 때 수문장으로 명성을 날린 남송학南松鶴 의원의 정치 연설과 만담을 경청했습니다. 국회의원으로서 모든 자격을 구비해야 하지만, 특히 그 만담 일절에 대해서는 가장 경의를 표하는 동시에, 용산 갑구 유권자 여러분에게 그만한 자격자를 우리 대한민국 민의원으로 보냈다는 데 대해서는 만강滿腔의 경의를 표합니다.

　아까 남송학 의원이 말씀하시기를 야당 측에서 과거 6개월 동안을 백전백패하고, 그런 지리멸렬한 상태에 있음에도 불구하고 계속적으로 공세를 취해 왔으나 '태산명동서일필泰山鳴動鼠一匹'이라 이랬습니다. 그러면 오늘날 18명의 자유당원이 탈당한 것은 쥐새끼만도 못한 것입니까. 태산명동서일필이라는 것은 무엇을 지적해서 말하는 것입니까. 그만큼 자유당에 구멍이 뚫어졌다는 것은 만천하가 알고 있다는 것을 남송학 의원에게 계몽하여 드리는 바입니다.

아까 남송학 의원 말씀에 조병옥 의원이 유류油類 문제에 대해서 언급하였다고 그 사람은 눈을 감고 다니느냐 했어요. 조병옥 의원의 눈이 청맹시青盲視인지 아닌지 내가 안과의사가 아니라 실제로 시험하여 본 일이 없습니다마는, 동시에 남송학 의원이 이농증耳聾症이 아닌가 의아심을 가졌습니다.

어째서 정부에서 180 대 1로 주장하다가 미국 측에서 245, 이것을 받지 아니하고 오늘날과 같은 310 대 1이라는 것을 받을 때 남송학 의원은 원성이 만천하에 충천했다는 것을 귀를 막고 들으셨는가 봅니다. 나는 눈이 청맹시가 되었다는 것을, 남은 눈이 청맹시가 되었는데 남 의원은 이농증으로서 너무나 아전인수격인가 봅니다.

조병옥 의원이 정부 규탄을 연설할 때 본 의원은 여기에 재석하지 않아서 우리 이승만 대통령에게 어떠한 말씀을 언급했는지 기억이 안 납니다마는, 남송학 의원 발언 가운데에 이시영李始榮 씨는 88세나 되는 늙은 노인이나 우리가 부통령으로 지추支推하면서 어째 88세 미만이 되는 이승만 대통령의 사고력이 부족한 것같이 말하느냐 하지만, 이시영 씨가 생존하고 계신다고 하면 두 분을 놓고 정력 감정을 하겠지만 한 사람은 이미 저세상으로 갔는데 어떻게 두 분을 같이 놓고 의사가 정력 감정을 할 수 있을까요. 사고력 감정을 할 수 없으니까 그 문제는 덮어 두는 것이 남송학 의원에게 도리어 유리하지 않을까 생각합니다.

정치파동 때 대해서 잠깐 언급하겠어요. 남송학 의원은 조병옥 의원이 내무장관 당시에 김준태 의원을 집어넣고 이러한 비민주주의적 국회를 무시하는 행동을 하였다 했는데, 그것은 당연한 일입니다. 본인도 항의를 했어요. 또 대표로서 조봉암 부의장하고 같이 갔습니다마는, 정치파동 때 행정 수반으로 계신 이승만 대통령이 정권을 잡고 있는 밑에서 수십 명이라는 국회의원을 구속했습니다. 이것도 사사오입하는 것으로 한 사람을 11명으로 영점 이하로 떨어뜨리고 있습니까? 아니 됩니다. 한 사람보다 다수인 것을 우리가 기억해야 됩니다. 11명은 사사오입을 어떻게 해석할지 인류의 해석법은 잘 모르겠습니다마는 본 의원은 해석할 수 없습니다.

동시에 조병옥 의원은 과거에 이 정부에 있을 때 갖은 권력을 다 쓰고 지금 와서는 왜 야당 측으로 들어갔느냐, 그것은 남송학 의원은 글을 잘못 읽었기 때문에 그래요. 《논어論語》에서 '朝聞道조문도면 夕死석사라도 可가하다'라는 말을 나는 읽은 일이 있소. 자기가 반성했을 때 야당 측으로 오는 것이 당연한 일이 아닐까요. 반성을 하지 않고 남송학 의원은 조병옥 의원에게 경고했지만 그 사람은 반성을 했습니다. 반성을 했어요. 더 말할 여지없이 반성한 것입니다. 그것은 용서해 주시기 바랍니다.

다음으로 본 의원에게 국무총리 재직 당시에 정·부통령 선거 때에 간섭을 하고 관료주의를 여지없이 발휘했다, 이것은 감수하겠습니다. 이것으로 서로 막 비깁시다. 내가 선거법을 위반했다고 하면 대통령, 부통령 무효니 이승만 대통령에게 항의를 하여 봅시다. 선거법하고 이것하고 서로 막 비깁시다. 그러면 이 나라의 모든 문제가 해결이 되고 이러한 혼란이 안 일어날 줄 압니다.

끝으로 여러분에게 말씀 여쭐 것은 이 나라를 바로잡고 이 민족을 살리기 위한 것이 우리 정치인의 목적이요, 또 가장 애국자의 의무라고 생각합니다. 아까 남송학 의원께서 장택상, 조병옥에게 권고하기를, 이 나라 역사 한 페이지에 오르게 이 나라에 충성을 바치라고 했어요. 아마 공산당 빼놓고 남한 3천만의 길을 막아 놓고 물어봐도 장택상, 조병옥은 남송학 의원 애국심보다 좀 낫다고 생각할 것입니다.

이 나라에는 현재 상이군인이 충성을 바쳤다고 하지만, 대한민국에서 제일 먼저 수류탄을 맞고 권총을 맞고 했으니까 내가 제1 상이군인입니다. 아마 충성에 대해서는 남송학 의원에 못하지 않을 것입니다. 경찰 간섭을 빼놓고 투표해 봅시다. 내가 충성을 많이 바쳤는가, 남 의원이 충성을 많이 바쳤는가. 아마 이것은 의심할 여지가 없다고 생각합니다.

사사오입四捨五入 개헌 번복 제안
1954. 12. 9.

본 의원은 금반 개헌안 문제에 대해서 회의록 번복에 관한 이야기를 하게 되었습니다. 그걸 시작하기 전에 여기 관계된 몇 가지 말씀을 드리고 싶습니다.

이 개헌안 문제의 여파로 과거 수일 동안 야당 측에서 이 문제를 가지고 논의한 바가 있어서 자유당 측 동지 몇 분은, 우리가 시급한 반공 문제도 있고 또 앞으로 심의할 법안이 산적해 있는데 왜 이 문제를 가지고 시일을 끄느냐고 야당 측을 책망한 일이 있었습니다. 하나 이것은 마치 병든 부모를 자식 된 사람이 귀중한 금전을 허비하고 치료하는 가운데 방관자로서, 기왕 죽는 사람을 왜 이와 같이 금전을 허비하면서 치료를 하게 하느냐 하는 그 결론과 마찬가지 이야기라고 본 의원은 생각하고 있습니다. 왜 먹고 입고 하는 법률도 좋고, 또 의당 우리가 해야 할 일이지만 국가의 기본법이요, 또 그 표현이요, 주권의 상징인 이 중대한 헌법이 오늘날 이와 같이 된 이 마당에 있어서 민생 문제가 시급하니 해 가지고 이것을 논의 아니한다는 것은 결국은 유물론자의 인생관과 마찬가지예요. 사람이라는 것은 정신이 어찌 되었든지 먹고 입는 것이 유일한 목적이라는 것과 마찬가지 결론을 가지고 올 것입니다.

본 의원은 여기에 찬성할 수 없습니다. 자손만대에 끼쳐 줄 이 헌법을 바로잡는 데에 투쟁하는 것이 우리의 유일무이한 목표입니다. 그리고 우리는 이 투쟁을 절대적인 것으로 추측하고 하는 것도 아니고, 또 질 줄로 알고 미리 예언하고 하는 것도 아닙니다. 왜 그러냐? 우리 이 나라는 기적이 많은 나라입니다. 왜 그러냐 하면 우리 의원 가운데에 몇몇 동지가 과거 5·20 선거를 통해서, 잠깐 그 사실을 우리가 보더라도 자유 분위기가 확실히 보장된 그 선거에 있어 가지고, 구사일생 격으로 또 이 의사당 안으로 기어 들어온 것을 보면 확실히 기적이 많은 나라예요.

하니까 비록 우리가 오늘 와서 손 수數가 부족하다고 해서 우리의 투쟁이 반드시 실패할 것이라고는 나는 단념을 하지 않습니다. 왜 또 기적이 생기면 우리의 손 수가 더 올라갈지 안 올라갈지 그것 누가 보장하겠어요? 그것은 추후 두고 봐야 하겠습니다.

또 한 가지는 본론에 들어가기 전에 한희석韓熙錫 의원의 발언에 대해서 잠깐 말씀하겠습니다. 한희석 의원은 내가 말씀드리기가 곤란합니다. 그 의원은 나와 동료로 있은 적은 없지만, 부하라고 하면 좀 섭섭하게 들을지 모르겠습니다마는, 같은 정부에서 같은 목적을 위해서 일하고 있었던 한 친구였습니다. 오늘날 국회의원으로서 국사를 논의하는 이 마당에 있어 가지고 나의 견해와 입장을 달리하는 이상에는 그렇다고 해서 그대로 묵과할 정도는 안 됩니다.

내가 한 의원의 발언에 대해서 몇 가지 잠깐 말씀드릴 것이 있습니다. 그것은 무엇인고 하니, 일전의 한 의원의 발언 가운데에 많은 이야기가 있었지만, 그중에 본 의원의 기억에 지금까지 새롭게 남아 있는 것은 무엇인고 하니, 금반 제19차 국련총회國聯總會에 국련한위國聯韓委에서 제출한 보고서 가운데에 '민의원 의원 203석에 136명으로서 비로소 3분의 2가 확보되어야겠다'는 그 구절을 평하기를, 이것은 대한민국 공보처가 헌법을 잘못 번역했기 때문에 이런 착각을 일으켰다고 한 의원이 주장했습니다.

그것 아주 묘한 말이에요. 한 의원은 자기의 일수 낭패인 그 사사오입으로 점을 쳐서 그것이 꼭 그렇게 된 것을 아는지, 또는 국련에서 한국에 파견한 위원단들과 어떤 사적 연락이 있어서 그렇다는 이야기를 드렸는지, 또 영문 해석에 있어서 우리들보다 더 초월한 지식을 가졌는지, 이것이 궁금해요. 어째서 그것이 유엔 한위에서 한국 공보처에서 잘못 번역된 그 헌법을 토대로 삼아 가지고 그런 착각을 일으켰는지 그 사람들의 심리까지 이렇게 아는 것은 이것 매우 궁금합니다. 대단히 궁금합니다. 그래서 본 의원은 이 문제에 대해서 한 의원에게 질문은 안 합니다마는 궁금한 까닭에 참지 못해서 오늘날 이 자리에서 잠깐 말씀을 드립니다.

그리고 또 한 가지 궁금한 것은 무엇인고 하니, 한 의원은 이 한위 보고서를, 그 내용을 잠깐 번복시켜서 금반 우리 회의록같이 만들 그런 용의까지 가지고 있는지 없는지, 그것이 대단히 궁금합니다. 만일 그렇게 된다면 오늘날 자유당 측에서 주장하는 사사오입과 묘하게 맞아 들어갈 것입니다. 그러면 우리 야당 측에서는 거의 다 손들고 들어갑니다. 여러분들에게 이것 잠깐 궁금해서 말씀드립니다.

또 한 가지는 한희석 의원의 그 신축성 있는 사사오입법을 내가 잠깐 들어봤어요. 그놈의 것은 들락날락하고 붙였다 떼었다 하는데 가만히 생각해 보기를, 만일 이런 신축성 있는 사사오입법을 한 의원의 주장과 같이 우리나라에서 실시해 보면 어떤 방안이 하나 생길까 연구해 본 결과에 이런 생각을 해 보았습니다. 혹 한 의원께서 참고될까 봐 말씀드립니다. 우리 남한에 있는 3천만 동포 가운데에 여자는 다 빼고 남자만 추리면, 그 가운데에는 늙은이도 있을 것이고 어린이도 있을 것이고 젊은이도 있을 것입니다. 여하간 늙은이의 나이는 줄이고 어린이의 나이는 올려서 모조리 병역 의무의 해당자로 만들어 보았으면 우리 국군 증강에 일대 진력盡力이 될 것이에요. 이거 대단히 좋을 것 같아요. 혹 요다음에 그런 좋은 방안을 그대로 두지 말고 좀 달리 더 연구해서 어떻게 그런 식으로 해 나가 보았으면, 한희석 의원의 개헌안이 부결된 것을 가결되었다 하고 통과시킨 그 공로보다 이 국가에 대해서 더 큰 공로가 되지 않을까 하고 본 의원은 여기서 말씀드립니다

지금부터 본 의원은 많은 이 문제의 본 의논議論으로 들어가겠습니다.

과거 1주일 동안 우리 국회에서 발생된 이 사태를 회고해 보면 어떤 감상이 생기느냐 하면, 우리나라는 완전히 법치 국가라는 것을 떠나서 '역치국가逆治國家'가 되었어요. 이야말로 웃을 수도 없고 울 수도 없는 일입니다. 모 신문의 사설과 마찬가지로 웃으려니 사태가 너무 중대해서 웃을 수도 없고……. 맹상군孟嘗君의 식객이 3천 명이라더니 우리 식구 가운데에도 역시 그 기술을 가진 사람이 없지 않습니다. 보자 하니 국민에게 너무 실망을 주는 까닭에 이것 울 수도 없는 일입니다. 이거 어려운 형편에 우리가 당면하고 있는 것은 사실입니다.

그러면 우리 정치인에게 부하된 그 임무가 무엇이냐? 싸우는 것밖에는 없다 말씀입니다. 승패 여하는 도외시하고 우리는 싸워야 합니다. 왜? 싸우는 그동안에 하나씩 둘씩 모든 것이 국민에게 알려져서 장래 우리가 앞으로 정치 무대에서 다툴 적에, 그때 명확한 국민의 판단이 내릴 날이 있을 줄로 우리는 확신하는 까닭에 이 싸움을 우리는 계속하기로 결심한 것입니다. 그러므로 본 의원도 역시 불초하나마 이 싸움에 가담할 결의를 한 것입니다.

우리가 과거 5·20 선거 이후 평소에 한자리에 모여서 국사를 논의하던 여야 의원 동지 여러분! 본 의원으로서는 이 개헌안이 나온 뒤로 별별 이야기가 이 의사당 안으로나 또는 밖으로 많이 돌아다녔지만 이 사람으로서는 공사를 막론하고 찬부의 의견을 일체 표시해 본 일이 없거니와, 그러다가 급기야 27일 표결하는 그 장소에 있어 가지고 암호 투표가 원

외에서 돌기 시작하는 그 찰나에 본 의원은 감연히 이것을 투쟁할 결의를 한 것입니다. 그 뒤 표결하는 그때 본 의원은 생각하기를 이제는 우리가 완전한 자유 분위기 속에서 이 중대한 헌법을 203명의 총의에 의해서 판단이 내릴 거라고 마음으로 퍽 기뻐했습니다.

하나 이야말로 조물주의 시기인지, 또는 우리 민족성의 그릇됨인지 여러분의 판단에 맡깁니다마는, 몇 사람의 장난인지 또는 위에서 내려오는 지상 명령인지 이것은 몰라요. 일단 천하에 선포된 이 부결된 개헌안이 48시간이 못 되어서 가결되었다고 천하에 공포한 사실, 이것은 6·25 전쟁 때 "다 잘 되었으니 나가지 말라."고 해 놓고 자기네들만 내빼고서 모든 사람들을 공산주의의 총대 머리에 거꾸러지게 만든 그 사실과 꼭 부합돼요. 이것은 천하를 기만하는 것이며 민족을 모욕하는 행동에 지나지 못하는 일입니다.

하나 표결 직일에 본 의원은 여당 동지 여러분의 그 정중한 태도를 보고서 매우 흥분했습니다. 비통한 그 기색은 완연히 여러분의 인상에 들어 보이나 조금도 원망스러운 표정이라든지, 그런 불쾌한 표정을 본 의원은 조금도 보지 못하고 참, 이야말로 천하의 공당公黨인 자유당 의원의 의연한 태도라고 본 의원은 판단을 내린 까닭에 매우 기뻐하고, 우리나라는 지금부터 비록 건국 연도는 오래지 못하나 정당 정치가 불가능하다고는 단언 내리기가 어렵다고 대단히 마음으로 기뻐했습니다. 그런데 이것이 미처 수일이 경과되지 못해 가지고 두목 된 사람의 장난인지, 또는 어떤 장난을 조작하는 데 무쌍한 기술을 가진 사람의 행동인지는 모르지만, 이것을 뒤집어 가지고 그 정중한 태도를 가진 여러분에게 그냥 갖다가 덮어씌웠습니다.

이 때를 여러분 벗어야 합니다. 이 때를 벗어야 해요. 이 때를 안 벗고는 국가에 대할 낯짝이 없습니다. 무엇 때문에 잘 되면 그 사람들이 잘 되고, 못 되면 여러분들에게 누명 끼칠 일을 왜 하실 필요가 무엇이오. 아무것도 돌아올 것은 없어요, 욕밖에는 돌아올 것 없어요. 이걸 안 벗으려는 것은 고집이에요. 이성을 잃어버리는 일입니다, 우리는 이성을 가진 까닭에 저급 동물보다 낫다는 이유가 여기에 있어요. 이 때를 벗어야 합니다. 나는 왜 이런 말을 하는고 하니 툭 털어놓고 이야기합니다. 이 자유당 안에 내가 과거에 친분을 가진 동료가 내가 현재 몸을 담아 가진 호헌동지회護憲同志會여러분보다 수효가 더 많아요.

하나 그 사람들은 공포증을 느껴서 이 문 앞에 들어올 적에 나한테 인사 못합니다. 눈치 보아 가며 인사해요. 이거 이런 정치 밑에 우리가 산다는 것이 좋겠냐고 이렇게 말한 사람도 있어요. 어차피 일단 이것이 이렇게 규정된 이상에는 아무리 양심 분자가 많이 내포되어 있는 자유당 여러분 속에도 이 중대한 결과로 보아 가지고 같은 공동 책임을 아니 지고는 아니 될 형편에 섰다는 것을 본 의원은 여러분께 퍽 유감으로 생각해요. 그래서 이 말씀을 일단 여러분에게 드려 놓고, 요전번에 신익희申翼熙 의원이 말씀하신 바와 같이 믿으려면 믿어 두고, 아니 믿는 것도 좋습니다. 이것은 여러분의 판단에 맡기렵니다.

본 의원은 여러분이 잘 짐작하시는 바와 같이 평소에 무소속 자리의 한 자리를 차지하고 있던만큼 여야가 있을 까닭이 없었습니다. 시시비비주의로 나간다는 것이 나의 이념이요, 또한 나의 모토였었습니다.

하나 정부가, 또는 여당 일부, 나는 일부라고 붙입니다. 여당 일부의 금번 개헌안에 대한 그 태도에 나는 감연히 야당 측 동지와 합류하기를 결심했습니다. 이제는 내친 걸음이라 그대로 나갈 수밖에는 도리가 없습니다. 양심의 지상 명령에 따라서 감연히 싸울 것을 결의하고, 또 내가 싸우면 효과가 반드시 있습니다. 어디 죽든지 살든지 한번 싸워 봐요. 이 정족수 문제에 대해서 여러 의원들이 여야를 막론하고 토론이 된 까닭에 중복될 우려가 없지 않습니다마는, 기왕 맡은 일이니까 중복되더라도 본 의원의 의견을 여기에다 좀 첨부해서 여러분에게 참고로 말씀 드리겠습니다.

금반 제9차 유엔총회에 한국부흥위원단韓國復興委員團에서 제출한 보고서, 이것은 영문을 우리나라 외무부 정무국에서 우리말로 번역해 가지고 우리 의원 동지 여러분에게도 배부한 것이 있습니다. 그중에 '제4장 대한민국 정부의 발전 과정'이라는 그 제목 밑에…… 한희석韓熙錫 의원 좀 자세히 들어주세요. 영문 해석에 있어서 혹 착오가 있으면 끝난 뒤에 나와서 말씀해 주세요. '203석의 3분의 2는 136석'이라 이렇게 단언을 내렸습니다. 또 그리고 제17항에 가 가지고…… 이것은 자유당이 금반 제출한 개헌안에 대한 얘기예요. '개헌안이 차기 국회에서 무난히 통과되려면 국회의원 3분의 2, 즉 203석 중 136석의 확보가 필요하다'고 그 보고서에 딱 철칙을 세웠습니다.

이거 대한민국 공보처에서 잘못된 헌법 번역을 본떠 가지고 이렇게 작성했다는 것입니다. 이것은 사사오입과는 달라요. 또 3항에 가 가지고 총선거에서 무소속 출신 당선자 21명이 단체적으로 자유당과 교섭한 결과 그 가입을 결정했으며, 따라서 자유당의 총 의원수는 136명으로 증가되어서 꼭, 꼭은 이그잭틀리 exactly입니다. 한 의원 자세히 들어 주세요. 이그잭틀리예요. 외무부 정무국에서는 '꼭'이라고 번역했어요. 꼭 전 의석의 3분의 2가 되었다는 데 이론이 있습니까. 곤란합니다. 아무리 자기의 그릇된 주장을 국민 앞에 때를 벗으려고 하더라도 적어도 국제 문서에 대한 오해를 국민에게 준다는 것은 우리가 민주주의 국가로 발전하는 도상에 크나큰 지장을 가져올 테니까 한 의원, 거기에 대해서 앞으로 행동을 신중히 해 주시기를 본 의원은 경고합니다.

또 한 가지, 우리가 선진 국가의 전례를 볼 때 의장이 표결에 참가하는 것을 나로서는 말 못 들었습니다. 나 금년에 예순두 살이에요. 의장이 표결에 참가한다는 얘기를 들어 본 적이 없어요. 전일 가부可否가 동점이 되어 가지고 미결될 때는 의장은 반드시 그 불편으로 표를 찍는다는 것이 선진 국가의 불문법으로 되어 있습니다. 불행히도 우리 최순주 崔淳周 부의장은 그런 아량이 없으신 것을 유감으로 생각합니다만, 이것은 선진 국가의 전례로 되어 가지고 있습니다.

또 한 가지, 우리가 이 문제에 대해서 반드시 철칙으로 우리 장래를 경계하기 위해서 기억해 둘 점은 무엇인고 하니, 회의록이 일단 개정되었다고 표수에 대한 효과는 내지 못합니다. 지금 표수는 그냥 남아 있어요. 회의록을 아무리 지금 고쳐도 135표가 나왔다는 이 점은 아마 못 고칠 것입니다. 사사오입이 아니라 육사팔입을 해도 안 될 것이에요. 하니 이 회의록 아무리 고쳐 봤자 후세에 대해서 아무 때 아무 장소에서 이러이러한 비법적非法的 행동이 있었다는 것은 천추만대에 그대로 남아 있을 것입니다.

어째서 의장이 일단 사회봉으로 쳐서 결정한 그것을 돌연히 "잘못되었소." 하고 취소하니, 요전번에 윤재욱尹在旭 의원의 말씀과 같이 최순주 부의장은 사람으로서 할 일 다했어요. 왜? 대한민국 민의원 부의장으로 부결된 것을 부결되었다고 선포했으니 거기에 대한 의무 다했고, 또 자유당 의원으로서 "가결되었소." 하고 선포했으니 자유당 의원으로서 의무를 다했어요. 또 그 사람도 역시 사람이니까 양심의 가책을 받아서 사표를 내놓고 부의장을 내놓았으니 그 사람은 세 가지 의무 다한 것입니다. 우리나라 대표적 인물입니다. 꼭 있어야 할 사람이에요. 부의장으로서 임무 다했고, 자유당원으로서 임무 다했고, 대한민국의 양심적 시민으로서 임무 다했으니 참 모범적 인물입니다. 그거 우리 국민학교 교과서에 올릴 인물이에요. 그러나 그 사람은 비록 사람으로서는 세 가지 임무 다했다고 해도 이 어리석은 사람의 인생관으로 볼 때는 인간성을 상실한 지극히 가련한 존재입니다. 이거 조상弔喪할 일이에요. 웃을 일이 아니라 조상할 일이에요.

우리 친애하는 의원 동지 여러분! 내가 일전에 여기서…… 아마 그게 《용감涌鑑》이 아니고 《史略사략》인 것 같습니다. 이런 걸 보았어요. 옛날 지나支那 2천 년 전 진晉나라라는 데 조고趙高라는 아주 간신이 있어서 임금 앞에서 사슴을 가리켜서 "폐하 저게 말馬입니다."라고 했어요. 그것이 천추만대에 간신의 표본으로 남아 있습니다. 하나 두 이자二에다가 한 일자一를 빼지 않고 이게 한 일자라고 가리키는 것은 아마 세계 역사상에 없어요. 우리나라 대한민국에는 나왔습니다. 두 이자에다 하나를 빼지 않고 한 일자라고 했어요. 사슴은 뿔만 빼면 말같이 생겼지만, 두 이자에다가 하나를 빼지 않고 이게 한 일자다? 이래 가지고 이 개헌안을 지지해라? 본인은 여기서 단언합니다. 이런 사태가 명색이 현대 국가의 체제를 구비한 이 대한민국에 와서 있을 줄은 천천만번千千萬番 의외의 일입니다. 이거 우리가 부끄러운 생각을 아니 가지고는 안 될 일입니다.

정부를 대변하는 공보처의 관할인 방송국이 27일날 밤 6시, 비장한 어조로 "헌법이 부결되었소." 하는 방송을 했어요. 그런데 그 이튿날 아침에 "가결되었소." 하고 방송했습니다. 이것이 무슨 장난이에요? 어린아이의 장난이에요? 백성이 안 속아요. 나 선거에 많이 실패도 해 보고 성공도 해 보았습니다. 백성은 어리석은 듯하지만 참 현명한 사람들입니다. 옛날 중국의 시인이 뭐라고 말했습니까. "한 사람이 손을 들어 가지고 천하 사람의 눈을 막지 못한다."고 했습니다. 아무리 대한민국에 훌륭한 지도자가 있다고 하더라도 한 손을 가지고 남한 3천만의 눈을 막지 못할 것이라고 단언합니다. 안 속습니다. 이것이 무슨 장난입니까. 미국의 어느 정치가는 일찍이 말하기를 "어느 장소, 어느 시간에는 국민을 속일 수 있지만, 아무 장소, 아무 때, 아무나를 막론하고 속일 수 없다." 하는 것과 마찬가지로, 속을 대로 속아 본 국민은 이제는 더 안 속기로 아주 결심했다는 그 말을 잘 듣고 있습니다. 그래서 나도 야당으로 요번에 가담했어요. 우리에게 유리하게 전개될 것 같아요. 이 말은 참 쌍말인 것 같습니다만 '말 잘 타는 서방이 뭣도 잘 탄다'는 말과 같이 본 의원은 보고 있습니다. 이길 줄 알아요. 속을 대로 속았으니까 이제는 더 안 속을 것입니다.

금번 국회에서, 국회라기보다는 여당 측에서 203명의 의원들이 일단 결정을 본 이 조건을 법정수에 차지 않는 123명이 콱 뒤집어놓은 이 사실, 이것은 언어도단입니다. 언어도단이에요. 사람이 이 사회에서 살 때 죄 있는 사람도 있고 죄 없는 사람도 있는데, 형사범도 초범과 재범은 판결을 받을 때 특수한 특전을 받는 것입니다. 부결된 헌법을 가결되었다고 한 것은 초범이고, 202명으로 결정을 본 그 회의록을 법정수에 차지 않은 203명으로 이것을 수정한다는 것은 재범이에요. 이것이 곤란합니다. 곤란해요. 이러한 비법적 태도, 아무리 우리가 욕심에 눈이 가리

> "우리는 자유민족自由民族의 긍지와
> 국가의 체면을 목숨을 걸고 지켜야 한다."

워졌다고 하더라도 할 수 없는 일입니다. 요는 결의할 때 여러분이 고려해 주시기 위해서 이 말씀을 여쭙는 것입니다.

  본 의원은 이 모든 입증을 세워 가지고 여러분에게 호소하고 본 의원이 제안자로서 최종의 결론을 짓기로 작정했습니다. 그 결론은 아까 본인이 단상에 오르기 전에 미리 우리 민의원 의장에게 용서를 청한 일이 있습니다만, 사사私事와 공사公事가 현수懸殊한 까닭에 그야말로 부득이해서 본 의원은 생각합니다. 결론은 즉 무엇인가 하니, 민의원 의장 이기붕李起鵬 의원은 의장의 직권을 남용해서 민의원 회의록의 내용을 불법하게도 변투變透시켜서 이미 부결된 개정 헌법을 가결된 것같이 가장해 가지고 정식 서류를 작성하는 동시에, 이것을 정부에 이송하고, 이 사실을 알고, 정情을 알고, 이를 방조한 공보처장 갈홍기葛弘基 씨, 이 두 사람은 공문서 변조 및 부실 기재의 처벌을 당연히 받아야 옳다는 것을 나는 먼저 보고를 올리는 동시에, 여러분이 만장일치로 찬성해 주시기를 요청하고 내려갑니다.

총예산안 종합심사 중간보고

1955. 7. 25.

이 문제에 관해서 세 분의 이야기를 우리가 잘 들었습니다.

존경하는 장석윤張錫潤 의원의 말씀은 본 의원이 듣기에는 이렇게 들립니다. 그분이 평소에 건강이 좋지 못한 까닭에 임상 의학적인 대진代診 요법으로 정부에 대한 태도를 정하였다고 봅니다. 부득이 우리는 국가와 민족을 위해서 속히 처리하자는 말씀은 좋습니다. 대진 요법이지만 우리가 기본법을 위반해 가면서 아무리 국가 민족을 위한다 하더라도 그것은 차선이지, 원칙을 위배해 가면서 추종할 수는 없는 것입니다. 아까 의장께서는 추종이란 문자를 가지고 꾸지람하셨습니다만 경우에 따라서는 추종보다도 더 이상의 표현을 할 수 있는 것이고, 개개 국회의원의 언론에 대해서 의장이 주의해 주시는 것은 의장을 모욕하거나, 혹은 의사당의 질서를 소란케 하는 데 꾸지람을 하시는 것이지, 개인에 대한 공격을 하는 것은 피해자가 말씀하는 것으로 의장으로서는 지나치게 주의해 주시는 것은 아무런 곳의 의장議場을 다녀 보아도 보지 못했습니다. 의장께서는 주의해 주시기 바랍니다.

다음 임흥순任興淳 의원 말씀은 정치적인 말씀인데 법률을 위반해 가면서 정치를 해결하자는 것은 되지 않는 이야기예요. 그야말로 만사를 다 원만하게 사무사事無事로 지나가자는 것인지, 기본법에 불가분의 원칙은 우리 헌법에 보장되어 있는데 이것을 위배해 가면서 정치적으로 각파에서 모여서 하자고 그러니 사사오입 격으로 들어가자는 것인지 알 수 없습니다.

다음에 신申 의원 말씀하시는 것도 저는 찬성할 수 없어요. 왜? 이것은 의장단이나, 혹은 예산결산위원장이 정부 대표자를 불러 가지고 이러이러한 일을 우리는 헌법 위반으로 보니까 너희들이 28일까지 내든지, 31일 정도를 기해서 내든지 자기네가 할 일입니다. 우리는 심의권만 가지고 있는데 왜 요구권을 가지고 있느냐 말이에요. 정부에서 내든지 말든지 기다리고 있다가 그냥 나오면 심의해서 할 것이지 날짜를 정해 가지고 내라 마라, 그것은 추종하는 것이 됩니다. 그것은 의장이 꾸지람 하셔야 되는 것입니다. 그런 문제에 대해서 왜 추종하느냐고 꾸지람하실 것이지 딴 문자를 가지고, 추종 문자를 가지고 꾸지람한다는 것은 나는 불복不服입니다.

그러니까 본 의원은, 아까 임흥순 의원이 건설적인 의견을 많이 말씀하셨는데 본 의원도 모처럼 건설적인 의견을 한번 말씀드리겠습니다. 그것은 무엇이냐 하면 의장 측에서 몇 분이 모이시든지, 그 외 예산결산위원장 그분들이 모여 가지고 정부 측 사람들을 불러 이야기해서 너희가 어느 날짜를 기해서 내라든지, 예산을 통과시키지 않으면 자기네가 마음대로 돈을 쓰라고 하든지 그것은 가하지만, 본회의에서 심의권을 가진 사람들이 정부에 청구권까지를 가진다는 것은 나는 언문 댓줄에도 못 본 이야기예요. 의장께서, 혹은 예산결산위원장 그 몇 분이 정부의 사람과 의논해서 기일 내에 내거든 내고, 말거든 말고, 자기네들 요량껏 하라 할 것이지, 여기에 있어서 정부를 편달하느니 무엇하느니 이것은 나랏일을 하는 게 아니에요. 이야말로 정부를 추종하는 것입니다. 이러다간 나랏일이 말이 아닙니다.

창랑철학(哲學)

경제 부흥

한국의 경제 부흥은 외국 원조에 구할구분九割九分 의존하고 있는 것은 상식화되다시피 다 알려져 있다. 해방 이후에 미국의 원조가 수십억 불에 달하고 있지마는 이것이 액면 가치 그대로 또는 출자한 국가의 본의 그대로 우리에게 번영과 부흥을 가져왔느냐고 나에게 누가 묻는다면 나는 "노no."라고 답할 것밖에는 아무것도 없다.

나의 생각이 착각에서 일어난 생각인지는 알 수 없지만 '마샬 안案'이라는 그 자체부터도 후진 국가에 있어서는 이로운 점보다 해로운 점이 많다고 생각하고 있다. 긴 설명을 하기보다도 이것을 단적으로 표현하면 마샬 안이라는 것은 후진 국가의 산업을 조장시키는 것보다 지연시키는 데 주안이 있다고 보고 있다. 우리나라가 소위 외국 원조를 이용해서 이렇다고 할 건설이 우리의 눈에 보여지지 않는 것도 사실인데, 이것이 우리 자신들의 과실인지 또는 우리를 원조하여 주는 사람들의 과실인지 이것은 식자들의 엄격한 비판에 맡기고, 다만 내가 절실히 생각하고 또 이 점에 대해서 나의 소감의 일단을 1951년 6차 유엔총회를 파리에서 개최하였을 때 당시 유엔총회 경제분과위원장 하우스 씨에게 강조한 사실이 있다. 이 문제를 가지고 나에게 구체적 설명을 하라고 하면 수천 엽頁의 문장으로도 오히려 부족감이 있고, 많은 시일을 요하기에 나는 이상과 같은 간단한 나의 견해를 말할 뿐이다.

대구매일신문 피습사건 진상 조사 보고
1955. 10. 12.

교섭 단체별로 발언통지發言通知가 아직 구성되지 않았다 하더라도 일단 발언통지를 낸 지가 3, 4일 이상 된 이상에는 의장으로서는 그것을 당연히 밝혀야 될 것입니다.

아마 재작일再昨日인가 보외다. 처음 발언통지를 할 때 의사과議事課에 가서 순서를 본즉 내가 다섯째예요. 그래 어저께 왜 내 차례가 아니 오나 하고 밝혀 보니까 내 이름이 제일 밑에 가 있고, 박순석朴順碩 의원 기타 자유당 소속 의원이 위에 가 있다는 말이에요. 그래 내가 의사과에 가서 그랬습니다. 당신네들이 전부 다 자유당에 입당한 사람이 아닌 이상에는 이렇게 협잡할 일이 없다. 그리고 조 부의장에게도 내가 항의를 했어요. 그럼에도 불구하고 발통지를 무시하는 것은 이것은 규칙상 도저히 용인할 수 없습니다.

다수를 가지고 횡포한단 말이 가끔 신문지상에도 나고, 또 의사당에도 그런 말이 돌고 있습니다마는 아무리 횡포라고 하더라도 일단 민의를 대변하는 사람에게 순서적으로 발언을 주는 것이 당연한 일이지……. 물론 토론을 종결하면 자유당에서 다수가 손을 들 줄 알고, 그것을 믿고서 의장이 그러한 직권을 남용하신다는 것은 나는 도저히 그대로 용인할 수 없습니다.

만일에 본 의원의 말이 불분명하다고 의장께서 하신다면 의사과원에게 물어보세요. 어제 내가 항의를 했나 안 했나. 또 어제 의장 자신에게도 내가 항의를 했어요. 산회散會 후로. 그렇게 명백히 되어 가지고 있는 이상 언권言權을 막는다는 것은 도저히 이것은 그대로 묵과하기가 어렵습니다.

도입導入 비료 가격에 관한
재정긴급처분 승인에 관한 건
1955. 11. 7.

　이 문제에 대해서는 발언을 하고 싶은 생각이 없었습니다마는 장경근張暻根 의원이 번번이 헌법에 대한 법리론法理論을 전개하는 데 대해서 다소간 충격을 받은 까닭에 나왔습니다.

　장 의원이 헌법 57조를 지금 인용해 가지고 재정긴급처분에 대한 설명을 하셨어요. 할 때 벨기에 헌법 뭐, 불란서 헌법, 바이마르 헌법, 과거 개헌 파동 때문에 인용하던 그 문구를 많이 썼습니다. 바이마르 헌법을 장 의원이 인용할 때마다 본 의원은 귀가 솔깃솔깃합니다. 나는 무식하니까 헌법에 대한 전문 지식이 없습니다마는 학교에서 배울 때 바이마르 헌법이 세계의 헌법으로 잘 되어 있다는 것을 나는 알고 있지만, 독일 헌법을 인용할 때마다 장 의원의 성격이 여실히 드러나고 있습니다.

　바이마르 헌법이라고 하면 과거 독일의 유명한 철학자 괴테가 바이마르 헌법을 위해 일생을 바쳐 가지고 모든 것을 해서……. 귀에 거슬리게 들었던 것이지만 독일 법을 인용하는 데에는 정말 골치가 아픈 것입니다. 사사오입 문제 때 장 의원이 여기에서 여러 번 바이마르 헌법을 들곤 했어요.

그런데 바이마르 헌법이 그렇게 좋은데, 한 가지 장 의원에게 물어보고 싶습니다. 57조, 우리 헌법입니다. 긴급재정처분에 대해서 이러한 설명이 있어요. '전항의 명령 또는 처분은 지체 없이 국회에 보고하여 승인을 얻어야 한다. 만일 국회의 승인을 얻지 못한 때는 그때부터 효력을 상실하며 대통령은 지체 없이 차此를 공포하여야 한다', 이렇게 되어 있는데 그 비료값의 긴급처분이 그렇게 중요합니까? 천재지변, 외환이 거기에 달려 있어요? 비료값 올리고 내리는 데 그 무엇이 급해서 긴급처분까지 내 가지고 비료값 정할 문제가 어디에 있으며, 또 장 의원의 말씀이 그 57조 긴급처분에 대하여 국회에서 승인을 안 하게 될 때는 과거 1,900환의 가격을 정한 것이 효력을 잃는 것이 아니다, 이렇게 말씀을 하셨어요. 대한민국에 갑자기 그 비료값 때문에 천재지변 또는 중대한 재정상의 염려가 있어서 1,900환으로 정하였던 것을 국회에서 승인을 하지 않는다고, 대통령이 금시 그렇게 가격을 정했다고 외환 내우가 닥쳐올 것 같습니까?

장경근 의원, 비료가 그렇게 속히 민간에게 돌아가요? 내가 듣건대는 6개월, 7개월, 8개월 늦어서 농가에서는 실농失農한다는 얘기가 우리나라에 허다하게 있는데, 그렇게 긴급처분으로 갑자기 가격을 정한다고

> "
> 국회의사당은 일당일파一黨一派의 싸움터가 아니다.
> 반드시 3천만이 살기 위한 싸움터가 아니어서는 안 된다.
> "

비료가 지방에 돌아가고 국고로 수입이 되며, 또 그것을 국회에서 승인 아니한다 해서, 값을 내린다 해서 우리 남한의 2천만 농민들이 혜택을 입을 줄 아세요?

도대체 그 문제에 대해서 바로 4항, 5항이 공통한 법리론적 효력을 가지고 있다든지, 무엇을 가지고 있다든지 할 것 같으면 이런 차이에 대한 논의를 하시는 것이 정당하다고 할지언정, 57조를 들고 나와서 바이마르 헌법, 무슨 불란서 헌법 떠드는 데에는 정말 곤란합니다. 요다음에 써먹으세요. 그 헌법리론憲法理論에 대해서는 1년에 한 번씩, 이태 만에 한 번씩 쓴다고 해도 우리는 정말 골치 아파요. 그렇게 바이마르 헌법은 그냥 두고, 비료 문제에 있어서는 그 문제 안 쓰는 것을 권고합니다.

국무위원 출석 요청에 관한 건 一
1956. 1. 27.

　금반 주 미국 대사 양유찬梁裕燦 씨의 신문 기자회견에 관한 문제에 있어서 여러분의 말씀이 많았는데, 본 의원은 여러분의 말씀보다 좀 각도를 달리해서 해석하고 있습니다. 그것은 무엇인고 하니 신문 보도라는 것은 우리가 그것을 확실히 사실 유무를 확인하지 않고는 양유찬 씨에 대한 과오의 유무를 여기에서 논의할 수 없는 것이라고 이 사람은 믿고 있습니다. 그러니까 양유찬 씨 자신을 위해서도 외무부 책임자를 본회의에 초청해서 이것을 해명시킬 필요가 있다고 생각합니다.
　그리고 그 내용에 있어 가지고는 물론 외교관으로서 한계를 넘는 말이 여러 가지 있고, 또 그 점에 대해서는 우리 민의원에서 본인에게 문책하기보다도 미 국무성 자체가 이것은 반드시 규명할 것으로 이 사람은 믿고 있습니다. 원조의 문제에 관해서 이 대통령이 이 나라 정부를 지휘하고 있지 않은 동시에는 중지하겠다, 이런 말 등등에 관해서는 물론 우리 대한민국에 있어서도 중요한 문제이겠지만 이것은 마치 양유찬 대사가 미국을 대변하는 형식으로 나온 말씀인 까닭에 미 국무성 자체가 이것을 반드시 규명해야만 할 줄로 생각을 합니다. 하니까 우리는 그 점에 대해서 매우 초조한 행동은 취할 필요는 없겠지만, 그중에 가장 본 의원의 생각에는 중요하다고 생각하는 것이 하나 있습니다. 그것은 무엇인고 하니 만일 양유찬 대사가 신문 기자회견에 있어 가지고 대한민국의 이 대통령이 만일 과오를 범한 것을 측근에 있어서 바른말을 해 주는 사람이 없어서 그렇다는 그런 구절이 『AP통신』에 들어와 있습니다. 하면 이 나라의 내각을 갖다가 더구나 중요한 외교관의 자리를 차지한 사람으로서 외국인에게 폭로했다는 것은 이야말로 중요한 문제입니다. 나는 바라건대 양유찬 대사가 그런 말을 하지 않았을 줄로 믿고 또 신문 보도가 그릇된 것으로 바라고 있습니다. 하지만 만일 그런 말이 있었다면 이것은 반드시 양유천 대사의 책임을 추궁해야만 할 것입니다. 하니까 사실 유무에 대해서는 양유찬 박사에게 책임을 추궁하는 것보다도 좌우간 그 보도가 정확하냐 안 하냐 하는 것을 반드시 우리는 외무부 책임자에게 물을 필요가 있습니다.

그리고 양유찬 대사의 그 기자회견에 있어서 주 미국 대사의 자리는 자기 아니면 이것을 맡을 사람이 없어서 걱정이라는 것, 이것 정확한 말이에요. 그것만은 나 자신도 확신하고 있습니다. 왜냐하면 양유찬 대사가 돈이 많은 사람이에요. 우리나라 외무부에서 주는 돈으로 주 미국 대사로 있기는 어렵습니다. 그것은 대단히 바른말이라고 꼭 생각하고 있습니다. 하니까 그것은 그 사람이 그런 말이 아니에요. 과연 우리 외무부에서 주는 그 봉급 가지고는 더구나 물가가 고등하고 모든 생활이 사치에 흐르는 미국 같은 나라에서는 양유찬 같은 부호가 아니면 그 대사의 자리를 차지하기가 과연 곤란한 것입니다. 그런 점에 있어서는 우리는 추궁하고 싶지 않습니다. 그러나 다만 이 대통령의 측근이 바른말을 해 드리지 못해서 이 대통령의 행정이 그릇되었다는 이 점은 우리가 반드시 추궁해야 할 것입니다. 하니까 첫째로 이것은 우리가 당파를 초월해서 외무부 책임자에게 그 『AP통신』의 보도가 정확하냐, 이것을 먼저 한번 물어볼 필요가 있다고 생각합니다.

국무위원 출석 요청에 관한 건 二
1956. 10. 1.

본 의원이 이 내무부장관에게 몇 마디 묻고 싶어하는 것은 질문이 아닙니다. 이 사건에 대한 정확성을 포착하기 위해서 몇 가지 물어보겠습니다.

사건 발생 당일 신문 보도에 의하면 김金 치안국장이 공보실을 통해서 사건전말을 발표하기 전에 경무대를 방문했다, 이렇게 보도되어 있어요. 그러면 과거 내무부 관례에 이런 사건이 발생될 때 내무부장관이 직접 대통령에게 보고를 올리지 않고 치안국장이 지금까지 해 왔는가, 이것을 답변해 주어야 하고 동시에 김 치안국장이 경무대에 갔을 때 간 동기가 대통령이 이 사건전말을 발표하기 전에 치안국장을 호출해서 갔는지 혹은 자기가 자발적으로 갔는지 이것을 밝혀 주어야 합니다. 이 사건 자체에 대해서 중대한 관련성을 가졌다고 본 의원은 보고 있어요.

그 다음으로는 동아일보 30일 보도를 보면, 여기에 무어라고 했는고 하니, 기자가 범인에게 질문을 할 때 "조병옥 박사 만세를 부른 것이 사

> "여러분이 믿는 것은 경찰관의 무기겠지만,
> 우리가 믿는 것은 3천만의 목소리와 지지이다."

실입니까?" 하니, 그 범인 대답이 "불렀소." 했는데, 그때 김 치안국장은 말하기를 "그 조병옥 만세를 부른 것을 들은 사람이 많습니다." 했습니다. 그 동기가 무슨 까닭에 범인하고 기자가 질문하는 데 김 치안국장이 덤벼들어서 들은 사람이 많소 하는지, 그 증인의 수가 대개 얼마나 되는가 이것을 밝혀 주시오.

그리고 또 한 가지는 이 신문 보도를 보면 기자 20명이 범인을 면회하기 전에 김 치안국장이 기자들에게 예비 지식을 주기를, "조병옥이 만세를 불렀소." 했는데, 그 의도가 나변那邊에 있는 것을 규명해 주어야 할 것입니다. 그러면 도대체…… 나는 책임지고 하는 말은 아니오. 도대체 이 사람들이 이 사건 자체를 조사하기도 전에 민주당 사람들이 전부 계획한 것이다, 이렇게 덮어 씌울 작정이 아닌가. 이것을 밝혀야 해요. 이것을 청천백일하에 밝혀야 할 것입니다.

또한 과거 국회 데모 사건에 김선태金善太 의원을 동대문서에다가 구속해 놓고 그 어마어마한 경계 밑에서 신문 기자들이 김선태 의원이 석방되던 그 찰나 전까지도, 서뿔 주변까지도 방황을 못 하도록 경계를 했는데, 무엇이 그리 급해서 범인의 자백도 받지 않고, 정식으로 영장도 안 내고 의식이 불분명해서 지금 죽느냐 사느냐 하는 이 찰나에 신문 기자 20명을 데려다가 조병옥이 만세 불렀다는 것부터 먼저 발표하는 것이, 이것이 도대체 어디서 난 일이오? 이것은 소련에서 베리야Lavrenty Beria나 할 일이지, 대한민국의 이익흥李益興 내무장관이 할 일은 아니라고 나는 여기에서 단호히 지적합니다. 이것을 밝혀야 해요. 하니 이것은 한 마디도 빼지 말고 나에게 답변을 해야지, 만일 그렇지 않으면 내가 오늘, 과거에 유옥우劉沃祐 의원이 하던 그 식으로다가 몇 시간이라도 끌고서 여기에서 이 답변을 듣고야 말 거야.

공무원 신분보장 및 민심 수습 방침에 관한 질문
1956. 7. 16.

본 의원이 내무부장관을 알게 되기는 미군정 시대에 당시 경무부장으로 있던 조병옥 의원의 소개로 본 의원이 수도청장 때 동대문서장을 임명한 일이 있습니다. 매우 단순하고 온후한 친구요, 또 환언해서 유영술遊永術에 우수한 성적을 남긴 그 이李 내무에 대한 동정과 경의는 지금까지도 본 의원은 가지고 있습니다.

한데 이 내무가 내무장관으로 취임 이후에 오늘 이 시간까지 내무 행정하는 것을 살펴보면 심상치 않은 사람이에요. 무슨 까닭이 있는 사람 같아요. 해서 오늘은 과거 정분과 친교를 이탈해서 민족정기에 의해서 단호히 탄핵을 하지 않고는 안 되겠다는 결의를 하고 본 의원이 단상에 올라왔습니다.

나는 우리 대한민국 어느 지방, 어느 도읍에서 이번 선거에 있어서 관권이 탈선적으로 간섭하는 그 등등 사事에 대해서는 묻고자 하지 않습니다. 다만 묻고자 하는 것은 이 내무의 심경에 대한 질문을 내가 몇 가지하고 싶어요.

도대체 어떠한 심경을 가지고 이 내무를 청부했나, 나는 청부했다고 봅니다. 이 내무가 취임 후에 신문 기자회견 석상에서 표방하기를 나는 민심 수습을 하겠다 했습니다. 그거 다 곧이들었습니다. 나는 또 회의파의 한 사람이 아닌 까닭에 그대로 들었어요. 그러나 지금 보니까 민심 수습보다도, 이 내무의 내무 행정을 볼 때, 자유당이 정·부통령 선거에 패배당한 뒤의 여파 수습을 하고 있지 않은가 하는 느낌을 금치 못합니다. 그러면 자기가 지금까지 표방했던 그 민심 수습에 대한 이 내무의 심경이 어떠한가 이것을 내가 묻고자 하는 것입니다.

다음으로는 이 내무는 해방 전후를 통하여 가지고 경찰에 많은 경험을 가진 사람이에요. 본 의원은 해방 후에 경찰에 약간 봉직한 시일이 있었습니다마는 이 내무만은 해방 전후를 통해서 경찰에 많은 경험을 가지고 계십니다. 기술적으로 나보다는 훨씬 우수한 사람입니다. 그러면 금반에 내무로 취임한 뒤에 급속도로 영전시킨 사람, 좌천시킨 사람, 파면시킨 사람, 이 등등의 명단을 볼 때 이 사람은 대한민국의 내무장관을 청부한 것이 아니고 어느 당파 소속의 그 당무 수습에 대한, 당무 행정에 대한 청부를 하고 나온 사람 같아요. 그것이 그런가 아닌가, 이것 명답해 주시기를 내무장관에게 요청하는 바입니다.

내무장관이 지금 나가는 방침이라든지 또는 행정을 검토해 보면 이 사람은 마치 전 내무부장관 진헌식陳憲植의 전철을 그대로 답습하고 있는 것 같아요. 재판이에요. 그러면 이 내무는 과거 진陳이란 사람의 그 말로가 어떻게 되었다는 것을 알고 있나 없나, 이것을 명답해 주시기를 요청합니다.

아무리 권력도 좋고 황금도 좋고 모든 것이 좋지마는 신외무물身外無物이야, 몸보다 귀한 물건이 없어요. 나 살아야 하는 것인데 그 사람의 말로가 어떻게 되었는가, 그 사람의 행방이 어떻게 되었는가 하는 것을 이 내무는 명기해 가면서 본 의원의 질문에 명답해 주시기를 요청합니다.

경상북도 어떤 군읍에서 현 지사知事 이근직李根直 군으로부터 표창장을 받은 일이 한 번이 아니고 두 번을 받은 군청 직원이 요번에 목이 잘렸다 이 말이야. 그 사람이 여기에 와서 억울한 사정을 말하기에 경상북도지사 이근직 군에게 내가 편지를 했어요. 무슨 까닭에 이 사람이 요번에 목이 잘렸나 그랬더니, 그 사람 편지가 여기 있습니다. 아 저 내 궤상에 두고서 잊어버리고 안 가져왔어요. 압력에 눌려서 목이 잘렸소, 우수한 공무원이오, 표창장을 받은 공무원이오, 대한민국에서 가장 장래에 촉망 있는 공무원인데, 그 사람을 거기에 두면 상처를 받을 것 같아서 부득이해서 옮겼소, 하는데 내무장관이 증거를 요청할 때 내 그 편지를 제출하겠소. 이것 무슨 까닭이오?

또 오늘날 서장급으로 말하더라도 지금 전초전 같은데, 대통령 표 나온 것은 그것은 부지不知 문제 밖에 붙이고 부통령 표 안 나온 군의 서장, 군수만 똑똑 골라서 목을 자르거나, 아니면 좌천시키는 그 의도가 대한민국은 이승만 대통령의 통치권 외에 있는 국가인가, 또는 이 내무부 장관은 대통령에게 내무부장관에 청부하지 않고, 탐권낙세貪權樂勢하고 도국해민盜國害民하는 모某 도배徒輩의 촉망을 받아서 내무부장관을 청부했는지 안 했는지 이 점을 명백히 밝혀 주시기를 내무부장관에게 요청합니다.

  이 내무부장관은 요전 신문지상으로 보도된 것을 보면 40만 원 수표 문제에 대해서 지금 수사를 계속하고 있다는 기사를 본 것 같습니다. 하면 이 내무는 이 대통령이 신문 기자회견 석상에서 선언한 바와 같이 이 40만 원 수표를 철저히 수사를 계속할 그런 의도를 가졌나, 그렇지 않으면 정·부통령의 의도를 받아서 이것을 유야무야에 매장시키고 말 작정인가 아닌가, 이것에 대해 명백한 답변을 해 주시기를 요청하고 간단히 이것으로 질문을 마칩니다.

의원 징계에 관한 건

1956. 10. 4.

나는 의장 보시는 황黃 부의장에게 첫째 한 말씀을 드리고, 다음으로는 규칙에 대한 발언을 할 생각을 가지고 있습니다.

우리 국회법 제7조에 보면 '의장은 국회의 질서를 유지하며 의사를 정리하고 국회의 사무를 감독하며 국회를 대표한다', 의장의 직무는 이것뿐이에요. 그런데 지금 의장은 국회의원의 발언의 내용 여하는 막론하고 그 의원의 발언이 끝나면 꼭 거기에 대해서 부연을 한다 이 말이야. 이 사람은 이렇게 했다, 저 사람은 저렇게 했다. 계몽…… 이것 곤란합니다. 의사 진행을 빨리 해도 우리가 산적한 의사를 다하지 못하고, 그래도 언론계에서 국회는 마비되었느니 마니 이런 비판을 듣고 있는 이때 반드시 그 여러 의원의 발언하는 것을 꼭 국회의원에게 재 부연해 가지고 일러 주는 데 수다한 시간을 허비하는 것, 이것 정말 곤란해요.

하니 금후에 이 점에 관해서 주의해 주시고, 또 징계사범懲戒事犯이 세 건이나 났는데 이것도 역시 의장 보시는 분이…… 나 지금 황 부의장이라고 지적하지는 않습니다마는 조 부의장이든지 누구 의장을 보시는 분이 국회법 제88조에 의해 가지고 당연히 징계사범이 될 만한 때는 경위권警衛權을 발휘한다든지 퇴장을 명령한다든지, 능히 의장으로서 직권을 행사할 만한 일을……. 이것은 인신구속人身拘束해서 넘어갈 때까지 이 징계사범으로 본회의에서 논의가 되어 가지고 해서 이런 사태를 연출시키는 데 대해서는 본 의원은 그 의장을 보시는 분에게 가장 유감의 뜻을 표합니다.

그리고 이번 이 문제에 대해서는 역시 의장 보시는 분이 불찰한 관계로 징계위원회에 넘기느냐 안 넘기느냐 하는 이 문제를 갑자기 변질해 가지고 이 본회의에서 징계사범회의가 되게끔 만들었다 이 말씀이야. 그러면 당연히 의원은 국회법 제100조에 의해 가지고 징계사범에 의하는 비밀회의로 한다는 것인데, 공개하는 이유는 무슨 이유입니까. 무슨 이유예요?

오늘 우선 나희집羅熙集 의원이 제안자로서 설명할 때 박영종朴永鍾 의원이 무엇을 잘못했다, 무엇을 잘못했다, 전부 구체적 설명을 했다 이 말이오. 그러니 즉 공개가 되고 마는 거요. 제안자 나희집 의원이 당연히 할 일은 이러한 사고가 생겼으니 이분을 징계위원회로 넘기느냐 안 넘기느냐 본회의에 대하여 문의하는 것밖에 안 되는데, 구체적으로 다 설명을 했고, 본인은 여기 와서 한 시간 두 시간 전체 본회의의 시간을 허비해 가지고 전부 본인의 설명 다 해 버리고, 이것 뭐 다 해 버렸다 그거예요. 그런데 지금 징계위원회에 넘기고 안 넘기는 문제가 걸린 것이 무엇이에요. 이 점은 황 부의장이 책임져야 해요. 의장이라는 것이 일단 직무를 맡은 이상에는 국회의원이 좋아하거나 싫어하거나 자기의 직무를 행사하는 것이 옳지, 203명의 호감을 사려고 갖은 추파를 다 보내 가지고 이리 넘어가고 저리 넘어가고, 이것 곤란합니다.

우리는 여기 무엇하자고 날마다 여기에 출근하는 것이에요. 시간 늦으면 라디오로 방송하고 아무개는 출근 아니했다, 했다. 그러니 이런 장황한 시간을 허비해 가지고 아무것도 결과 되는 것도 없고, 벌써 한 시간 되어 가지고 딱딱 치면 또 내일…… 이것 곤란합니다. 오늘도 징계 자격 위원회에 넘기느냐 안 넘기느냐 하는 문제 그것뿐인데 제안자로 하여금 구체적 설명 다하고, 또 본인, 직접 본인이 와 가지고 자기가 옳다 그르다 이것을 두 시간 동안이나 허비해 가지고, 이것 무슨 일입니까? 도대체…… 이것 전부 책임은 의장이 져야 해요.

여기에 대해서 의장은 간단하게 설명을 하시고 앞으로 의사 진행에 대해서 이런 지장이 안 생기도록 해 주시기를 간절히 기대해서 마지않습니다.

반공투쟁위원회 발족에 즈음한 위원장 인사
1958. 12. 2.

    5년 동안의 야당 생활을 하다가 돌아오니 서먹서먹한 생각이 든다. 마치 반공 포로적 용병 같다. 오늘날 야당이라는 사람들은 이李 박사 밑에서 감투 썼던 사람이나 여당에 있다가 추방된 사람이 야당 된 것이고, 나는 다시 여당으로 돌아오는 것이 옳다고 생각했기 때문에 돌아온 것이다.

    물론 이 대통령 10년 통치에 다소의 불평은 있었다. 그러나 그분의 반공 노선과 그분이 대통령으로 있어야 한다는 신념만은 변함이 없다. 여당으로 돌아오니 마음이 가볍고 행동이 자유롭다.

    반공투쟁위원회反共鬪爭委員會 발족에 있어서는 어떤 다른 생각이 있는 것이 아니다. 김일성을 때려잡자는 것밖에 없다. 이와 같은 목적에서 조금도 핀트가 엇나가지 않을 것이다. 반공투쟁위원회에 딴 목적이 있다고 한다면 내 손으로 분쇄하겠다. 우리는 말로만 반공하지 말고, 일체의 부패腐敗, 정실情實, 정상배政商輩 등 공산당이 발붙일 요소를 없애기에 노력하여야 할 것이며, 반공하지 않는 자를 일망타진하려 한다.

재일교포 북송 반대 강연
1959. 2. 16.

　이북의 공산 괴뢰 간첩이라든지 또 악질적 한국 사람들, 또는 제국주의에 눈이 뒤집힌 일본인들과 야합하여 가지고 이 사람들을 허위 선전과 교묘한 술책으로 북한 생지옥으로 몰아넣겠다는 것이 오늘의 현실입니다. 이런 생각을 할 적에 우리는 슬픔을 이기지 못하고 소위 일본 정부라고 하는 것이 극동에 있어 가지고 가장 합법적이요, 단 하나인 민주주의 국가 대한민국의 경고와 국민의 분노를 무시하고, 국제 도의를 저버리고 십수만의 우리 동포들을 갖다가 생지옥인 공산 치하로 몰아넣겠다는 이 사실을 우리가 상기할 때, 불만을 참지 못한다는 것입니다.

　내가 신문 보도를 볼 때, 미국 정부 대변인의 말은 아니겠지만 일부 미국 사람들이 말하기를 '만일 한국과 일본이 사불여의事不如意해 가지고 교전 상태에 들어갈 때는 우리가 무기와 탄약을 공급 아니할 수도 있다'는 내용이 신문에 보도되어 있습니다.

　여러분! 우리는 비록 약소국가이나마 70만의 병력을 가진 오늘날에 미국이 무기를 공급하지 않을까 해서 우리는 아무 걱정도 없습니다. 왜? 우리가 과거 일제 치하에 있을 때 3·1 운동을 할 때는 우리 호주머니에 칼자루 하나 없이도 세계의 대국이라고 자처하는 일본 군경들과 싸워 많은 성과를 거두었다는 것이 우리 역사에 빛나는 페이지를 남겼습니다. 이것을 볼 때 우리는 우리 십수만의 동포들을 기회를 타서 구출을 못할 때는 우리는 과거로 보아서나 일본과 일전을 불사하겠다는 것이 천만의 염원이요 희망이라는 것을 단언하고 싶습니다.

우리의 무기는 오늘날 이 마당에 있어서 단 한 가지 구호를 가지고 세계만방에 우리의 태도를 과시하고 싶어합니다. 그럼 뭐냐 하면 우리는

창랑 선생이 재일교포 북송 반대 범국민 궐기대회에서 재일교포를 지키기 위한 국민의 단결을 역설하고 있다.

> **"**
> 공산주의자들과 야합하여
> 재일교포들을 강제 북송하려는 음모를
> 분쇄하지 않고는
> 국가의 위신을 지킬 수 없다.
> **"**

단결해야 합니다. 단결해야 합니다.

국내에 있어서 모든 시비와 곡절을 가릴지언정 이것을 해외에 나가서는 절대로 표시할 수 없고, 이런 급박한 정세에 임해 가지고는 우리는 단결이라는 구호를 가지고 싸우지 않으면 안 되겠다는 것을 나는 여러분에게 빌고, 천하 만방에 호소하고, 우리의 민족적 냉대와 민족적 진실한 역사를 차제에 세계에 반영하는 것이 우리에게 오히려 전화위복이 아닌가 하는 생각이 있다는 것을 여러분 앞에 말씀 올립니다.

일부 지역의 부정 선거에 관한 성명서
1960. 1. 29.

　소위 국민 참정권제가 대한민국 수립 즉초初부터 창설되었다 하더라도 불법과 무법의 선거가 시종일관하던 중 금반 광주 및 영일 을구 선거에서 실시된 선거가 불법, 무법으로 가장 수위를 점령하였다.
　우리는 이 양 선거구의 실상을 목도하고 한 가지 느낀 바는 불행히도 이 나라는 민주주의 도살장이라고 규정하는 수밖에는 아무것도 없다는 것을 밝혀 둔다. 만일 이 나라 국민이 살아야 하겠다는 의식이 있고 독재와 독선과 같이 한 하늘 밑에 살 수 없다는 의식을 가졌다면, 우리는 차등此等의 악선거와 악수법으로 감행하는 도배들을 이 나라 영역으로부터 구축하는 데 국민의 총력을 기울이지 않고는 우리는 밖으로 민주 우방의 동정을 완전 상실할 것이고, 따라서 안으로 국민의 사기가 완전 위축되어 자멸을 초래할 것뿐이다.

정부에 보내는 공개장
1960. 2. 10.

　서산에 지는 해와 같이 무너져 가는 이 부패 정권은 하루의 수명이라도 연장하려는 데 급급하여 특히 정·부통령 선거에 임하고, 국가와 민족을 위하여 심신을 바치는 일꾼들에게 허무맹랑한 모략과 독설을 퍼붓는가 하면, 심지어 정정당당한 공민권을 행사하는 정·부통령 입후보자들에게 등록까지 불가능하도록 선량하고 천진한 추천인까지 현혹시키고 있다.

　반독재민주수호연맹反獨裁民主守護聯盟 부통령 입후보자 박기출朴己出씨는 사직 당국의 과열적 의심을 받아 기소까지 되었다가 이 나라 최고 법부인 대법원 판결에서 엄연히 청천백일의 몸이 되었지 않았는가.

　이와 같은 백백白白 무죄하고 선량한 사람을 일사부재리一事不再理의 원칙을 파괴하고 또 사지에 몰아넣을 음모의 하나인가. 나는 남한에 거주하는 공산당하고 용감하게 싸우던 2천만 국민에게 명백한 판단을 내리기를 호소하는 바이다.

입후보 등록 방해에 관한 항의문

1960. 2. 13.

이李 대통령 각하

　정무다망政務多忙하신 각하에게 이 항의문을 제출하지 않을 수 없는 고충을 먼저 양찰하여 주심을 바랍니다. 모든 선거에 있어서 입후보의 자유는 대한민국의 헌법이 보장하는 국민의 기본 권리로서, 이 권리는 누구에게 침해당할 수도 없는 것이며 침해를 당하여서도 안 되는 것입니다. 그럼에도 불구하고 금반 본 연맹에서 지명한 정·부통령 입후보자 등록 수속에 대하여 실로 경악, 통곡하지 않을 수 없는 사태가 벌어지고 있습니다.

　그 실례의 몇 가지를 든다면 집권층은 폭력배를 대거 동원하여 백주 수도 한복판에서 등록 수속 서류를 탈취 혹은 파기하며, 등록 절차에 필요한 수속을 담당한 공무원들은 고의로 도피하여 서류의 접수까지를 불능케 하고, 또는 입후보자 가택에는 괴한을 투입시켜 협박을 자행하며, 경찰은 선량한 추천자들에게 대하여 협박 공갈로써 추천 취소를 강요하는 등 온갖 난동을 감행하다 못하여, 지난 12일에는 등록 수속 서류를 휴대하고 서대문 구청에 출도한 본 연맹원들에게 대하여 다수의 폭력배들과 수 명의 경찰관이 합세하여 구청 구내에서 무수 난타하여 중경상자 6명을 내어 목하 6명은 수도병원에 입원 가료 중인 불상사가 야기되고 있습니다.

이러한 사태야말로 이 나라 민주주의를 도살하려는 일종의 반란이라고 아니할 수 없으며, 또한 그 유례는 전 세계 선거사를 통하여 찾아볼 수 없는 기상천외의 비절한 사태라고 아니할 수 없습니다. 이 어찌 국민에게 추호의 기본 권리인들 있다고 할 것이며, 또한 이 나라가 법이 있는 국가라고 할 수 있겠습니까!

이 대통령 각하!

각하도 이미 이러한 사태가 벌어지고 있는 사실을 알고 계실 줄 믿는 바 어찌하여 수수방관하고 계시는지 의아를 불금不禁하는 바입니다. 두말할 나위도 없이 이에 대한 수습은 당연히 행정부가 하여야 할 것이며, 또한 이로 말미암아 등록이 불가능하게 된다면 그 책임은 행정 수반인 각하가 져야 할 문제입니다. 각하는 마땅히 이에 대한 적절한 조치가 있어야 될 것으로 믿으면서 이에 항의하는 바입니다.

반독재민주수호연맹反獨裁民主守護聯盟

장택상張澤相

창랑철학(哲學)

정치 국면

현대 한국의 정치인의 동향을 보면 대다수가 정당 정치의 필요성을 강조하고 있다. 소위 현대 정치인으로서 정당 정치를 부인한다는 것도 상식에 어그러진 일이라고 생각한다. 그러나 내가 스스로 생각건대 정당 정치를 실현하는 국가에는 반드시 여러 가지 조건이 구비돼야 할 것이다. 서구 선진 국가와 같은 고도로 발달된 민족 사회에서도 오늘날 이 시간까지 순수한 정당 정치라고는 미국 외에는 볼 수 없는 것이 사실이다. 불란서와 또는 영국과 혈족 관계가 있는 미국에서도 정당이 통치자를 선택할 뿐이지 국가를 통치하고 있지는 않다. 미국에서만은 정당이 대의 기관인 국회를 통치하고 있다. 그러므로 영국에서는 군주가 군림하고 국회가 통치한다는 유명한 숙어가 있지 않는가.

우리나라는 과거 동양에 있어서 유일무이한 정당의 존재가 명확하게 역사에 나타나 있었다. 물론 현대 정당과는 실질로서 다른 점이 있었지마는 현대 정당과 비슷한 점이 많이 있었던 것도 사실이다. 이 나라 역사를 들추어 볼 때 이 정당의 해독이 얼마나 심각하였던가는 다시 말할 필요조차 없지만 그 전통과 방식이 오늘날 현대에 와서도 새로 구성된 정당 사이에 많은 영향을 주고 있지 않는가 생각 아니할 수 없다. 나는 우리들이 어느 시기까지 지내지 않고는 이 때를 벗기 어렵다고 보고 있다.

그렇다고 해서 우리가 반反 정당론을 주장하는 것은 아니지만 이 신수입新輸入된 정당 정치의 이념을 곧 실천에 옮겨서 이 나라 정치를 좌우한다는 것도 한번 생각해 볼 여지가 있다고 보고 있다.

정당이라는 것은 정강 정책만 좋다고 해서 이것이 국리민복國利民福이 되는 것도 아니고, 이것을 운영하는 사람들의 성분과 인품에 따라서 결정되는 것이다. 앞으로 우리 정치인들은 정당주의로만 국정을 바로잡으려고 하기보다 정당을 운영하는 사람들의 인품과 지조에 많은 관심을 가져야만 국정이 바로 잡힐 것이라고 나는 규정하고 있다.

대구 학생 데모에 관한 성명서

1960. 2. 29.

> "
> 정당에 대한 근본적 정의를 밝혀서
> 참으로 정당다운 정당을 창립하는 것이
> 국가와 민족의 백년대계를 위해 의당宜當하다고 믿는다.
> "

작昨 28일 대구에서 발발한 중고교 학생 데모 사건에 경찰이 투입되어 마치 일제시대의 3·1 운동과 또 광주 학생 사건 발발 당시에 일제 경찰관들이 하던 그 버릇으로 마구 잡아 낚고 백차에다가 강제로 주워 담아 한민족의 핏덩어리로 얽힌 이 천진난만한 소년 학생들에게 오늘날 대한민국 백일하에 이런 만행을 감행할 줄로는 꿈에도 생각한 바 없다. 이제 우리는 단 한 가지 할 일밖에 없다. 우리는 자유 민족이요, 자유당의 노예가 될 수 없다는 것을 천하에 밝히고 결사 항쟁할 뿐이다.

이승만 대통령 하야下野 촉구 성명
1960. 3. 23.

　본인에겐 금도 없고, 은도 없으니 각하의 탄신 선물로 아래의 성명을 드리나이다.

　각하는 오는 3월 26일 85회 생신을 기해 하야하시고 옛날의 국부로 돌아가기 요망합니다. 마산에서 일어난 한국 소년 남녀의 피흘린 사고는 영광 있는 각하의 역사에 큰 오점이오니, 주변에 의집蟻集하고 있는 간세배姦細輩의 감언에만 속지 마시고 정계로부터 은퇴함이 구일舊日의 명예가 유지됩니다.

자유당 선전위원장의 담화에 대한 성명서
1960. 3. 24.

> "
> 평소 순무소속인純無所屬人인 나로서는
> 여야與野가 있을 까닭이 없다.
> 오직 시시비비주의是是非非主義가
> 나의 이념이요, 모토이다.
> "

　귀하의 담화 발표에 소생을 무절조요, 배신적이라고 운운한 것은 소생의 생각에는 너무나 유치하여서 응답할 필요조차 느끼지 않으나, 기왕 말이 났으니 한마디 있어야 하겠다는 것이 나의 견해입니다.

　귀 당의 총재 이승만 씨는 대통령에 취임한 후 제2기까지 정당 무용론을 강경히 주장하다가 자기의 자리가 위태로워 감을 느끼고 갑작스럽게 관제자유당官制自由黨을 조직함이 소생의 견해로는 무절조라고 보고, 헌법에 보장되어 가지고 있는 국민의 주권을 강탈하고 허무맹랑한 표수를 내세워서 대통령, 또는 부통령으로 당선되었다고 허위 보고하는 간세姦細 도배를 그대로 묵인하는 것이 국민을 배신하는 것이 아니고 무엇인가?

　결론으로 소생 판단은 '무절조와 배신적'은 귀 당의 총재에게 돌려보내고 소생은 받기 어렵다는 것을 자이玆以 통고합니다.

마산사태馬山事態 등에 대한 국회 연설문
1960. 4. 12.

　마산 사건이라든지 그 외에 대한민국 각 지역에서 야기된 사태가 도대체 당신네들이 폭력, 기만, 살인 등 갖은 부정 수법으로 이승만 씨와 이기붕李起鵬 씨를 그 자리에 앉히겠다는 그 만용을 행사한 까닭에 양같이 순한 이 나라 민중이 몽둥이를 들고 총칼을 무서워 아니하고 덤볐다는 이 엄연한 사실은, 당신들이 아무리 구변이 좋고 수단이 훌륭하다 하더라도 이 나라 역사에 천고의 죄인이 될 것을 한 번도 여러분이 염두에 두어 본 적이 없나, 이것을 이 자리에서 밝혀 주세요.

　내가 보기에는 대한민국 정부가 과거는 물론하고 금반 3·15 정·부통령 선거를 택해 가지고 이적 행위란 그 범죄를 하고 있다, 나는 이렇게 보아요. 왜? 이 선거로 말미암아 가지고 우리 국내 언론계는 고사하고라도 전 세계 자유 진영의 언론계에서 대한민국 이승만 씨를 전체주의자의 표본이요, 이 선거 자체가 민주주의가 아니라는 기사가 이적 행위를 나타내는 것이 아니오? 이것이 바로 이적 행위를 하고 있다 이거요.

민주당民主黨 정부 방침에 관한 질문
1960. 9. 9.

　존경하는 재무부장관께 환율 문제에 관해서 몇 가지 질의하겠습니다. 신문 보도에 의하면, 정부에서 환율 변경을 단행하겠다는 것이 이 질문의 동기가 되어 가지고 있다는 것입니다. 본 의원이 아는 바에 의하면 한 · 미 재정 협정이 아직까지 유효하고 있는데, 그것이 유효하다면 그 협정 내용을 보면 물가지수 앙등昂騰에 의해서 환율을 변경하게끔 되어 가지고 있음에도 불구하고 환율 변경을 단행한다는 것은 그 이유가 나변那邊에 있는가 이것을 답변해 주시기 바랍니다.

　1960년 2월의 물가지수가 1955년, 말하자면 협정 체결된 그때 비해서 30%가 상승되어 가지고 있음에 거기에 따라서 500환을 30% 인상한 것이 즉 650 대 1불로 환율이 변경되어 가지고 있는 것입니다. 정부는 현실 환율이라고 해 가지고 1,000 대 1불의 환율 변경을 단행한다고 했는데, 만일 이것이 사실이라면 한 · 미 재정 협정에 규정되어 가지고 있는 물가지수 상승에 의거한 것인가, 그렇지 않으면 그 산출 근거가 어디에서 나온 것인가, 또는 물가지수에 따라서 환율 인상 원칙을 도외시하고 금년 4월 29일에 소위 '허정許政·매카나기Walter Patrick McConaughy 공동 성명과 각서 내용'에 의거한 환율 인상인가, 어느 것이 정확한지 이것을 설명해 주시기를 요망합니다.

그다음으로는 환율 변경으로 인한 물가에 주는 영향이 직간접으로 무엇인가, 또는 국민 경제에 주는 이해득실은 무엇인가, 이것을 밝혀 주시고, 또 이에 대한 대책으로는 정부가 무엇을 천명할 수 있는가, 그 대책에 대해서 설명해 주시기를 요망합니다. 예를 들어 말하면 환율 변경으로 말미암아서 비료 가격 앙등은 필연적으로 올 것은 틀림없는 사실인데, 그러면 그 결과를 보아서 농민의 부담이 증가될 것은 틀림없고, 또 그렇지 않으면 정부는 환율 변경 정책으로 말미암아서 이 나라 농민 소득이 증가될 것으로 보고 있는가, 거기에 따라서 자연 발생한 미가米價 등귀로 인해 가지고 고통을 받고 있는 도시 소시민에 대한 대책은 어떻게 할 작정인가, 이것을 말씀해 주시기 바랍니다.

또 환율 변경은 현재 우리나라가 미국으로부터 받고 있는 그 원조에 표준을 둔 것인가, 이것은 환율을 변경한다는 것이 말하자면 우리가 매년 미국의 원조를 받고 있는 그 액수에 따라서 그것을 표준 삼아 가지고 단행할 것인가, 그렇지 않으면 정부에서 가공적으로 희망하고 있는 소위 5천만 불을 받을 것으로 생각하고 이것을 계상計上한 것인가, 이 점을 밝혀 주시기 요망합니다. 그리고 정부는 만일 그것이 그렇게 된다고 가정하면 여기에 대한 그 유지책 환율 변경을 그대로 유지해 갈 이런 무슨 대책이 있는가, 이것을 설명해 주시기를 바랍니다.

　정부가 환율 현실화를 내걸고 말하고 있는 것은 우리가 다 알지만, 소위 현실이라는 것이 현실 그 자체가 본 의원으로 생각해 본다면 과연 막연한 표현이 아닌가 이렇게 생각됩니다. 그것은 왜 그런고 하니, 현시장에서 매매되고 있는 미화 가격이 만일 10배 이상 광등狂騰할 경우에는 그때도 현실화를 주장하고 정부에서 또 환율 변경을 단행할 것인가, 왜냐하면 미국 달러라는 것이 지금 세계 시장에 한 상품화가 되어 가지고 있는 것입니다. 즉 그러면 만일 우리나라에 미국이 원조를 아니한다고 가정한다면 경제학상 원칙에 의해 가지고 품절된 상품은 반드시 가격이 앙등하는 것은 틀림이 없는데, 여기에 대해서도 역시 정부에서 현실화를 주장하고 그대로 따라갈 것인가, 그것은 왜냐하면 미국이 우리를 원조하고 있는 것은 사실이지만 조약상으로나, 또는 구두로 반드시 상례적으로 연도마다 미국이 우리를 원조하겠다는 보장은 아무것도 없습니다. 아무것도 없어요. 이러한 위험한 경우에 있어 가지고 환율 변경을 현실화한다는 것을 정부에서 주장한다면 만일 미국이 원조를 딱 끊을 때 미화가 10배 이상 현재보다 광등할 때는 정부로서 어떻게 할 작정이냐, 그래도 자꾸 현실화를 주장할 것인가, 그 포부를 설명해 주시기를 요망합니다.

　본 의원이 아는 바에 의하면 이 환율 변동의 동기가 이 나라 수출을 조장할 수 있다, 그러면 이 나라 수출고가 1년에 얼마냐, 한국은행 연도 보고에 보면 1천만 불에 불과합니다. 그 반면에 휘발유 수입고가 2천만 불이라 이것을 상쇄하면 아무것도 없습니다. 그 외에는 더구나 말할 것도 없고 이런 경우에는 어떻게 할 텐가요. 또 은폐 보조를 방지할 수 있다? 이 은폐 보조는 안 주면 그만이지 민주당에서도 은폐 보조를 자꾸 줄 생각을 하고 있나요? 그러면 결국 자유당 재판이 되고 말 것이 아닌가 이것입니다. 안 주면 그만이야, 달라는 사람한테 못 주겠다고 하면 그만이지, 아무것도 걱정거리가 없다고 생각합니다.

본 의원 생각에는 환율 변동에 있어 가지고 유엔 측 기타 각 방면에서 이것을 촉구하고 있는 것도 본 의원은 대강 알고 있습니다. 하지만 내 생각에는 그분들에게도 특수 환율제를 적용해요. 1,000 대 1불이라든지 1,300 대 1불이라든지 얼마든지 적용할 수 있는 거야. 하나 기타 일반에 대해서는 종전대로 650환 대 1불로 실시하는 것이 우리 국정에 가장 적합하지 않은가 이런 생각을 가지고 있습니다.

거기에 대해서 재무부장관께서 생각하고 계시는지 아니 계시는지 그것을 말씀해 주시고, 본 의원이 가장 걱정스러워서 재무부장관께 질의하고 싶어하는 것은 그 요지가 여기에 있습니다. 그것은 뭐고 하니, 과정過政, 과도정부 때 일시 문제가 되었던 소위 한미 간의 예산 공동 심의하는 것 그 내용이 도대체 무엇인지 우리는 잘 알고 있지 않습니다.

하지만 예산 공동 심의, 공동이라는 그 글자 두 자를 액면과 같이 그대로 받아들인다고 하면, 이것은 우리가 전율할 정도로 공포감을 느끼고 있다 이것입니다. 왜냐? 국가 주권의 가장 중요한 재정권이 외국인의 심사를 받아야만 할 이런 경우가 있다고 가정하면 대한민국은 주권을 상실하는 국가가 되고 마는 결과가 아닌가. 또 삼권 분립의 가장 중요한 입법부, 즉 민의원의 예산 심의권이 도대체 무력화되고 말지 않는가. 아무리 우리가 예산 심의를 한다고 하더라도 만일 예산 공동 심의가 실시되고 본다면 하필 장관뿐 아니라 심지어 계장급 옆에까지 미국 고문관이 가서 앉고 말 것이라 이 말이야. 이건 잘 됐다 못 됐다, 이런 판단을 내리게 되면 소위 민의원에서의 예산 심의라는 것이 유명무실하고 한 형식에 지나지 못하는 것이 아닌가 이런 것을 생각할 때 경우는 다릅니다. 경우가 달라요. 하지만 우리가 한일 합병 시대 때의 기억이 우리 머리에 상기되지 아니할 수 없다는 이런 비참한 경우를 생각해 볼 수 있지 않은가, 이것을 재무부장관께서 명확한 답변을 해 주기를 요망합니다.

만일 예산 공동 심의가 그대로 단행된다면 본 의원의 우견愚見에는 우리 국민이 비록 아사餓死할 정도로 빈곤에 빠진다 하더라도 숫제 그것을 받지 않는 것이 우리 주권 국가의 체면상 당연한 일이 아닌가 이런 생각이 듭니다. 요것을 명확하게 밝혀 주시고 도대체 공동 심의의 그 한계, 그 한계 자체가 어디까지나 확대되어 가지고 있는가, 이것을 이 자리에서 명확하게 밝혀 주시기를 재무부장관께 요청합니다.

존경하는 장張 국무총리 각하! 본 의원은 각하에게 질문할 기회를 가진 것을 영광스럽게 생각합니다. 본 의원이 오늘 총리께 질문하고 싶어 하는 것은 어제 여러 의원께서 질문하신 그 제목과 대동소이하지만 그 내용에 있어서는 판이한 점이 있기에 그것을 미리 말씀을 올려 두는 것입니다.

6월 15일은 이 나라 헌정사상 획기적인 기념할 만한 날입니다. 4·19 정변으로 말미암아 가지고 이 나라 모든 정치 기구가 재편성되었고 국가의 기본법인 헌법조차 개정이 되었습니다. 이 날 헌법이 통과되고 제4대 국회가 종막을 내리게 되자 곽상훈郭尙勳 의장은 흥분된 어조로 다음과 같은 격려사를 전 의원에게 던졌습니다.

"그러므로 내가 여기서 끝으로 말씀드리고 싶은 것은 이제는 자유당 동지 여러분도, 적어도 평화스럽고 자유스러운 전 국민이 한 분 빠짐없이 부자연하고 부자유스러운 환경이 없고 극히 안정된 자유스러운 분위기 속에서 한 표 한 표를 던져서 자기의 대변자를 뽑는 데, 여러분도 전원 참가해 가지고 많은 동지 여러분들이 이 마당에서 다시 만나서 우리 손으로 민주의 터전을, 민주 공화국의 기초를 지키는 역군이 되기를 간절히 바랍니다."

이것이 곽 의장의 격려사입니다. 곽 의장이 이 감개무량한 격려사를 전 자유당 의원들에게 던지자 당시 자유당 의원들은 생명수와 같은 활기를 띠었습니다. 또 자유당 의원들뿐만 아니라 우리들도 곽 의장의 격려사를 감명 깊게 듣고 있었습니다. 그것은 곽 의장의 아량과 노파심에 탄복하여 마지않았습니다. 곽 의장의 그 격려사 중에 또 이런 구절이 함축되어 있었습니다.

"특히 자유당 동지 여러분들에게 감사드립니다. 사람은 정치적 실수…… 즉 말하자면 정치적인 과오, 한때의 실수는 누구나 일평생을 통해서 몇 번 거듭하는 것입니다. 여기에 있어 가지고 실수를 고칠 줄 알고 그 과거의 실수를 범하지 않겠다는 그 좋은 결심이 서 있는 날로부터는 과거의 잘못은 다 해소되리라고 나는 확신합니다."

이것이 곽상훈 의장의 격려사 중에 내포되어 가지고 있는 한 구절입니다. 곽 의장의 이 발언은 과연 컸습니다. 평소에 곽 의장의 지조에 대해서 본 의원도 존경 아니한 바는 아니지만 곽 의장의 이 말씀을 들은 후로는 곽 의장에 대한 존경심이 종전보다 배가되어 가지고 있다는 것을 이 자리에서 자백합니다.

그리고 제4대 국회가 막을 내리고 과정이 주도한 제5대 민의원 총선거는 슬프게도 곽 의장의 이 훌륭한 격려사를 초보적으로 전복시켰어요. 이 불법 선거를 시정한다는 의미하에서 재선거를 실시한 구역이 몇 군데 있습니다. 그 결과로 당시 불법 선거 주동자들을 마치 싸움터에서 승리하고 온 개선장군처럼 우리가 이 자리에서 맞지 않으면 아니 될 입장에 서 있는 것을 본 의원은 가장 슬퍼합니다. 경상남도 창녕 선거구에서 일어난 그 잔인무도하고 야만적인 행위는 뜻있는 만萬 사람으로 하여금 국가의 장래에 근심을 아니할 수 없는 그 비애를 우리는 깊이 느끼고 있습니다. 민주주의가 들어 있는 그 투표함을 불사르는가 하면, 당시 서장의 처에게 입으로 차마 말할 수 없는 만행을 가하고, 나체 그대로 시장 바닥에 소 끌듯 말 끌듯 하였으며, 곽 의장의 격려사에 고무되어 가지고 선거에 입후보한 제4대 민의원 신영주辛泳柱 씨는 치명적 타박상을 받아 가지고 기사회생하였습니다. 경상북도 영양 선거구에서도 이와 비슷한 광태가 전개되었고 따라서 공명선거는 국민 앞에 한 조소거리에 지나지 못했습니다.

존경하는 장 총리! 장 총리의 치하에서 이 상처받은 민주 선거를 어찌할 것인가, 이것을 현명하신 총리께서는 정확한 답변을 주시기를 빌어 마지않습니다.

둘째로 장 총리의 조각細閣에 있어서 정부 조직에 있어 가지고 무주견無主見, 무정견無政見하기 때문에 국민에게 실망을 준다는 것이 언론계의 논평이었댔습니다. 하나 본 의원은 이와 조금 견해를 달리하고 있습니다. 나로 하여금 논평을 가하라면 무주견, 무정견이라기보다도 정부의 처사 자체가 몰상식하다는 것입니다. 몰상식하다는 것이에요. 그 몰상식한 까닭에 국민에게 가져오는 손실도 따라서 크다는 것이 사실입니다.

간단히 예를 들어 본다면 이번에 국무위원의 사임 문제입니다. 이번 네 국무위원의 사임 문제예요. 이것을 장 국무총리께서는 정부 내, 또는 소속된 자기 민주당 내의 일이라고 간단히 생각하시면 큰 착각을 일으키게 됩니다. 이것이 국내의 큰 문제라는 것을 장 총리께서는 기억하셔야 할 것입니다. 왜냐하면 아무리 조각이 잘못되었다고 하더라도 잘 되었고 못 된 것은 앞으로 지내봐야 알 것인데 5일 장관, 10일 장관이라는 것은 있을 수 없는 일입니다. 있을 수 없는 일이에요. 이것을 경거망동이라고 아니할 수 없는 것이 사실입니다. 경거망동이라고 아니할 수 없는 것이 사실이에요. 특히 국방부로 말하면 그 장관은 이 나라 3군을 군사 행정 면에 있어 가지고 지휘하는 명령관입니다. 이런 요직에 있는 책임자를 불과 16일이라는 단시일 내에 경질을 보게 된 것은 이것은 일종의 아이들의 장난에 불과하다는 것이 엄연한 사실입니다. 이런 조각 수법으로 국민 앞에 나선다는 것이, 이것이 장 총리 본인과 혹은 주변에 있는 사람의 강요에 의해서 된 것인가, 이것이 국민의 한 사람으로서 궁금하다는 것입니다. 전시 국가인 대한민국은 잠정적인 평화는 가졌지만 전시 국가입니다. 전시 국가로서 우리가 비상시기에 처해 있음에도 불구하고 이 중요한 국방부장관의 자리를 한 시간, 하루라도 이것을 공백에 빠뜨리게 해서는 장 국무총리의 양심에 가책이 되지 않을까 이것을 묻고 싶어합니다.

감군減軍 문제로 말하더라도 본 의원의 의견에는 이것이 경솔하다고 보고 있습니다. 왜냐하면 감군은 우리가 상대방의 유엔군하고 당연히 사전 협의를 봐야만 할 것인데, 다른 국내 문제의 가장 긴급한 것이 많음에도 불구하고 달려들면서도 10만 감군이라고 떠벌리고서 결국은 이것을 실행치도 못할 것을 주문받은 감초처럼 쑥 들어가 버리고 만다는 것이 이것이 도대체 무엇이냐 이것이에요. 왜 하지도 못할 것을 내거냐 이것입니다. 사전 협의를 충분히 본 뒤에 이것을 실행해야 만시지탄晩時之歎이 없지 않겠습니까. 이것도 역시 정부의 체면에 손실이 되지 않을까 건설적 걱정을 하는 것이지 결코 비난하는 것이 아니라는 것을 장 국무총리께서는 양찰諒察해 주시기를 바랍니다.

셋째로는 국무위원의 신문 발표와 국무총리의 신문 발표가 사사건건이 상대되어 가지고 있다는 그 점입니다. 그러면 이것이 각閣 내의 의견 불일치로 빚어낸 의견 대립을 의미하는 것인가, 혹은 정책 빈곤으로 근거 없는 일시적 폭발인가, 국민은 현기증이 날 만큼 미혹하고 있는 것이 사실입니다. 누구의 말이 옳은가? 어제도 말씀이 있었습니다만, 정부에서는 10만 감군을 해야 한다, 육군 참모총장은 안 될 말이다 하니 이것 누구의 말을 믿어야 한다? 또 그뿐 아니라 각 내의 장관 한 분은 국회 해산도 불사한다 하는가 하면, 총리는 대뜸 이것을 받아 가지고 그 사람 의사가 나의 의사와 거리가 멀다 하니 그 거리 척도를 측정하는데, 우리는 곤란합니다. 총리께선 어제 말씀하시기를 주朱 부흥장관이 농담으로 했다? 농담으로 국회 해산을 운운할 수 있는 것입니까. 이것은 입헌 국가에서는 당연히 국무총리로서 사표를 제출할 중대한 사태입니다. 또 농담으로 했다고 총리의 말씀을 액면 그대로 받아들인다고 하면, 총리께서는 60이 넘었으니까 잘 아시겠지만, 우리나라 속담에 농가성진弄假成

眞이라는 것이 있단 말이에요. 농담이 진담이 될는지 누가 알아요. 서두르는 것을 보니까 국회 해산하고도 넉넉할 것 같다 말이에요. 그러면 우리가 미리 알아야 한단 말이에요. 없는 돈에, 우리는 부정 축재자한테 돈도 받을 수 없고, 있는 것 없는 것 다 팔아서 선거하는 사람이 미리 알아야 선거 준비도 하지, 불시에 만일 국회 해산령이 떡 내리면 여러분들은 좋습니다. 하지만 우리같이 정당에 소속 안 된 사람은 이거 선거 한 번 치르자면 경가파산傾家破産합니다. 농가성진을 나는 걱정합니다. 농담이라도 할 농담이 있고 아니할 농담이 있다는 것을 우리는 상식적으로 알아야 할 것입니다.

넷째로 부정 축재자 처리 문제입니다. 여러 의원들이 어제 이 문제에 대해서 질문도 있었습니다마는, 또 총리의 답변도 있었습니다. 본 의원의 질문의 요지는 그것이 아니에요. 본 의원의 질문의 요지는 정부에서 하루바삐 이 부정 축재의 거물과 즉 두목 되는 사람은 현행법에 의해서도 당연히 처단을 받을 수 있는 것입니다. 그러면 이것을 속히 처단하시라는 것이 본 의원의 질문의 요지입니다. 질문이라는 것보다도 정부에 요청하는 요지라 말이에요.

왜냐하면 이자들은 앞으로 어떠한 일이 닥쳐올는지 모르기 때문에 우왕좌왕해 가지고 이자들이 관리하고 있는 공장은 전부 운영 중지 상태에 빠져 있습니다. 유휴遊休 상태에 빠져 있다 이거예요. 그러면 어떤 결과를 빚어내는가? 이 나라에 홍수가 범람한 것처럼 실업자의 수만 점점 증가되고 말 것이 사실이 아닙니까. 장 총리는 취임 제1성에도 실업자 문제에 대해서 한마디의 말씀이 언급되어 있지 않습니다. 또 거기 대한 구상을 한 번도 언급해 본 적이 없습니다. 그러면 과거에 수백만 명이 넘는 실업자에 대해서 대책도 없이 구상도 없으면서, 하지도 않는 부정 축재자 처단이란 것을 공연히 공갈, 협박조로만 운운하고 이 사람들에게 공포감만 주어 가지고 자기네들이 관리하는 공장은 전부 유휴 상태에 들어서 실업자를 빚어내는 그 무서운 결과를 장 총리께서는 어떻게 생각하시는가, 이것입니다. 그때는 진짜 데모가 날 것을 장 총리는 기억하셔야 할 것입니다. 의사당 앞에서 데모가 일어나기보다도 장 총리의 관저에서 일어날 우려가 십이분 있다는 것을 장 총리는 기억하셔야 할 것을 나는 장 총리의 주의를 이 자리를 통해서 환기하는 바입니다.

다섯째로 국영 기업체 사장 인선 문제입니다. 국영 기업체 사장 격은 두말할 것도 없이 그 비중이 국무위원 격과 조금도 다름없을 것이 아닙니까. 국영 기업체의 사장을 할 만한 그 자격자의 비중이 일국의 국무위원의 자격의 비중과 조금도 다를 것이 없다, 그것입니다. 아마 장 국무총리께서도 그것을 잘 짐작하고 계실 것입니다. 이런데 항간에 설왕설래하는 여론을 들어보면, 이 비중이 큰 사장을 도둑질하기 원해 가지고 장 국무총리 해당 사장실에 문전성시하다시피 운두해 가지고, 한 기업체에 20명 내지 30명의 지원자가 있다는 것입니다. 이 나라 그 비중이 큰 국영 기업체의 사장과 국무위원 격이 그렇게 많다면 우리는 아무 걱정할 것 없습니다. 총리께서는 적어도 비중이 높은 국영 기업체의 사장 격과 국무위원이 될 만한 그 인품은 국무총리를 맡기 전에부터 머릿속에 그것이 있어야 할 것입니다. 내가 만일 집권할 때는 누구누구는 국무위원에 적당하고, 누구누구는 국가의 중대한 국영 기업체의 사장이 되어야 한다는 것을, 미리 이것이 머릿속에 있어야 할 것입니다. 또 어느 나라든지 그것이 있어야 그가 국무총리의 자격이 있고 또 지도자의 자격이 있다는 것입니다.

그럼에도 불구하고 그 사장 자리를 도둑질하기 위해 가지고 기업체에 따라서 20명 내지 30명이 개미떼같이 달려든다는 것은, 이것은 참혹한 일입니다. 뭐냐 이것은? 나는 솔직하게 이 자리를 통해서 총리에게 드리고 싶은 말씀은 총리의 인물 지식이 부족하다는 이것입니다. 인물 지식이 부족하다는 것이에요. 어저께 총리께서 우발적으로 나온 말씀인지 혹은 자백이신지는 모르지만, 이력서를 내가 천여 통 받고 있다, 나의 아는 상식에는 과장이나 국장을 도둑질하기 위해 가지고 총리에게 이력서를 드릴 리는 만무합니다. 좀 더 큰 자리의 이력서일 것입니다. 국무위원이 아니면 국영 기업체 사장의 이력서일 거예요. 대한민국에 그 비중이 높은 국영 기업을 맡을 사람과 국무위원 맡을 사람이 천여 명이 있다면 나는 오늘 이 자리에서 민의원 의원 사퇴하고 집에 가서 목침 베고 편안히 눕겠습니다. 우리나라에는 인재 부족이 가장 큰 걱정의 하나인 것입니다. 바라건대 국무총리께서는 하루바삐 이 국영 기업체의 인사 행정을 하셔 가지고, 이것도 정상적으로 빨리. 운영되도록 해서 국가 생산에 아무런 지장이 없도록 해 주시기를 요망합니다.

여섯째로 경찰 문제입니다. 4·19 정변 후에 이 나라 경찰은 완전히 무력화되고 말았습니다. 마비 상태에 빠지고 말았습니다. 원칙으로 정부가 수립되면 무엇보다도 그 즉석에서, 그 자리에서 부패한 경찰 간부를 일소시키고 유능한 신新 간부를 맞이해서 치안을 담당케 했다고 하면 오늘날 이와 같은 무력한 경찰이 되지 않았을 것입니다. 정부는 국정을 정상적인 궤도에 올리자면, 먼저 치안 확보가 되어야만 하겠다는 그 원칙을 망각하셨느냐 이 말입니다. 치안 확보가 없어서는 국정이 정상적 궤도에 오를 수가 없다는 것은 이 나라만 두고 하는 얘기도 아니고, 적어도 현대 국가의 체제를 구비한 나라에서는 이것이 원칙이 되어 가지고 있습니다. 장 총리께서도 그 점은 누구보다도 잘 아시고 계실 것입니다.

오늘 현재 치안은 난마亂麻의 상태에 있어 가지고, 그 결과로 국민은 공포 속에서 전율을 하고 있다 이것입니다. 가장 가까운 예를 들어 말한다면 이 나라 심장 기동起動인 수도에서 무장 공비가 백주에 활보하는가 하면, 어느 모퉁이에선 매일같이 살인, 강도가 무법천지처럼 자유자재로 횡행하고 있어도 경찰은 멍하니 이걸 보고만 있지 않는가 하는 것입니다. 뿐만 아니라 수도 대로에서 폭도들이 선량한 남녀 시민들에게 부단히 철권鐵拳 세례를 가하고 있어도 경찰은 멍하니 보고만 있지 않는가 이 말씀입니다. 또 우리가 나날이 아침저녁으로 보는 소위 교통경찰을 볼 때면 더구나 한심합니다. 공사公私 자동차가 방약무인하게 교통 위반을 해 가지고 그 살인량은 자동차 수에 대조해서 세계 최고라 해도 과언이 아닐 정도로 교통사고가 나는 것을 국무총리께서는 잘 알고 계시는 것이 아닌가 이 말씀입니다. 하나 경찰은 역시 수수방관하고 있단 말씀입니다. 그 이유는 무력하다는 까닭입니다. 이것이 정부가 출발점에서부터 틀렸다, 이것이 국민에게 큰 실망을 주는 것입니다.

 총리께서는 어제 질문의 답변에 정부 수립 날짜가 일천日淺하니 몰아치지 말고 여유를 주십사, 이런 말씀이 있어요. 이것은 몰아치는 것이 아니란 말씀입니다. 정부가 수립되면 즉석에서 치안 확보를 염두에 두셔야 할 것이라 인것입니다. 제2공화국의 경찰은 강력해야 해요. 제1선에서 법을 집행하는 이 경찰, 이것은 권위가 있어야 합니다. 권위가 있어야 해요. 이 경찰은 국가의 경찰입니다. 또 이 나라 법의 상징입니다. 법의 상징이에요. 법은 만인이 다 복종해야 할 것은 사실 아닙니까. 그렇다면 이 법의 상징인 경찰에게 당연히 국무총리께서는 위력을 과시해야 하실 것입니다. 이럼으로써 치안 확보가 된다는 것이 사실 아닙니까. 그럼으로 치안이 확보가 되고, 치안이 확보가 됨으로 질서가 잡히고, 질서가 잡힘으로 국정이 궤도에 오를 것은 이것은 정치의 초보적 과업이라, 이것이 나의 견해일 뿐 아니라 정치하는 사람은 누구든지 이것은 다 알고 있을 문제입니다. 그러므로 총리께서는 이 치안 유지에 책임 있고 실력 있고 과감한 인재를 선발하여 맡겨 주시라 이것입니다.

이 여섯 가지 질문은 총리께 건설적으로 말씀 여쭈는 것이지 절대 비난의 대상으로 생각하고 질문을 올리는 것이 아니라는 것을 잘 양해해 주시기를 간절히 바라고 내려갑니다.

대일굴욕외교반대범국민투쟁위원회
서울 대회 강연

1964. 3. 26.

　김종필金鍾泌 공화당 의장이란 분이 반도 호텔 국제청년회의 석상에서, "한국 통일 문제가 여러 가지 양상으로 머지않은 장래에 나타날 것이다. 우리는 이에 준비하기 위해서 한일회담을 추진해야 하고, 또한 타결을 위한 준비를 해야 하겠다."는 말씀을 한 일이 있어요.

　또 가까운 수삼 일 전에 공화당을 대표해 가지고 부산에서 이 대일굴욕외교투쟁위원회에 대하여서 한태연韓泰淵 씨란 분이, "민정당에서는 우리가 북경으로 가는가, 워싱턴으로 가는가 이것을 알고 싶다고 했습니다만 우리가 가는 곳은 따로 있습니다."라고 연설했습니다.

　그러면 좌익 진영과 우익 진영이 분명히 나누어져 있는 오늘의 세계에 있어서 북경도 안 가고 워싱턴도 안 가면 한 군데밖에 없습니다. 그건 카이로밖엔 갈 데가 없어요. 중립하자는 겁니다. 한일회담을 추진시키는 이 사람들의 저의가 수삼억의 금전에 눈이 뒤집혔다기보다는 우리나

> "
> 우리는 우방 국가에 호소하며
> 일본인 중에서 양심 있는 자에게
> 우리의 주장을 주지시켜서
> 일본의 망거妄擧를 철회하도록 해야 한다.
> "

라를 송두리째 손아귀에 넣어 가지고 어디로 끌고 가자는 이것이 목적인 것 같다 이 말씀이야.

하니까 우리는 건국 정신에 비추어서 결사적으로 이 사람들의 동기와 목적을 우리 국민 앞에 분명히 밝히지 않고, 이 사람들이 운영해 가는 대로 정부를 맡겨 두어서는 안 된다는 것을 여러분 앞에 강조해서 말씀드리는 바입니다.

처칠 경卿 서거에 즈음하여
1965. 1. 19.

　내가 그분을 만난 것은 1951년 6차 유엔총회가 파리에서 열렸을 때 당시 영국 대사 이묘묵李卯默 박사와 함께 그때 영국 대표로 왔던 처칠 경을 당시 영국의 이든Anthony Eden 수상과 동석해서 만난 일이 있습니다. 그때 만난 이유는 우리 대표단이 한국을 떠날 때 이李 박사가 유엔 안전보장이사회에 거부권이 있는 한 우리가 유엔에 가입한다는 것은 도저히 불가능하니 국제 헤이그 재판소에 제소해 가지고 이것을 폐지시키도록 해야 우리가 유엔이 가입할 수 있으니 이러한 사정을 유엔 대표들에게 설명하고 찬동을 얻도록 하라는 지시가 있었기 때문입니다. 미국이 우리에게 동조해 주리라는 것은 잘 알았지만 영국은 어떨까 해서 처칠 영국 수석 대표를 만나 동조해 달라는 요청을 하기 위해 그를 찾아갔습니다.

　그때 처칠 경은 이농증이 심해서 리시버를 귀에다 걸고 우리와 대화했습니다. 하나 그 대화 결과로 보아서 나로선 퍽 불쾌하게 생각했습니다.

그 이유는 우리들의 요청에는 아무런 확답도 주지 않고 남북통일론을 강경히 주장하며 "남북통일만이 당신의 나라를 부활시킬 수 있다."는 등의 당시 우리에게는 아무 소용도 닿지 않는 얘기를 늘어놓고 정작 우리의 요청에는 아무런 언질도 주지 않았기 때문이에요. 다만 이든 수상을 보고 "한국 대표의 요구에 대하여 그대는 어떻게 생각하는가? 적당하게 생각하나, 안 하나?" 등등 아무런 구체적 내용도 없는 대화만 계속했지 우리 요청엔 아무런 실질적 답변도 주지 않아, 그때 영국 정부의 태도가 나변那邊에 있는가 하는 것을 대강 짐작했지만, 처칠 경은 역시 우리가 예상한 대로 우리에게 동조하지 않는다는 인상을 받았습니다.

그리고 그는 여담으로 자기가 1904년 러일전쟁이 개전될 무렵에 런던 〈모닝 포스트〉지紙의 종군 특파원으로 봉천 가는 길에 한국에 들러 서울서 하룻밤 잤다는 얘기를 하면서, 그 당시 한국의 빈곤상이라든지 여러 가지에 대해서 퍽 동정을 가졌다고 말했습니다. 또한 6·25 전쟁에 있어서도 영국은 정신적으로나 물질적으로나 언제든지 한국을 도울 준비를 갖추고 있다는 얘기도 했습니다. 덧붙여 그는 파병 문제에 대해, "우리는 유엔군 사령부에서 필요하다고 인정할 때까지 주둔하고 있겠다."고 우리가 묻지 않았는데도 확언을 했습니다.

그럼에도 불구하고 그가 자리를 뜬 뒤 우리 심경으로는 처칠 경이 한국을 적극적으로 돕지 않겠다는 데 의견을 모았습니다. 그러나 그분의 인품과 애국심에 대해서는 누구를 막론하고 경복할 만한 심경에 놓여 있었습니다. 그가 아니었으면 2차 대전 때 대영 제국은 나치 독일에 도저히 견뎌 낼 수 없었을 것이며 그 뒤 부흥에도 마찬가지였을 것입니다. 비록 대전 후 처칠 경이 정부에서 물러 나왔지만, 당시 보수당의 정책은 물론 모든 시설에 관해 그가 만전을 기해 놓았기 때문에 오늘날 영국이 경제적으로나 정치적으로 세계에서 미국 못지않는 영향을 주고 있다고 봅니다. 오늘의 영국은 처칠 경의 업적에 힘입은 바가 지대하다고 생각합니다.

민중당선언대회 연설문

1965. 5. 3.

우리가 당면하고 있는 과업은 첫째로 폭력으로 얻은 정치를 타도하고 민주 방식으로 이 나라 정권을 잡는 것을 생명을 도賭해서라도 수호하는 것이 아마도 우리의 사명일 것입니다.

창랑 선생은 타고난 달변가로 효창공원에서 열린 대연설회에서도 열변을 토했다.

6·3 데모와 최고 지성인의 집결체인 학생 데모를 정치인의 앞잡이라고 하는 대통령이 있는가 하면, 백주에 곤봉을 가지고 대학생의 두개골을 파쇄해 가지고 생명을 거둔 사실을 야당이 백주에 날조한 연극이라고 외치는 정당의 대변인이 있다는 것을 우리는 기억하고 있습니다.

우리는 재작년 대통령 선거에 있어서 주의를 쓸 적에 마치 이 나라 정치가 올바른 방향으로 가지 않는가 하고 기뻐했습니다. 그러나 쓰고 보니 이 굴레는 쇠굴레라는 것입니다. 이 철쇄鐵鎖, 항쇄項鎖를 우리가 덮어쓰고는 우리가 더 살 수 없다는 것이 아마 3천만이 부르짖는 소리 같습니다.

박정희 대통령을 향한 진정서
1969. 5.

초하지절初夏之節!

각하의 건승하심을 축복합니다. 각설. 소생은 금년 1월경에 신병으로 의사의 권유에 의하여 미국 병원에 가서 치료를 받기로 결심하고 외무부로부터 회수여권回數旅券을 발급받아 미국에 가서 치료를 마치고 금월 초에 귀국한즉, 의외에도 비행장에서 여권을 압수당하고 1주 후에 다시 외무부에 가서 압수된 여권의 반환을 요청하였더니, 외무부 측은 본인의 여권은 취소되었으니 반환할 수 없다고 거절을 당하였습니다. 지금까지 소생은 자양自養할 여유도 없거니와 일체 비용을 미국에 주거하는 소생의 여식이 부담하므로 외화 유출의 과오를 범한 적이 없습니다. 뿐만 아니라 소생이 비록 부덕하와 국가에 공로는 없을망정 그렇다고 해서 국가에 해를 끼친 일도 없습니다. 일제 36년간 여권으로 굶주림을 받다가 건국 후 제1대 외무부 책임자로 이 나라 여권을 창조한 바 있는 소생에게 회수여권 한 장 허용할 아량이 없대서야 참으로 가혹하다고 아니할 수 없습니다. 이것이 각하의 처단이라면 소생은 다시 개구開口할 여지조차 없지만, 만일 그렇지 않고 한 하부下部의 처사라면 각하의 재결裁決이 있으시기를 바라 마지않습니다. 소생은 금후도 병세 여하에 따라 미국에 가야만 하는 처지에 서 있습니다. 소생의 신상 관계로 각하의 염려를 번뇌케 하여 드려 죄스러움을 미리 사과 올립니다.

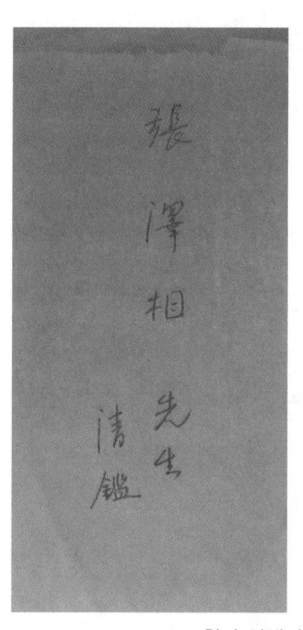
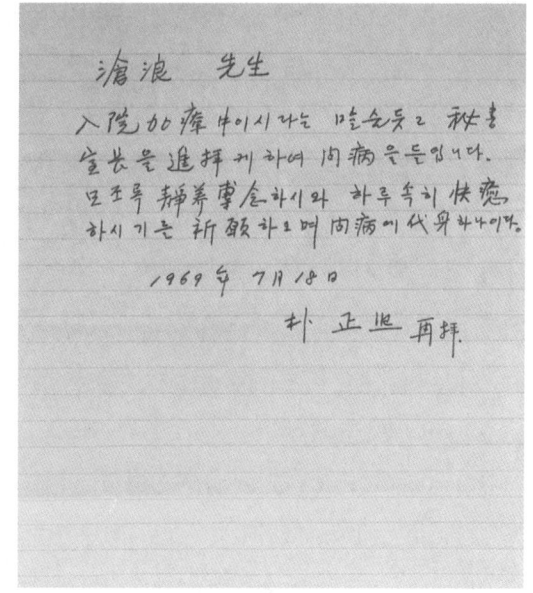

창랑 선생의 쾌유를 기원하는 박정희 대통령의 친서.

二 나의 신념과 사상 · 371

창랑철학(哲學)

나의 소신

저번에 집에서 중앙 텔레비전 방송에 참 마음에 드는 프로가 있어 본 적이 있다. 프로그램인즉 지난 중학교 입학시험 때 합격은 하고서도 입학금이 없어 진학을 포기해야 될 입장에 있는 아동들을 위한 '자선 경매'를 하는 것이었다. 가만히 보고 있노라니 전화가 빗발치듯이 오고 경매가 잘 되는 것처럼 보여 여간 마음 든든하지 않았다.

그런데 아나운서가 보여 주는 물건에 비해 그 부르는 값들이 너무 많은 데 나는 좀 의아했다. 아니나 다를까, 그 엄청난 경매가는 전부 장난질이었다. 이에 아나운서는 분통을 터뜨리며 국민들에게 그것이 자선을 위한 프로그램이라고 거듭 호소했다. 그 못된 장난꾸러기들 때문에 결국은 정작 저 아동들의 앞날을 생각해서 자선을 베풀려던 사람들이 그 엄청난 경매가에 눌려서 기회를 잃는 것이었다.

세상에 어쩌다가 국민들이 이렇게 되어 버렸는가. 이것이 도대체 무슨 잘못에서 온 것인가. 바로 정치의 잘못이다. 독재와 무능과 총칼에 시달려 오는 동안 국민들의 윤리와 도덕은 이만큼 상하고 만 것이다.

해방 이후 쭉 지금까지 일이 되어 가는 것을 보면 크게 두 가지 원인에서 이렇게 되어 버렸다고 볼 수 있다. 하나는 민족성이 영도력에 잘 따르지 않는다. 다시 말해서 사대주의에 급급한 나머지 리더십을 망각했던 것이다. 다음은 '나 아니면 안 되겠다'는 식의 소위 지도자라는 사람들이 예상 외로 많이 나왔다는 점이다. 이 두 가지 원인이 이 나라, 이 민족에게 큰 비극을 안겨 준 근원이라고 나는 생각하고 있다. 이제라도 지도자들은 이런 망상과 아집을 버리고 국민들과 호흡을 맞추어야 한다.

나는 요즘 필리핀의 정세를 보면서 내 자신의 부끄러움을 금치 못하고 있다.

필리핀도 한국 못지않게 다른 나라의 굴레와 압박 밑에서 신음했던 국가이다. 2차 대전이 종결되었을 때 비로소 한 자유 국가가 되었다. 그러나 저들에게는 아직 저들 고유의 문자가 없다. 그리고 무엇보다 한국과 같이 긴 역사와 문화가 없는 국가이다. 그런데 지금은 어떤가. 저들은 막사이사이Ramon del Fierro Magsaysay 이후 정권을 두 번이나 평화적으로 교체하고 있다. 그러나 이 땅에는 단 한 번의 평화적 정권 교체라도 있었던가. 이 어찌 부끄럽지 않은 현실이리오. 국민이라면, 적어도 이 땅에 대대로 물린 피를 나눈 민족이라면 한 번쯤 이 문제를 생각해 봐야 한다. 특히나 새로운 세대, 젊은 세대들은 이 점을 가슴 깊이 새겨야 된다.

끝으로 내 거취 문제에 대해서 말한다면 지금 내 생각으로서는 앞으로 다시 정치에 관여할 의사가 없다. 정치를 하던 사람이 정치를 포기한다는 것은 다소 조리에 맞지 않는 이야기가 될지도 모르겠으나 정치하는 사람에게는 항상 목적이 따르게 마련인 것이다. 하나 지금의 나는 그 목적을 잃고 말았다.

일찍이 장관을 지냈고, 국무총리를 지냈고, 국회의원에 국회부의장을 지낸 내게 앞으로 해야 할 일이 남아 있다면 국회의장직과 대통령직뿐이다. 사실 나는 국회의장은 일찍부터 하고 싶었다. 그러나 이제는 줄 사람도 없겠거니와 설사 준다고 하더라도 나는 깨끗이 사양하겠다. 그 이유는 그 자리가 너무 천해졌기 때문이다. 또 대통령은 내가 하고 싶어도 할 수 없는 것이 내게는 총과 칼이 없으니 도저히 불가능한 일이다. 이렇게 되고 보니 나에게는 정치를 해야 할 목적이 없어진 것이다. 정치의 궁극적 목적이란 세비歲費나 타 먹는 것을 의무로 하는 국회의원 당선에 있는 것이 아니라, 정권을 잡아 내 정치적 신념대로 소신껏 한번 일해 보는 데 있는 까닭이다.

三

나를 회고하는 시선

추모追慕하며 증언하는 진실한 기억

하루속히 눈앞에 국가의 탄탄대로가 열리는 것을 보고
눈을 감았으면 하는 일념은
병상에 있는 내 머리에서 떠날 때가 없다

창랑 선생의 장례는 그 공적과 위상에 따라 국민장으로 거행됐다. (출처: 국가기록원)

창랑 교유록交遊錄
1969. 9. 1.

김준연金俊淵

창랑과의 첫 교유

1921년 봄에 나는 일본 동경 제국호텔에서 창랑 장택상 형兄을 처음으로 만났다. 그리고 1969년 8월 7일에는 그의 국민장 거행에 제際하여 장의부회장葬儀副會長으로 일했고, 8월 9일에는 삼우제를 당하여 국립묘지에 안장된 창랑을 방문함으로써 최후의 결별을 고하였다.

나는 1921년 가을에 독일 유학의 길에 올랐다. 그리하여 1925년에 돌아와서는 조선일보사와 동아일보사에 있다가 1928년 2월에 일경日警에 검거되어 7년간 옥중 생활을 하였다. 이것이 소위 'ML당 사건'이란 것이다. 그 뒤에 다시 동아일보사에 있다가 1936년 8월 9일에 베를린 올림픽 대회의 손기정 마라톤 선수 기사 관계로 동아일보는 11개월의 정간停刊을 당하고 사장과 주필인 나도 인책사직引責辭職하게 되었다.

그 뒤 1937년부터는 김성수金性洙 씨가 마련해 준 전곡全谷 농장에 가 있게 되었으며, 이듬해, 즉 1938년 6월에 우리는 흥업구락부興業俱樂部 사건으로 구속되어 105일 만에 풀려나왔다. 그 날짜가 9월 3일이었다. 나의 구금 일수가 저 105인 사건을 연상시키는 105일이었기 때문에 나는 그 기간을 똑똑히 기억하고 있다.

아마 8월 중의 어느 날이었을 것이다. 서대문 경찰서가 떠들썩하더니 어떤 텁석부리 죄인 한 사람을 우리 문 앞에 내려놓는다. 자세히 보니 그가 바로 창랑이었다. 우리는 흥업구락부 사건으로 붙들려 왔지만, 창랑은 흥업구락부 회합에 참여한 일이 한 번도 없었는데 웬일인가 하고 의아해하였으나 나중에 알고 보니 흥업구락부의 별동대인 청구구락부에 관련된 것이었다. 우리는 상당한 기간 동안 함께 있었다. 구자옥具滋玉 군, 박승철朴勝喆 군 등도 한 방에 있었다. 그러다가 9월 3일에 보호관찰에 붙여서 대화숙大和塾에 넘기고 석방해 주었던 것이다.

그 후로 창랑과 나는 자주 상종하게 되었다. 나는 전곡서 서울에 오면 수표동에 사는 창랑 댁을 찾는 것이 항례恒例였다. 그러면 창랑은 성의를 다해서 나를 접대한다. 나는 말을 많이 하는 사람이 아니다. 그래선지 창랑 부인이 보시기에 싱거운 사람으로 알았던 모양이다. 창랑이 언제 한 번 이렇게 이야기하였다. "우리 마누라가 말하기를 낭산朗山이 얼마나 대단한 사람이라고 그렇게 끔찍히 접대하느냐고 하였네."라고. 그래서 창랑은 이렇게 대답하였다고 한다. "그것은 모르는 소리요. 낭산朗

山은 국토요."라고. 나는 그 말을 듣고도 조금도 개의치 아니하고 여전히 그를 자주 찾았다.

때는 1942년 12월 10일경으로 생각된다. 창랑 댁에 갔더니 식탁이 성대히 마련되어 있었다. 아마 창랑 생신이었던 모양이다. 그때가 바로 소위 대동아 전쟁이 시작되던 때이다. 진주만이 습격을 당하고 영국의 동양 함대가 전멸당하던 때였다. 우리에게는 생기가 없었다. 그러나 창랑은 태연한 태도로, "일본이 지금 미美, 영英을 건드려 놓았으니 큰일날 것이다."라고 단언하고 자신만만하였다. 나는 언제 한 번 이렇게 이야기한 일이 있었다.

"내가 아는 바로는 우리 국내에서는 송진우宋鎭禹 씨와 창랑, 두 분이 그런 견해를 가졌을 뿐이다."라고.

국민대회준비위원회 시절

해방 당시에 창랑은 아마 시골에 있었을 것이다. 그래서 상봉할 기회가 자연히 늦어졌다. 해방 수일 후에 창랑은 내게 전화로 자기와의 연락이 소홀히 된 것을 원망하는 태도였다. 그래서 곧 연락을 취해서 국민대회준비위원회를 같이 만들었다. 1945년 9월 7일에 미군이 서울로 들어온다는 소식을 듣고 국민대회준비위원회의 결성식을 동아일보사 강당에서 거행한 것이다.

송진우 씨가 위원장이 되고 서상일徐相日 씨와 나는 부위원장이 되고 창랑은 외교부장직을 담당하였다. 창랑의 외교부장으로서의 활동은 매우 활발하였다. 그때는 한국 민주당도 아직 성립되지 아니한 때였으므로 국민대회준비위원회의 외교 활동은 특히 활발하였다. 소련 영사를 초대한 것도 외교부장의 활동에 의한 것이었다. 그때 연회는 청운동에 있는 정규성丁奎成 군 댁에서 개최되었다. 미군과의 연락도 긴밀하였다. 이승만 박사가 10월 16일에 서울에 귀환하였을 때 시민 환영 대회에서 미군 사령관 하지 장군의 환영사를 통역한 것도 창랑이었다.

1945년 12월 28일에 모스크바 3상 결정決定이라는 것이 우리에게 전해져 왔다. 그래서 송宋 위원장, 장張 외교부장과 나는 동차同車하여 경교장京橋莊에 가서 밤늦도록 회의하고 돌아오는 길에 털터리 자동차가 경성중학京城中學 앞에서 발동이 정지되었다. 우리는 그것을 고치느라고 장시간을 설한풍雪寒風에 떨었었다.

그 이튿날 29일에도 우리는 경교장에 갔었다. 오후 4시경에 갔었다가 오후 6시경에 끝이 났다. 우리 3인은 자동차로 돌아왔다. 나는 체질이 촉랭觸冷을 하면 바로 배탈이 난다. 그래서 이번에도 작야昨夜의 설한풍에 떨었기 때문에 배탈이 나서 설사를 한다. 그러니 아침에 좀 늦도록 자서 방한防寒을 하여야 할 터인데, 송진우 씨 댁에 가서 자면 아침에 으레 일찍 오는 사람이 있다. 그는 송필만宋必滿 씨이다. 그래서 도저히 늦도록 잘 수 없는 것이다.

그래서 나는 중간에서 내리기로 하였다. 송진우 씨는 늘 같이 가기를

三 나를 회고하는 시선 · 381

권한다. 할 이야기도 많이 있으니 같이 가자고 하였다. 그러나 나는 비좁은 셋째 사위 집에서 내렸다. 보통 때 같으면 도저히 잘 수 없는 형편이었다. 나를 내려 주고 위원장과 외교부장은 동차해서 갔었다.

추후에 들은 바이지마는 창랑 댁에 가서도 위원장은 원서동의 위원장 댁으로 같이 가서 자자고 자꾸만 권하였다고 한다. 그러나 창랑도 응할 수가 없었다. 그의 어린아이들이 열이 대단해서 안심을 못 할 정도였기 때문이었다고 한다. 그래서 나도 사퇴辭退하고 창랑도 사퇴하였던 것이다.

그 이튿날, 즉 30일 조조早朝에 문 두드리는 소리가 들린다. 바로 현관 옆 냉방에서 자던 사위가 일어나서 응대를 하고 내게 들어와서 말하기를, "놀라지 마십시오."라고 전제해 놓고 "오늘 아침 6시 15분에 송 선생님께서 암살당하셨다고 합니다!"라고 하였다. 나는 전지도지顚之倒之 원서동 댁으로 갔다. 창랑은 먼저 와 있었다. 만일 그날 밤에 창랑이나 내가 가서 동숙하였더라면 나나 창랑도 동일한 운명을 당했을 것으로 생각된다.

경기도 경찰부장으로서의 공적

위원장이 급서急逝하였으므로 1월 10일을 기하여 국민대회를 개최하려던 우리 준비위원회의 계획은 좌절되고 말았다. 그래서 창랑은 경기도 고문 6인의 추천에 의하여 1월 13일에 경기도 경찰부장으로 취임하게 되었다. 나 자신도 창랑의 경찰부장으로서의 능력에 관하여는 반신반의하였던 것이다.

그 후에도 매일 상종하여 시사를 담론하였다. 그럴 때는 대개 강병순 姜柄順 군과 동반하였었다. 강병순 군은 참으로 유능한 사람이었다. 일본 중앙대학 재학 중에 고등 고시 행정, 사법 양과兩科를 통과하고, 학교에서 워낙 성적이 우수하다고 인정되었기 때문에 그 학교에서 일본인 학생 고등문관시험高等文官試驗 지원자들을 지도하고 있었다. 강군은 국민대회준비위원회의 총무부장직을 맡고 있었던 것이다. 강군은 조선에 와서 변호사로 있었으므로 학리와 실천에 있어서 통달한 사람이었다. 그러므로 경찰부장으로서의 임무를 수행하는 데에 있어서 창랑은 그의 조언이 필요하기도 하였던 것이다.

1월 18일 밤이었다. 나는 익선동에 있는 강병순 군 댁에서 자고 있었다. 내가 한참 곤하게 자고 있는데 창랑으로부터 전화가 왔다. 그때 총성이 요란하였다. "지금 삼청동에 있는 학병동맹을 타도하는 중인데 검찰청에 연락할 필요가 있으니 낭산의 사위의 거처를 알려 달라."고 하였다. 그때 셋째 사위 김홍섭金洪燮 군은 검사로 있었다.

그 다음에 나는 창랑으로부터 그 사건의 전말을 들었다. 1월 18일 밤에 여학생들이 반탁 데모를 하였는데 그 행렬이 경교장 앞을 지나가다가 괴한들의 습격을 당하게 되었던 것이다. 그 날 밤에는 눈이 왔었다. 백설 위에 여학생들의 선혈이 낭자하였다. 경찰을 동원하여 조사를 해 보앉더니, 수상한 자들이 안국동 파출소에 걸려들었다. 그래서 추궁해 본 결과 그들은 삼청동에 있는 학병동맹에 소속해 있었고, 따라서 이번 사건의 근거지가 학병동맹임이 드러났다.

이에 창랑은 그 학병동맹을 타도할 것을 결심하고 총무과장을 불러서 그렇게 명령하였더니, 총무과장은 "하고 많은 시간에 하필 밤에 합니까? 미국 헌병을 불러 주십시오." 하고 말하면서 벌벌 떨고만 있었다고 한다. 이에 창랑은 "시각이 급하다. 미국 사람이 아니면 우리 치안을 유지하지 못하겠느냐?"고 대성통곡하고 즉각 무장 경관 300명을 출동시켜서 학병동맹을 전멸하였던 것이다.

그때는 화물 자동차를 가지고 문 앞에 버젓하게 세워 놓고 물건을 실어 가기도 하고, 수표동 근처 천변에는 잘려 떨어진 사람의 목이 데굴데굴 굴러다니는 형편이었다. 서울시민은 불안에 떨고 있는 때였다. 그러다가 창랑이 1월 18일에 경관 300명을 무장 출동시켜서 학병동맹을 격파한 후에야 서울의 치안이 유지되고, 따라서 전소 남한의 치안이 유지되게 되었던 것이다. 나는 창랑의 이 조치를 위대한 공적이라고 생각한다. 나는 이 결과 창랑의 용단에 대하여 경의를 표하게 되었다.

그로부터 며칠 지나서 창랑은 나를 청향원淸香園 뒷방으로 청하였다. 거기 가 보니 백낙승白樂承 씨가 와 있었다. 백 씨는 건국준비위원회 측에 가담하여 여운형呂運亨 씨를 지지하고 있었던 것이다. 창랑은 "지금은 백 사장이 우리와 같이 살지 아니하면 아니 될 것이라!"고 말하고 백 사장이 이승만 박사의 생활비를 대어 드리기로 했다는 것이다. 그래서 그 목적으로 명칭을 '우남 선생 조양회雩南 先生 調養會'라 하는 회會를 조직하여 매월 8만 원씩 가져다드리기로 하였다. 백 사장은 날짜도 틀리지 않게 매월 8만 원씩을 이 박사에게 갖다드리고, 그 후에 물가가 오르자 배액倍額해서 16만 원씩을 이 박사가 대통령이 되기까지 꼭꼭 진정進呈하였다고 한다. 나는 우남 선생 조양회장雩南 先生 調養會長으로 지명되었다.

민주의원民主議院의 성립과 나

1946년 2월 14일에 민주의원民主議院이 성립되었다. 구성 인원은 28인이었다. 여운형 씨는 참가를 약속하였으나 그 동지들의 저지에 의하여 회장會場인 중앙청 정문 앞까지 왔다가 납치당해 가고 말았던 것이다. 민주의원은 비상국민회의非常國民會議의 결의에 의거한 것인데 정부를 조직하기 위하여 최고 정무위원으로 선정된 것이다. 그 인원 구성은 이승만, 김구 두 지도자에게 일임하기로 되어 있었다.

민주의원이 성립된 후에 미군 사령관 하지 중장은 임시 정부를 조직하기 위하여 임시 헌법의 기초起草를 위탁하였다. 기초위원은 조완구趙琬九, 조소앙趙素昻, 김명준金明濬의 3인이었다. 기초위원들은 임시 헌법을 기초하여 민주의원 본회의에 제출하였다. 중요한 골자는 대통령은 30년 이상, 국무총리는 20년 이상, 각부 장관은 10년 이상 독립운동을 유일한 직업으로 알고 계속해서 활동한 사람이라야 될 수 있다고 되어 있었다.

나는 항의하였다. "대통령, 국무총리는 40년, 30년 이상이라고 하여도 좋겠소."라고. 그때 사정으로는 대통령에는 이승만 박사, 국무총리에는 김구 씨로 물망이 서 있는 때였다. "그러나 각부 장관에는 국내외를 막론하고 일할 수 있는 적당한 인재를 배치하여야 할 터인데, 문자 그대로 하면 국내 사람으로는 그에 해당할 사람은 한 사람도 없겠소! 지금 이 자리에 앉아 있는 안재홍安在鴻 씨라든지 한국 민주당 위원장 김성수金性洙 씨도 그 조건에는 합치되지 않소. 그러므로 각부 장관 임용 규정은 수정하여야 되겠소."라고 하였던 것이다.

그 자리에 있던 정인보鄭寅普 씨와 김선金善 여사는 그 규정에 찬의를 표하면서 처음으로 세우는 정부만큼은 깨끗한 사람만으로 조직하여야 되겠다고 하였다. 그리고 기초위원 조소앙 씨는 대답하여서 말하기를, "장관은 한 사람이지만 차관은 두 사람씩 두기로 하였으니 국내 인사는 얼마든지 등용할 길이 있다."고 하였다. 그래서 나는 대성으로 이야기해서 말하기를, "중경重慶서 온 양반들로만 정부를 조직하십시오. 나는 모르겠습니다." 하고 퇴장하여 버렸다.

나의 항의는 하등의 고려도 가해지지 않은 채 그 초안은 그대로 통과되었다. 나는 분개해서 그 사실을 창랑께 이야기하였다. 그랬더니 창랑은 그 후에 내게 이야기하기를 "하지 미군 사령관이 초안을 받아 가지고 갈가리 찢어 버렸다."고 나를 위안하였다. 그때는 외지에서 온 분들은 물론이고 국내에 있는 사람들도 국내 사람들을 하시下視하는 자학 의식에 사로잡혀서 이성을 잃고 권위에 굴복하는 인상을 주었던 것이다. 그러나 창랑은 달랐다. 나는 이것을 창랑의 용기에 찬 행동이라고 존경한다.

인간으로서의 창랑

창랑은 계사癸巳이고 나는 을미생乙未生이어서 우리 계산법으로 하면 창랑은 77세이고 나는 75세이다. 창랑은 인동 장씨仁同 張氏로서 경상북도 칠곡군에서 낳았고, 나는 김해 김씨로 전라남도 영암군 태생이다. 창랑은 일본서 유학하다가 영국에 가서 장구한 시일 동안 유학하고 돌아왔으며 생활은 유복한 편이었고, 나는 일본 동경에서 제국대학帝國大學을 마치고 독일 가서 베를린대학伯林大學에 다니기도 하고 독일 각지를 널리 구경하였으나 항상 어려운 생활을 해 왔다. 그러나 우리 사이에는 그런 차이가 조금도 나타나지 아니하였던 것이다.

그리고 특별히 우리 두 사람 사이가 접근케 된 것은 국악에 대한 기호이다. 이 국악에 대한 기호는 인촌 김성수 씨도 마찬가지다. 전기한 바와 같이, 초대하였을 때는 송진우 씨, 김성수 씨, 창랑, 그리고 나도 참여하였었다. 그 자리에는 우리 국악의 명수들이 참가하였다. 김소희金素姬 여사, 박귀희朴貴姬 여사 등의 소리에 우리는 흥미를 느꼈고, 우리 고전무古典舞를 보고 '우리 5천 년 문화의 총결정總結晶'이라는 찬사를 연발하였던 것이다. 우리 국악인들이 해방 초에 우리의 피로를 위로해 준 것을 나는 고맙게 생각하는 바이다.

창랑은 경기도 경찰부장으로부터 수도청장으로 임명되어 수도의 치안을 전담하게 되었다. 수도청장으로서의 여러 가지 공적은 이루 다 말할 수 없고, 다만 대구 폭동 사건 때 수도경찰관 300명을 파견하여 응원한 사실은 특기할 만한 일이다.

정부 수립 시에 창랑은 외무부장관이 되었다. 그러다가 12월 24일 날짜로 사임하고 말았다. 윤치영尹致暎 내무부장관과 동시에 사임하였다. 이 대통령이 사임을 명한 것이다. 12월 23일에 나는 대통령의 국회 출석을 요청하여 그 자리에서 내무부장관에게 공격의 화살을 퍼부었던 것이다. 그 다음날 이 대통령은 두 사람의 사임을 명하였던 것이다.

창랑은 바로 안동군 국회의원 선거에 출마하였다. 나는 안동군에 가서 선거 운동에 협력하였다. 그러나 그는 낙선되고 말았다. 그런데 2대 국회 선거에서는 창랑은 당선되고 나는 낙선되고 말았다.

그 뒤 창랑은 국회부의장이 되었으며 1952년 봄에는 국무총리가 되었다. 그 소식이 전해지자 나는 홍성하洪性夏 군과 같이 가서 총리직을 인수하지 말라고 만류하였다. 그랬더니 창랑은 좀 더 일찍이 이야기해 줄 일이지 지금 다 결정되어 버렸다고 답하였다. 그 후에 총리로서 7월 4일 발췌개헌의 총지휘자가 된 셈이었다.

창랑과 나 사이에 있었던 1964년의 논점은 오래전에 지나갔다. 창랑이 작고한 현하現下에 있어서 나는 다시 무엇을 말하랴!

 이제 창랑은 떠났다. 그러나 창랑은 호걸형의 걸출한 인물로 이 땅에 자유민주주의의 근착을 위해 혼신을 다한 위대한 공적을 남겼는 바 대통령과 국민이 그를 국민장으로 후장厚葬한 것은 매우 적당한 일이라고 생각한다.

창랑의 인간미

1969. 9. 1.

이범석 李範奭

창랑이 저세상으로 가고 말았다. 새삼 이루 형언할 수 없는 고적감을 느끼는 바다. 생사이별生死離別이 인간 세상의 법칙이거늘 가는 사람을 붙들어 만류한댔자 무슨 소용이 있겠는가. 이미 이 세상에서 그는 운명이 소진消盡하여 나와는 유명을 달리하는 것으로 알고 명부冥府의 길목에 서서 편히 쉬기를 기원할 따름이다.

운명하던 그날 아침, 창랑이 혹시나 하는 불안과 함께 경마장엘 다녀오니 전前 참의원 오범수吳範秀 씨가 동구 밖에서 나를 기다리고 있었다. 쏟아지는 폭우를 무릅쓰고 단숨에 병원으로 달려갔더니 수심에 가득 찬 가족과 친지들이 목이 멘 채 묻는 말에 제대로 대답도 하지 못한다. 창랑은 벌써부터 명재경각命在傾刻의 사경을 헤매 왔던 만큼 회복되기 어려우리라는 예측은 했지만 이렇게도 창졸간에 위독하게 될 줄은 몰랐다.

두 코에 산소 호스를 끼우고 링거ringer를 손등에 꽂은 채 혼미하게 누워 있는 창랑의 손목을 쥐었다.

"창랑, 내가 왔어!"

창랑에게 소리를 버럭 지르니 기운을 차려 눈을 떠서 나를 응시했다. 옛부터 '새가 죽을 때는 그 울음소리가 애처롭고鳥之將死 其鳴哀, 사람이 죽을 때는 그 말이 선하다人之將死 其言善'더니 임종이 가까운 창랑의 해맑은 얼굴은 참말로 구원을 기다리는 어린애의 표정처럼 착하고 다정하기만 했다.

작년에 그의 사랑하는 막내아들이 미국에서 요절했다는 비보를 받고 잠시 미국을 다녀온 후부터는 명랑하고 쾌활하던 전과는 달리 어딘지 모르게 우울해만 보였다. 만날 때마다 그를 위로해 주곤 했는데, 그 후 기침 증세가 심상치 않다고 말해 다소 불안감을 갖게 되었다. 한동안 방사선 치료로 효험을 보고 있다고 말해 안도감을 가졌으나 내가 보기에 건강은 악화일로惡化一路에 있는 것 같았다. 그와 나는 때로는 조그마한 요정에서, 혹은 중국집이나 내가 말을 타는 마장 부근의 우족탕 집에서 며칠에 한 번씩은 꼭 만났다. 우리들의 화제는 시국의 종횡담縱橫談에서 시작해서 폐부를 찌르는 인간적인 대화에까지 미쳤다.

그와 나의 정리는 만날 때마다 한층 도타워지는 것을 느꼈는데, 내 성격이 담담하고 대범해서 창랑에게는 무뚝뚝하고 냉정하게 보였을 것 같기도 하다. 운명하기 얼마 전에 내 일이 하도 바빠 며칠 동안 전화도 안

했더니, 하루는 어떤 친구를 통해 병세가 점점 악화된다는 얘기를 듣고 쫓아간 것이 7월 25일경이다. 그때 창랑은 누워 있었고, 한쪽 코에 산소관을 끼고 있었다. 그는 두 팔로 나를 끌어안더니 한없이 좋아하면서 눈물을 흘려 내 뺨을 적셨다.

"철기가 왔으니 이제 나는 죽어도 한이 없어……."

그는 큰소리로 옆의 사람들이 다 듣게 말했다. 나는 격려를 했다. 그러나 그는 정신적으로 체념한 듯했다.

"내 감각으로 죽을병이 들었으니 어쩔 수 없소."

창랑이 내 손목을 붙잡고 자주 찾아 달라고 애원 비슷한 요청을 하기에 그렇게 하겠다고 약속한 후 이틀 만에 다시 찾아갔다. 그러다가 다른 일로 하루를 거르고 병원에 옮긴다는 것을 전해 들은 다음날 아침 그의 곁에서 운명을 지켜보게 된 것이다.

회고컨대 창랑과 나의 막역한 교분은 해방 후 그가 수도청장을 역임하던 시절로 거슬러 올라간다. 그때의 사정을 잘 아는 사람이라면 적어도 공산 계열의 준동과 정국의 불안, 그리고 경제적인 피폐로 마치 폭풍 전야와도 같았던 사회상을 기억하고 있을 것이다. 창랑은 참말로 솜씨 좋게 잘 다루어 갔다. 내가 처음 하지 장군과 러치 장관의 소개로 그를 만났을 때 과연 그는 강고한 성격과 민첩한 자질을 갖춘 사람이라는 첫인상을 풍겨 왔다. 해방의 감격이 미처 가시기도 전에 일부의 군정 관리는 현실에 만족한 채 도취감에 사로잡힌 듯했다. 창랑만은 이를 결연히 반대하고 하루바삐 우리가 독립 국가가 되기를 초조하게 바라곤 했다.

창랑의 생활 관습은 어딘지 화사하고 관료적이며 영웅적인 기질이 있음을 발견하고 때때로 의아하기도 했다. 그러나 그와의 교분이 해를 거듭할수록 이러한 의아심도 눈 녹듯이 풀리고 그의 전력으로 보아 충분히 수긍이 갈 만했다. 그는 명문거족名門巨族의 아들로 태어났으며 순탄하게 외국 유학을 하고 돌아온 것이다. 따라서 이러한 생활 습관이 당연히 몸에 배었음 직하다. 반면에 서민적인 풍모도 갖추고 있으며 아랫사람들에 대한 동정과 사회 정의를 실천코자 하는 기질이 있어서 비리를 보면 흥분해 버리고 마는 폐단조차 있다. 따라서 한번 미움을 받게 된 상대방은 마치 원수를 대하듯 했다.

창랑의 정치에 대한 철학을 말한다면 다소 외람된 표현일지도 모르지만 나와는 완전히 상반됐다. 그는 계속 부절不絕한 변화로 한층 더 낫고 확고부동한 위치를 개척하겠다는 신념을 가진 사람이다.

반면에 나로 말하면 언제나 고정불변의 신념과 자세로 변화무쌍한 주위 환경에 따르고 개척해 가자고 주장하는 사람이다. 사실 똑같이 정치 무대에 서서 반공을 주지로 삼고 국정을 맡았던 우리들에게 있어 이러한 정치 신조의 차이는 혹심한 충동을 몇 번이고 거듭하게 했다. 그러나 인간적인 측면에서 볼 때 이러한 충돌의 여파가 우리들 사이의 우의友誼에 금이 가게 하지는 못했고 한층 둘 사이의 결속을 밀착하게 만들었을 뿐이다.

창랑은 기지와 변재辯才가 능한 사람이었다. 내가 총리에 재직할 당시 그는 외무부장관이었고, 부산 피난 시절 내가 내무부장관을 맡자 그는 국무총리로 기용이 됐었다. 재직 당시 조금이라도 어려운 문제에 봉착하면 그는 쾌도快刀로 난마亂麻를 내려찍듯이 민첩하게 기지를 발휘해서 일을 얼른 처리해 냈다.

부산 시절의 일이었다. 내가 자유중국 대사로 갔다가 돌아와 나의 숙소로 정해진 동래 온천 여관에 들어가니 창랑이 먼저 와 투숙을 하고 있는 게 아닌가.

"창랑, 내가 왔어."

내가 큰 목소리로 소리를 치자, 창랑이 그대로 달려 나와 반겨 준다. 그 후부터 그는 누구를 만나든지 철기의 우정과 인간성의 한 측면을 알게 됐다고 말하고, 서로가 싸우면서도 다른 사람에게는 나를 두둔해 마지않았다.

발췌개헌 때의 일이다. 창랑은 내각 안에서는 개헌의 적극 추진에 앞장을 선 사람이면서도 국회에 나가서는 이를 반대하는 태도를 취했다. 국무회의가 끝나면 반드시 국회로 달려가기 마련인데, 야당 국회의원이 농성한 지 이틀째 되는 어느 날이었다. 국회의 바깥에는 흥분한 시민들이 몰려 있고 주변의 분위기는 자못 격앙된 채 침울한 공기마저 감돌고 있었다. 국회의원들이 국무총리에게 항의를 제출하자 창랑은 대뜸 이런 일은 내무부장관의 소관이지 자기는 관여할 바가 못 된다고 책임을 내게 밀어붙이는 그의 기재奇才를 발휘한 것이다. 이번에는 내가 국회에 불려 나갔다. 답변에 나선 나는 "여러분 내 곁에 앉아 있는 총리가 해결하지 못하는 일을 난들 무슨 수로 해결하겠습니까?"라고 말해 그와 사소한 충돌의 발단이 된 일조차 있다.

여하튼 그의 인품을 잘 아는 사람이라면 사람마다 장점과 단점이 있듯이 이렇게 기발한 그의 변화가 다소 옥의 티라고 말할지도 모른다. 그러나 여지각자與之角者에 부여지치不與之齒란 말이 있듯이 하늘은 결코 한 개인에게 모든 덕성을 골고루 갖추게 할 수는 없지 않은가 한다. 덕망과 인격을 겸전兼全한 사람이라면 성인이라 불러야 마땅할 것이고 평범한 필부만이 사는 우리의 인간 세계에는 오히려 부적할지도 모른다. 창랑도 정녕 하나의 인간이었거니와, 그렇기에 그의 넘친 기지에 기재는 너무도 인간적이었다고 보고 싶고, 또 이것이 세인에게 매력을 가져다주는 게 아닌가 하고 생각된다.

창랑을 잃고 허전해하는 심정은 그가 전 국무총리, 그리고 국회부의장과 같은 요직에 있었던 정계의 거물이었기 때문이 아닐 줄 믿고 싶다. 그는 쉴 줄 모르고 분투하던 투사였다. 해방 이후로 오늘날에 이르러 우리가 국기國基를 바로잡기까지 그가 이 땅에 기여한 정성과 노력은 실로 대단했다. 창랑이 가꾸어 오고 또 이 땅에 공헌한 찬연한 업적은 뒤에 올 사람들이 드높이 평가하고 기리겠지만, 나는 그와 관포管鮑의 교분이나 다름없는 믿음직스러운 우의를 도모해 오다가 노경老境에 동반자를 잃었으니 그 쓸쓸함이란 이루 측량하기가 힘들다.

   이제 그를 여의고 문득 생각나는 것이지만 사실 창랑으로 말하면 그 취미나 기호가 지극히 고상하고 초일超逸했다. 특히 예술품을 수집하고 감식하는 데는 전문가 이상의 식견을 가졌다. 일용 장식품도 특이하고 진귀한 것만을 골라 가졌으며, 그의 높은 안목을 국내외의 여러 사람이 잘 알고 있는 터이다. 나도 원래 서화 같은 것을 좋아하는 하지만 그다지 애착을 가지고 모으려 드는 수집광은 아니었다. 한데 우리집 응접실에 걸어 놓은 오창석吳昌碩의 풍죽風竹 한 폭은 내가 중국에서부터 간직해 온 것이어서 소중히 간직해 왔다. 창랑은 기회 있을 때마다 부절히 그 그림을 달라고 하는 것을 그때마다 완강히 거절했다. 그때 그 그림을 주어서 그의 마음을 기쁘게 해 줄 것을 하는 아쉬운 생각이 간절하다.

청빈한 애국자
1969. 8. 2.

이재학 李在鶴

나라의 큰 기둥이 또 하나 쓰러졌다. 불의에 용감했고 사악邪惡에 직언直言했던 거목이 사라졌다. 정계의 원로이자 국민의 지도자인 창랑 선생의 운명은 이 나라의 큰 손실이다. 이 나라 정치는 그의 굳건한 직언이 어느 때보다도 요청되는 때 처해 있기 때문이다. 그 굳건한 신념과 날카로운 기지는 이제 영원히 사라지고 만 것인가.

영남 거유巨儒의 혈통을 타고 부유한 집안에서 자라나 평생을 명랑하고 호탕한 세월을 보낸 창랑 선생은 철저한 민주주의의 신봉자였다. 그래서 이 나라의 건국에 누구보다도 앞장섰던 것이다.

해방 직후 그 혼란했던 시국에는 수도청장으로서 일조일석一朝一夕에 공산당의 난동을 쳐부수던 강인한 신념과 추진력을 누가 따를 수 있겠는가. 창랑 선생은 공산당과 싸우고 이승만 박사의 건국 이념을 받들어 건국에 이바지했다. 후일에 국무총리, 국회부의장도 지냈지만, 창랑 선생은 무엇보다 건국의 공로 때문에 그 이름이 더욱 빛나고 있는 것이다.

창랑 선생은 17세 때 한학漢學을 수학하다가 일본으로 건너갔다. 그때 한국학생 시학관視學官이 한인 유학생이 모인 자리에서 한국의 의병 봉기를 가리켜 '폭동'이라고 말하는 것을 듣고, "왜 그것이 폭동인가?" 하고 대들었다가 퇴장당한 일도 있었다.

그 후 곧 영국으로 건너갔지만 집에서 보내온 학자금을 푼푼이 모아 중형인 장직상張稷相 씨를 통해 중국 청산리에 있는 이범석李範奭 장군에게 군자금으로 보냈으니 그때부터 창랑 선생은 정의의 투사였다. 영국에서 돌아온 후에도 항일 독립운동을 계속하다가 청구회 사건에 관련되어 당시 인촌 김성수 선생과 윤치영 씨 등과 함께 옥고도 치렀으니 창랑 선생의 애국심은 이미 꽃을 피우고 있었다.

이 같은 애국심은 해방 후에도 군정 연장 반대의 최선봉에 서게 했고, 초대 내각의 외무부장관을 맡게 했다. 다시 돌이켜 소위 부산정치파동이 일어나자 이 박사는 창랑 선생을 국무총리로 발탁해서 혼란한 시국을 수습하도록 책임을 지웠다.

당시의 발췌개헌에 대해서는 후일에 여러 가지 평가가 나오고 있기는 하지만 그때의 난세를 건진 창랑 선생의 공로만큼은 인정하지 않을 수 없다. 중요한 시기에 등용된 것은 창랑 선생의 지도력이 뛰어났기 때문이 아니겠는가.

미군정 때 이 박사와 하지 미군정 장관의 심한 반목을 중간에서 번뜩이는 기지와 정치 역량으로 해소시켜 건국에 크나큰 구실을 한 것은 이미 알려진 이야기로, 창랑 선생의 그 지혜와 정치적 형안炯眼은 역사에 남을 것이다.

　괄괄한 성격 때문에 때로 오해도 많이 받았지만, 어제까지의 정적을 금방 동지로 받아들이던 창랑 선생의 넓은 도량이 새삼 아쉽다. 그러나 이제 가시고 없는 오늘, 우리에게 남겨진 가장 큰 유산은 청빈, 그리고 애국심이다. 요새는 정치를 하면 치부致富를 한다고들 하는데 창랑 선생은 정치를 하면서도 서울 수표동 집을 팔고 영등포 대방동 조그만 집에 유가족을 남기지 않았는가..

　운명하기 3일 전 창랑 선생은 나랏일을 몹시 걱정했다. 이제 창랑 선생은 갔지만 그의 청빈과 애국심은 역사의 교훈으로 길이 빛날 것이다.

다정다감한 정치가
1969. 8. 5.

김영삼金泳三

　창랑 선생은 의지가 강하면서도 다정다감해서 눈물이 많았으며, 화려한 정치 경력의 이면에는 고적한 나날도 적지 않은 편이었다. 그는 민주주의에 대하여 그 신념이 누구보다 투철한 분으로 언제나 일선을 달리셨다.

　일찍이 만석꾼의 아들로 태어나 치부致富를 하려면 얼마든지 했을 텐데, 다사다난한 정치 활동 끝에 여러 곳의 별장도 다 처분하고 집 한 채만 남기는 매우 드문 청렴결백한 정치가의 본보기가 되었다.

　학창 시절에 그분을 만나 뵙고 정계에 투신하면서 그 영향하에 성장해 온 나로서는 대한민국 정치사에서 그의 비중이 누구 못지않게 크다고 믿는다.

과연 창랑 선생은 조병옥 박사와 함께 이 나라 건국의 제1 공로자였다. 조 박사를 매우 좋아해서 국회부의장 시절이나 국무총리 시절엔 그에 한해서만 무상출입을 허용할 정도였다.

국무총리 시절 창랑 선생은 발췌개헌안을 밀고 나가지 않을 수 없는 입장에 놓여 있었던 것 같다. 상세한 내막은 알 길 없으나 당시 그분으로선 그 길밖에 없어 보였다. 그 무렵 국회의원들이 계엄사령부에 연행되는 광경을 목격하고 눈물지으며, "나라가 망했으니 이제 총리고 뭐고 다 집어치워야겠다." 하고 한숨짓던 일이 어제만 같다. 여하한 일이 있어도 그러한 사태만은 없어야 한다고 생각한 분이 부산정치파동 때 창랑 선생의 입장이었다. 그러나 그의 뜻대로 되지 않은 채 사태는 진전되었다. 오늘까지도 시비가 남아 있는 이 문제는 그로서 불가피한 특수성이 있었다는 점만을 밝혀 두고 싶다.

창창 선생은 정당 생활에 대하여 그다지 탐탁잖게 여기는 눈치를 보였다. 처음 민주당이 창당될 때 조병옥 박사로부터 몇 차례의 입당 권유가 있었고, 나도 마지막 순간까지 회유 작업을 벌였으나 여의치 않았다. 당 생활에 자신을 못 가졌다기보다는 차원 높은 정견을 지녔기 때문으로 여겨진다.

폐일언하고, 창랑 선생은 영남에서 찾아보기 어려운 인물이요, 현대 정치사의 한 거봉巨峰이었다. 가장 짧은 시간에 전광석화의 중요한 판단을 내린 정객으로 창랑 선생 이상의 사람을 나는 알지 못한다. 그분의 지

모智謀는 섬광처럼 번득였다.

　만년晩年의 창랑 선생은 울적한 날을 보낼 때가 많았다. 특히 막내아들을 잃고 나서는 무척 상심했으며, 숙환인 폐암으로 와병 중일 때는 더욱 다정다감해서 자기를 찾아 준 문병객들이 곁을 떠나는 걸 많이 아쉬워했다. 서거하기 달포 전 그분을 찾았을 때 내 목을 껴안고 울던 장면은 너무도 극적이었다.

　나라를 위해서나 겨레를 위해서, 그리고 민주주의의 장래를 위해서 창랑 선생의 서거는 크나큰 비극이 아닐 수 없다.

만년晩年의 창랑
1972. 1. 21.

김수한金守漢

안식 없던 창랑의 일생

'풍우 속에서 기운이 꺾인 적 없고 해학을 즐기되 부드러운 천성을 잃지 않았던 창랑 장택상 선생의……'

이 글은 동작동 국립묘지에 유택을 마련, 잠든 창랑 선생의 묘비에 새겨진 글의 첫 부분이다. 풍우 속에서 기운이 꺾인 적 없고 해학을 즐기되 부드러운 천성을 잃지 않았던 것이야말로 창랑 선생의 전 생애를 통한 역정歷程과 개성을 단적으로 집약한 적절한 표현이 아닐 수 없다.

내가 창랑 선생을 직접 가까이 모시게 된 것은 1964년 2월께부터였다. 한일 협정을 반대하기 위해서 당시의 재야 정당인 민정당, 민주당, 자민당, 국민의 당과 재야 인사들을 총망라해서 이 협정을 반대하는 범국민투쟁위원회를 구성했는데, 처음에는 해위 윤보선海葦 尹潽善 씨가 의장으로 있다가 곧 창랑 선생으로 교체되어 1966년 그 위원회를 모체로 하여 신한당이 창당되기까지 창랑 선생은 줄곧 투쟁위원회 의장으로 있었고, 윤보선 씨와 더불어 신한당을 만든 뒤로는 故 상산 김도연常山 金度演 씨와 같이 당 고문으로 있었다.

창랑 선생이 투쟁위원회 의장으로 일할 때 나는 대변인으로 있었고 이때서야 창랑 선생을 가까이할 수 있는 기회를 가지게 됐었다. 더욱이 투쟁위원회는 그 안에 많은 기구들이 있기는 했으나 사실상 의장 혼자 운영해 나가는 실정이었기 때문에 창랑 선생이 저녁에 집으로 돌아갈 때까지 온종일 창랑 선생 곁을 떠날 수 없이 그림자처럼 따라다니게 마련이었다. 그리고 보면 나는 창랑 선생의 인생 77년의 최종반기에 대한 극히 부분적인 증인에 불과할지도 모른다. 아닌 게 아니라 창랑 선생의 전 생애는 거의 잠시도 안식이 없는 모험과 격동의 일대 파노라마였다고 할 수 있다. 내가 모셨던 이 짧은 3년 동안 아마 창랑 선생이 일생을 통해 그렇게 많은 횟수의 지방 유세를 해 본 적이 없으리만큼 여전한 연속이기도 했으나, 이 3년 동안 창랑 선생에게는 외면적인 이러한 활동에 비해 내면적으로는 극히 심심한 고적감이 없지도 않았던 것 같다.

유명한 다변多辯, 독보적 조크

창랑 선생은 자신이 걸어온 과거를 자전적으로 회고하는 무궁무진하고 스릴에 찬 회고담을 기회 있을 때마다 들려주곤 했다. 전국을 누비는 강연길 기차 안에서, 시골 여관방에서 창랑 선생은 자신의 유년기며, 영국 유학 때의 에피소드며, 항일 운동의 비화와 해방 후의 건국에 관해서, 그리고 그 유명한 수도청장 시절과 4선에 이르는 국회이면사國會裏面 史 등 가히 한국의 산 근세사라 할 만한 이야기를 하곤 해서, 비록 창랑 선생 만년에 아주 짧은 기간 동안 가까이 있었으나, 비교적 창랑 선생의 생애를 어렴풋이 짐작할 수가 있었고 창랑 선생 주변에 있었던 온갖 일을 조금은 알 수 있었다.

창랑 선생의 다변과 독보적 위트나 조크는 너무도 유명해서 새삼 말할 필요조차 없지만 창랑 선생의 말뜻을 얼른 알아듣고 거기에 맞게 대답하려면 상당히 신경을 써야 했다.

그 무렵 투쟁위원회 의장인 창랑 선생 댁은 신길동에 있었고 나는 흑석동에 살고 있었는데, 창랑 선생은 아침마다 투쟁위원회 사무실로 나가는 길에 말직末職인 내 집으로 전화를 걸어 흑석동 큰 길목까지 나와 있으라고 말하곤 내가 기다릴라치면 자기 차에 나를 편승시켜 같이 출근하는 세심한 인정미를 보여 주곤 했다. 윗사람이 미리 와서 기다리게 하는 것은 아랫사람의 도리가 아니기 때문에 아침밥을 먹다가도 창랑 선생의 전화를 받으면 그냥 헐레벌떡 뛰어나가곤 했는데, 하루는 내 동작이 늦어서 창랑 선생이 5분쯤 차를 세워 놓고 기다리게 했다.

"아이구 선생님 죄송합니다." 하고 사과를 드리고 얼른 차에 올라탔더니 창랑 선생은 농담삼아, "김 동지, 내가 대통령 빼놓고는 다 해 본 사람이오."라면서 일국의 재상을 지낸 사람을 이렇게 기다리게 하기냐는 뜻으로 힐책했다. "선생님 정말 죄송합니다." 하고 거듭 변명을 늘어놓자, "김 동지, 장판 장사했던가?" 하고 한 번 말했으면 됐지 뭘 매끌매끌하게 두 번씩이나 변명하느냐는 뜻의 한 마디를 아끼지 않았다. 이렇듯 창랑 선생의 일상 하는 농담도 그 표현은 위트에 가득 차 있었다.

선생님은 경찰의 아버지

창랑 선생이 가두데모 때, 그때마다 기동 경찰과 충돌하게 마련이었다. 그러나 창랑 선생의 일선 경찰관에 대한 동정은 말할 수 없이 컸다. 그것은 오늘의 국립경찰을 자기 손으로 길러냈다는 데서 비롯된 것 같았다.

하루는 안국동 로터리에서 민충정공閔忠正公의 동상을 거점으로 창랑 선생과 우리들이 한일 협정 반대 데모를 하고 구호를 제창하게 되자 주변의 교통이 차단되고 기동 경찰이 출동해서 우리를 포위하고 해산을 종용하는 방송을 해 왔지만 그대로 버티고 있노라니까 이번에는 색다른 방송으로, "창랑 선생님, 선생님은 우리 경찰의 아버지십니다. 선생님께서 저희들과 맞서게 해서 되겠습니까?" 하고 다분히 애걸조의 방송이 나왔다. 이로 해서 창랑 선생의 마음을 아프게 했던지, "오늘은 그만하고 해산하도록 하자."는 명령이었다.

그뿐만 아니라 창랑 선생은 거리의 교통순경에게까지 인정을 쏟는다. 추석이나 설날 등 명절 때면 만 원짜리 뭉치를 풀어 영등포에서 시내 나오는 길목에 선 교통순경을 일일이 불러 아이들과 떡이라도 해먹으라고 나눠 주고는, "운전사들한테 돈 뜯는 일이 없도록 하라."고 당부하곤 했다.

엄한 성품 뒤 따스한 인정미

창랑 선생 만큼 커피와 담배를 즐기는 이도 드물다. 담배는 하루 두 갑 이상 태웠고, 커피는 열 잔 이상을 마셨다. 창랑 선생은 언제나 조끼 주머니에 시가를 서너 개씩 꽂고 다녔는데 보통 담배로는 하루를 만족할 수 없어서 간간이 시가를 피울 정도였다. 또한 언젠가 충북 진천으로 유세하러 갔을 때의 일인데, 아침에 집에서 보온병에 커피를 끓여 가득 담고 떠났는데도 저녁에 돌아올 때는 벌써 동이 나 있었다. 그래서 결국 장호원에서 차를 멈추고 다방에 들어가 다시 커피를 청할 정도였다. 담배와 커피를 그렇게 즐기면 건강에 해롭지 않느냐고 누가 물으면, "당신도 목사가 돼 보시지." 하고 핀잔을 주곤 했다.

창랑 선생은 공적으로 매우 엄한 사람이었지만 사적으론 그렇게 인간미가 풍부할 수가 없었다. 언젠가 내가 발표한 성명서가 문제가 되어 조사를 받았던 일이 있었는데 별로 대수롭지 않은 일이고 해서 저녁때 풀려나와 홧김에 다른 친구들과 어울려 술을 잔뜩 마시고 늦게 집에 들어왔더니 집 앞에 창랑 선생의 차가 서 있었다. 비서가 심부름을 왔으려니 하고 집에 들어섰더니 창랑 선생이 남방셔츠 차림으로 우리 가족과 함께 마루에 서 있는 게 아닌가. 창랑 선생은 나를 크게 나무라면서, "가족들이 걱정하고 있는데 풀려나왔으면 바로 집으로 연락할 일이지 그게 뭐냐?"고 꾸짖었다. 말직 당원이 연행당했는데 걱정해서 집에까지 와서 가족을 위로하고 결과를 궁금히 여겨 기다리는 이러한 따뜻한 인간미는 비단 이런 일뿐만 아니다.

 창랑 선생이 금싸라기처럼 아끼던 막내둥이 병청炳淸이가 미국에서 심장 수술을 받게 됐는데, 미국에 있는 딸들한테서 이 소식을 알리는 편지를 받고 창랑 선생은 눈물을 뚝뚝 흘리는 것이었다. 그 편지의 사연은 수술 비용을 딸들이 얼마씩 나눠 부담하겠으니 아버지가 일부만 보태 달라는 것이었다.

 "내가 지금 이렇게 지내고 있으니 얘들이 돈을 분담한다고까지 하네. 그래 장택상이가 아무리 권세가 없고 돈 없다 해도 아들 수술비를 저희들한테 분담시키지는 않아."

 그의 눈물은 고독한 야인 생활을 서글피 여겨서도 아니고 화려했던 권좌에의 향수 때문도 아니었다. 하나의 소박한 인간으로서의 창랑 선생이 딸들의 그토록 지극한 효심과 따뜻한 형제애에 대한 고마움에서 비롯된 눈물이었다.

겸허한 자세, 지도자의 귀감

 창랑 선생은 자기의 말대로 해방 후 생사여탈의 절대권을 쥔 수도청장과 외무부장관, 그리고 총리까지 지낸 관운 좋은 사람이었으므로 스스로 대중 위에 군림하는 의식의 타성이 생기지 않도록 노력했다 한다.

 1953년 3월 닉슨이 미국 부통령으로 우리나라를 방문했을 때, 창랑 선생의 출영出迎이 늦어 제강悌江에서 닉슨과 마주치게 됐을 때 그는 닉슨의 자세에 깊은 감명을 받았다고 말하곤 했다. 닉슨 차에 동승하여 시내로 들어오는 길이었다 한다. 닉슨은 연도의 환영 군중에게 때때로 악수를 나누고 차에서 내려서는 등 민주주의 습성으로 이국임을 잊은 채 그저 군중 앞에 고개 숙이는 겸허한 자세, 그것이 바로 민주주의 지도자상인 것을 새삼 깨달았다고 술회했다.

창랑 선생은 '제2 천성'이란 말을 곧잘 썼다. 그래서 민주주의 지도자는 대중 앞에 고개 숙이는 것이 제2 천성화해야만 된다고 역설했다. 창랑 선생은 닉슨한테서 받은 감명을 계기로 그 후부터는 자기 선거구에 가면 밭을 매는 시골 농민이나 아낙네들한테까지 일일이 악수를 하는 습관을 길렀다.

선거 참모도 구속시킨 강직

창랑 선생의 선거구에 유력한 선거 참모 가운데 S라는 사람이 있었다. 이 사람이 어떤 범법 행위로 입건되었다. S씨의 부인이 급히 창랑 선생을 찾아가서 사정을 말하고 구원을 요청했다.

그때의 창랑 선생은 국무총리를 지낸 현역 국회의원에다가 원내에 자기 지지 세력을 수십 석 확보하고 있을 때였으므로 그의 일갈이면 행정부가 오금을 못 쓸 정도인지라 창랑 선생 말 한 마디로 S씨의 사건은 해결될 수 있다고 믿었던 것은 당연한 일이었다.

창랑 선생은 그 부인으로부터 전후 사정을 다 듣고 나서 친필로 현지

서장에게 편지를 써서 밀봉하고 난 뒤, 그 부인더러 즉시 서장을 찾아가서 이것을 전하라고 했다. 그러나 창랑 선생의 편지를 읽고 난 서장은 잘 봐주기는커녕 막바로 S씨를 구속하고 지검에 송치하고 말았다.

  S씨 부인은 크게 놀라서 다시 창랑 선생을 찾아가 사실을 말하고 창랑 선생의 분부를 거역한 서장을 비난했다. 창랑 선생은 다시 지방 검사장에게 친서를 써서 밀봉한 채 부인에게 탁송시켰다. 그 결과도 마찬가지로 적법한 처벌로 끝났을 뿐이었다.

  창랑 선생의 편지에는 그의 선거 참모임을 기회로 법을 어기고 못된 일을 한 S씨에 대해서는 즉각 구속해서 엄중히 처벌하라는 내용이었다. 이 한 가지 사건만으로도 창랑 선생의 공사公私 구분이 얼마나 엄했던가 알 수 있다.

기지와 재기의 창랑

1969. 8. 2

동아일보

창랑 장택상 씨가 8월 1일 향년 77세를 일기로 영면했다. 가고 오는 것은 조화옹造化翁의 섭리로서, 지난날의 일제 항쟁으로부터 지금에 있어 조국의 민주화를 위해 많은 이바지를 해 왔던 인물들이 차례로 이 세상을 떠난 것은 한 가닥의 서글픔을 금할 길이 없다.

새옹득실塞翁得失이란 말이 있는 것처럼 누구나 일생을 두고 보면 초년, 중년, 말년이라는 순서로서 부침浮沈과 기복을 모면할 도리가 없는 것이지만 그래도 창랑 선생의 일생은 순탄하였다.

창랑 선생은 일찍이 한말韓末의 비운이 잠겨 있을 때였지만 영남의 복가福家에 태어나 개화 운동의 선봉에 나섰다. 조년早年에는 일본에 유학을 하였었고, 또 영국의 명문인 에딘버러 대학에서 수학했다. 그는 이러한 관록에다가 그만이 가지고 있다시피 한 천재의 기지, 재담과 해학으로써 일세를 풍미하였다. 그는 또 유창한 영어를 구사함으로써 건국 초기에 외인外人들과의 접촉에 있어 종횡무진한 활약을 했던 것은 아직도 기억에 새롭다.

그는 해방이 되자 수도청장이란 직위에 올라 수많은 경찰관을 지휘 감독하면서 수도 서울의 안녕과 질서를 맡았다. 당시 우는 아이들도 그의 이름만 들으면 울음을 그칠 정도라고 하였으니까 그의 민완과 위풍은 가히 짐작하고도 남음이 있겠다.

유엔의 결의에 따라 한국 최초의 5·10 선거가 실시될 때 그는 유석 조병옥 박사와 비록 상하의 관계는 가지고 있었지만 향보단鄕保團을 조직하고 좌익 세력의 줄기찬 방해 공작을 배제한 것은 유명한 이야기다.

잠시 외무부장관으로 있다가 국회의원으로 당선된 뒤에는, 재임은 5개월에 불과하지만 국무총리직을 맡은 적도 있었다. 그동안 그는 정치 파동을 치르면서 소위 '발췌개헌안'이란 것을 통과시켰다.

이제 그가 이 세상을 떠나는 이 마당에 있어 그를 슬퍼하는 것은 이러한 소절小節에 구애되는 것이 아니다. 또한 그의 찬란한 학력과 문벌, 그리고 화려한 출세 가도가 있었다고 해서 그를 추앙하고 조상하는 것도 아니다.

그는 청장년靑壯年 시대에 영웅 심리가 하늘을 찌를 때임에도 불구하고 일제의 갖은 유혹과 협박을 단연코 물리쳤다. 그는 조국 동포를 사랑했고 일제와의 항쟁을 사양하지 않았기 때문이다. 이것이 바로 우리가 그의 타계를 슬퍼하고 아끼려는 대목이다.

선생의 명복을 빌어 마지않는다.

극적인 일생
1969. 8. 2.

중앙일보

창랑의 재담은 세상이 다 아는 얘기다. 1948년 11월 그는 느닷없이 외무부장관의 자리를 물러서지 않으면 안 되게 되었다. 그러고서는 영국 공사의 발령설이 신문 고십gossip에 나돌고 있었다. 창랑은 와이셔츠 바람으로 기자 회견을 자청했다. 이 자리엔 외국 기자도 20여 명이나 나와 있었다.

"대통령은 장관을 마음대로 처리할 수 있다. 그러나 시민을 오스트라사이즈ostracize할 수는 없다. 착한 사람을 국외로 추방하는 헌법은 없다."

창랑의 발언이다.

'오스트라사이즈'라는 말은 그리스어, 그리스에서 솔론Solon을 추방할 때 오스트라사이즈라는 말을 썼다. 그의 박식과 유창한 영어 화술과 유머 센스는 정치가로서의 생활을 늘 극적으로 이끌어 갔다.

그가 수도청장일 때 누가 그의 집으로 인사 청탁을 하러 갔다. 창랑은 한 마디로 이렇게 그의 말을 받아들였다.

"여기는 장택상의 집이지, 수도청이 아니란 말이에요."

유석과의 사이는 소문이 파다할 정도로 좋질 않았다. 하루는 이 박사를 찾아가서 이런 말을 할 정도였다.

"전 선생님을 40년 가까이 모셔 오지만 한 번도 사사로운 부탁을 드린 일이 없습니다. 그러나 이번만은 꼭 부탁을 드려야겠습니다. 내무부 장관을 갈아 주십시오. 조 군은 의리도 없는 친구입니다."

창랑은 끝내 그의 언질을 받으려고 그 앞에 쭈그리고 앉아 있었다. 이 박사는 "치프 장은 고집이 세어서……" 하고 웃어 버렸다는 것이다.

만년의 생활은 적적하기 이를 데 없었다. 월간중앙의 기자가 그의 서울 대방동 자택을 방문했을 때 병상에는 가족들뿐 정객들은 발길조차 끊고 있었다고 한다.

"투위가 다 뭐요? 투위에 신음하고 있소이다."

투위란 '개헌반대투쟁위원회'를 두고 하는 말이다.

최근 월간중앙에 기고한 절필의 마지막 구절도 인상적이다.

"원님 행차한다고 길을 닦아 놓았더니 아무개가 먼저 지나간다."

그는 그다음 무슨 말을 하고 싶었을까. 끝내 아무 말도 없이 창랑은 이제 저세상으로 떠나고 말았다.

선각先覺의 행동아

1969. 8. 3.

한국일보

8월 1일 하오 7시 20분 창랑 장택상 씨는 그 파란 많은 평생을 마치고 별세하였다. 향년 77세라고 하니 현대 의학으로서는 좀 더 살 수 있는 연세라고도 하겠지만 결코 짧은 일생은 아니라고 할 것이다.

고인은 세상이 다 알다시피 해방 후 각광을 받으며 정계에 등장하여 정부 수립 후에는 국무총리의 영직榮職에까지 이른 화려한 경력의 소유자라.

그동안 고인에 대하여는 여러 가지 면에서 훼예포폄毁譽褒貶의 세론이 구구한 바 있었으나 고인이 철두철미한 반공주의자로서 행동으로 용기를 보여 준 정치적 공적만은 여인餘人의 추종을 불허할 만한 것이었다고 생각되며, 이런 의미에서 고인은 확실히 역사상의 인물이었음에는 틀림없다고 우리는 본다.

사람의 일생은 관 뚜껑을 덮은 연후에 그 평가가 정하여진다고 한다면, 우리는 고인이 반공 선각자로서 역사에 남을 만하다고 하는 뜻에서 그의 서거를 애석하게 여기는 바이다.

오늘날 반공은 이것을 우리의 국시로서 아무도 의심치 않는 바이지만, 해방 당시만 하여도 도대체 우리 삼천리 강산과 우리 민족의 앞날이 어떻게 되느냐에 관해서 백가쟁명百家爭鳴의 소란하고 갈피를 잡을 수 없을 극도로 혼란한 지경에 이르고 있었던 것이다. 서울은 이른바 좌우익 진영의 각축장화하고, 많은 사람이 취할 바 사회관 내지 세계관을 잡지 못하여 불투명한 생활을 계속하고 있었던 것이다.

이런 형국에 있어 고인은 우선 수도의 치안을 확보하고 좌익 또는 용공 분자를 일소함이 급선무라 직각하여 서울 수도청장의 자리에 들어앉아 가차 없는 반공 정책을 단행하였던 것이다. 이로 말미암아 고인이 공산 분자의 원한을 사고, 저격 또는 테러를 당한 일만도 10여 차례에 이르고 있었다. 보통 사람의 경우 이와 같이 끊임없는 공산 분자의 암살 기도에 직면하면 절로 기축역퇴氣縮力退하여 더 이상 그 자리를 감당할 수 없을 정도였으나, 고인은 절대로 그에 굴하지 않으며 더욱더 직책 완수에 매진하였던 것이다. 이 점에 있어서 고인은 말만의 반공주의자, 반공의 미명하에 귀명貴名에 급급한 자와는 달라 확고부동한 신념과 결연한 행동으로 일관된 반공주의자로서 후세의 귀감이 될 만하다고 우리는 믿고 있다.

사람에게 십전十全을 구하기는 어렵다. 우리는 고인의 생전, 고인에게 퍼부어졌던 정치 행동상의 난맥亂脈에 대한 비난 같은 것은 고인의 관이 덮어지는 이 순간 이를 모두 덮어 버려 두고 싶다. 그리고 우리는 고인이 용기 있고 행동적인 반공 선각자였다는 점만을 취하더라도 능히 우리의 역사를 장식하기에 충분하다고 생각함으로써 고인의 영靈을 달래며 그의 명복을 빌어 두고자 하는 바이다.

건국의 공로자
1969. 8. 4.

신아일보

창랑 장택상 씨가 지난 초하루 파란 많은 일생을 마치고 영면하였다. 향년 77세. 일러서 천수를 다했다고도 할 수 있으나 이 누적한 국사를 놓고 홀로 떠나가셨다니 우국지사를 잃은 슬픔이 한결 더한 것이다.

고인의 생애를 한 마디로 추려 말한다면 항일과 반공을 위해 신명을 도賭한 일생이었다. 일찍이 쟁쟁한 문벌과 찬란한 학력을 지녔음에도 불구하고 일제에 아부치 않았고 오로지 조국 광복에 정열을 태웠으며, 해방 이후 그가 눈부시게 활동한 정력의 자취는 오늘날의 국기國基를 이룬 초석이 되고도 남는다.

모처럼 우리에게 광복의 기쁨을 안겨 준 8·15를 당면하였음에도 정치적 공백 시대를 노리는 좌익계의 도량跳梁으로 하여 무법 지대나 다름없는 위급한 때 수도경찰청장의 요직을 맡아 용공 세력을 발본한 조처는 뒷날 경찰이 항시 반공의 보루로서 안녕을 누릴 수 있는 소치라 하여 지나칠 바 없다.

뿐만 아니라, 고인은 공산오열共産五列로 인한 몇 차례의 사선을 겪은 경찰직을 떠난 뒤에도 초대 외무부장관을 비롯, 국무총리직을 거치는 동안 더욱 반공의 국시를 공고히 하였고, 한편 2, 3, 4, 5대 민의원을 역임코 남긴 공과는 어떤모에서는 이견이 있을지라도 오직 공산주의를 응징함에 쏟은 일관된 소신은 우리가 두고 추모할 유훈遺訓인 것이 틀림 없다.

더욱이 고인은 반공과 불의를 대함에 박력과 투지의 강직한 일면과 함께, 언제나 기지와 해학으로 메마른 정치계에 한 줄기 윤택한 인간 관계를 형성시켰던 풍모는 우리가 두고두고 외워 익힐 유지遺志라 할 수 있다.

이제 온 겨레는 국민장으로서 7일 영결永訣키로 하였거니와 이로써 고인을 기리는 뜻이 채워진다면 여한이 없겠으나 그렇지 못함에 이렇게 애도하는 충정이다.

오로지 고인이 남긴 반공정신을 다짐하는 것이 고인의 명복을 비는 한 가닥 뜻이라 믿어 거듭 가슴에 각명刻銘하자 함이다.

창랑정신(精神)

민주조국民主祖國의 주춧돌

창랑 선생은 여야 갈등이 첨예하게 대립하던 1957년 협상선거법을 타결 짓기 위해 중재자로서 '이기붕, 조병옥, 장택상의 3자 영수 회담'을 주재했고, 이는 여야의 정치적 타협을 이끄는 계기가 되었다.

일제 식민 통치 때는 독립운동가요, 해방 후 말로써 형용할 수 없는 무정부 상태의 위급한 격동기에는 수도경찰청장으로 목숨을 걸고 건국의 기초를 닦았으며, 국권 확보와 더불어 초대 외무부장관을 비롯해 국회부의장, 국무총리 등 녹록지 않은 정국을 이끌던 창랑 장택상 선생. 그분은 민주조국民主祖國의 확고한 주춧돌이 틀림없다. 그는 다난한 일생을 살아오면서도 항상 활기차고 명쾌하였으며, 권력에 빌붙지 않는 의연한 개성으로 일관한 가히 독보적 존재이다. 이제 선생이 돌아가신 지도 23년이 흘렀다. 후학들은 못내 선생의 유덕遺德을 기리며 해가 갈수록 그리움이 더해 가고 있다.

선생은 평생 당인黨人이 아닌 채로 지냈다. 그것은 고고한 이상주의와 자기 과신이 교차한 까닭인 듯하다. 실제로 어제의 야당이 오늘의 여당, 오늘의 여당이 내일의 야당으로 오가는 세태, 즉 이합집산離合集散이 여반장如反掌인

작금에 비추어 보면 선생의 생전 모습은 충분히 이해되고도 남는다.
그 가운데 1952년 5월의 발췌개헌으로 당시 이승만 대통령과 국회와의 적전대결敵前對決을 타개한 지혜와 1957년 협상선거법協商選擧法을 선생의 시흥별장에서 타결 짓던, 이른바 '이기붕, 조병옥, 장택상의 3자 거두 회담' 결실은 후세에 높이 평가될 것이다. 이렇듯 대한민국의 역사와 더불어 선생은 반드시 기억돼야 한다.
아울러 선생은 많은 후학들을 길러냈으며, 그중에는 대권에 도전하는 인사들도 있다. 그들이 어떻게 '창랑정신'을 계승할지도 자못 주목되고 있다.

창랑 장택상 기념사업회
회장 김상만金相万

조의문

고인의 서거는 우리들의 큰 손실이며,
대한민국 경찰의 육성과 대공 투쟁에 있어서
고인이 남긴 빛나는 업적을 우리 모두가 길이 기억할 것입니다.

대한민국 대통령

박정희 朴正熙

조의문

가장 험한 시국에 큰 공을 이루신
장택상 전 국무총리의 독립적인 강한 기백과
일국의 지도자로서 계속 분투해 온 공적을 치하하고 찬양합니다.

주한 유엔군 사령부
사령관 존 마이켈리스 John Hersey Michaelis

국민장 조문 —
창랑의 가심을 슬퍼한다

정일권 丁一權

　건국의 공로자요, 정계의 원로로서 많은 사람으로부터 존경과 사랑을 받아 오신 창랑 장택상 선생을 영결하는 이 자리에서 저희들은 옷깃을 여미고 삼가 고인의 명복을 비는 바입니다.

　창랑 선생께서 재세在世 시에 국가와 민족에 끼친 공적에 대해서는 새삼스런 설명이 오히려 부질없는 일입니다. 명문의 후예로서 뛰어난 재질과 팔달八達한 도량을 타고나신 선생께서는 소시에 이미 항일 독립운동에 투신해 애국의 정열을 불태웠으며, 그로 인한 영어囹圄의 고초도 마다하지 않으셨습니다. 선생의 애국심은 해방 후 더욱 찬란하게 꽃을 피웠습니다. 선생께서 해방 직후 수도경찰청장으로서 공산당을 소탕하여 어지러운 사회질서를 바로잡고 대한민국 수립의 터전을 닦는 데 지대한 기여를 하신 그 빛나는 공적을 우리는 잊지 않고 있습니다.

창랑 선생 추도식에서 정일권 당시 국무총리가 추도문을 낭독하고 있다. (출처: 국가기록원)

선생은 공산분자들로부터 수없는 저격과 테러를 당하면서도 추호도 기축역퇴氣縮逆退함이 없이 부동한 신념과 결연한 행동으로써 그 난동을 분쇄하셨습니다.

그 후 초대 외무장관으로서, 국무총리로서, 또한 네 차례에 걸친 국회의원으로서 오로지 조국의 자주독립과 민주주의 발전에 평생을 바치신 선생은 정녕 반공의 선각자요, 애국자의 본보기로 그 이름 길이 청사靑史에 남을 것입니다.

북쪽의 공산당들이 다시금 침략을 획책하여 악랄한 도발 행위를 자행하고 있는 작금에 반공의 맹장이셨던 선생을 보내는 저희들은 마음 한구석에 외로움과 허전함을 금할 길이 없습니다.

이제 뒤에 남은 저희들은 오직 선생께서 생전에 보여 주신 반공정신과 함께 민주주의에 대한 신념으로 애국정신을 이어받아 승공勝共 통일과 민족중흥을 위해 가일층 분투, 노력할 것을 다짐할 따름입니다. 이 길만이 선생의 생전 업적을 더욱 빛내는 길이요, 재천하신 선생의 넋이나마 위로하는 길이라고 믿습니다.

  선생의 영덕靈德이 저희들의 앞길을 인도하여 주실 것을 믿으며, 거듭 선생의 명복과 아울러 유가족 여러분께 하나님의 가호과 있기를 기원하는 바입니다.

국민장 조문 二
자주독립과 반공통일에 바친 일생

이효상 李孝祥

슬프다! 또 한 개의 거성이 떨어지도다!

창랑 장택상 선생이 가시도다.

다시는 돌아오지 못할 길을 떠나시도다. 이 나라에는 할 일이 더욱 많아지고 이 겨레에는 희원希願이 더욱 쌓여지는 이 마당에 몇 분 남지 않으신 원로 선배들, 이렇듯 앞서거니 뒤서거니 자꾸만 떠나시노니 답답하고 애절한 마음 금할 길 없도다.

오는 자 가고 만나는 자 헤어짐이 무상한 이 세상의 이치라 하되, 다시는 오지도 못하고 다시는 만나지도 못하는 이 뼈저린 슬픔을 어이해 참을 수 있는가.

선생은 일찍이 영국 에딘버러 대학에 수학하셨고 일제 학정虐政 시에 옥고도 겪으셨으며, 해방 후는 수도경찰청장, 외무부장관, 국무총리를 역임하셨다. 그리고 2, 3, 4, 5대 민의원, 유엔총회 대표, 반공투쟁위원회 위원장, 국회부의장 등을 지내셨다.

선생의 일생은 오로지 조국의 광복과 자주독립과 반공통일을 위해 바쳐 왔고, 그 명석한 두뇌와 도도한 웅변과 온화한 성품과 고결한 인격은 국가 발전과 민족 번영만을 위하여 아낌없이 작열하여 왔다.

그러나 아무리 많은 공적을 남겼다 하더라도 이제 다시 어디서 선생을 찾아 뵈올 것인가. 슬프다. 지난날을 돌아보고 앞날을 바라볼 때 선생에 대한 그리움과 아쉬움이 금할 길 없으나 선생이 못다 하신 일, 우리 모두가 맡아 할 것을 생각할 때 더욱 눈앞이 캄캄하도다.

그렇다. 그러나 선생의 애국정신과 희생정신을 이어받아 분골쇄신 조국에 바칠 것을 새삼 다짐할 수밖에 없구나, 아무리 생각해도 다른 길이 없구나.

우리 3천만 국민은 선생의 영전에 두 손 모아 빌거니와 부디 평안히 잠드소서. 명명冥冥한 가운데서도 지도해 주소서. 그리하여 통일 대한, 민주 대한, 복지 대한이 되도록 일치 매진하게 해 주소서. 그리고 미망인과 유가족을 하나님이 보호해 주소서.

국민장 조문 三

못 잊을 자유인의 얼

유진오 俞鎭午

　오호嗚呼라! 창랑 선생!

　조국의 광복과 민주주의를 위하여 70 평생을 바치신 선생!

　일제하의 절망기에도 선생은 민족의 양심을 견지하였었고, 해방 후의 혼란기에는 공산 파괴 분자와 용감히 싸워 이 나라 법질서를 확립하는 데 쇄신 정신挺身하였고, 정부 수립 후에는 신생 국가의 외교 정책과 체제를 정립하는 데 지혜로웠었고, 6·25 전쟁의 전화戰禍 속에서는 국무총리로서 그 결단력을 유감없이 발휘하였고, 입법부의 지도자로서는 반독재 노선에서 그 투지를 과시하여 왔었던 창랑 선생!

　선생은 더욱 5·16 군사 정권하에 8년간 대여 투쟁 전선에 줄곧 백의종군하여 왔으니 노병의 장렬한 최후에 대하여 우리 후생의 감회는 더 한층 새로운 바 있습니다.

창랑 선생!

생명력은 늙으면 쇠퇴하고 따라서 젊은 생의 양심과 투지는 권세와 금력과 안일로 말미암아 마비되는 것이 일반례라고 하나, 이 생명의 숙명적 공식도 선생의 양심과 투혼만은 지배할 수 없었으니 선생은 도리어 이 숙명의 원리를 물리치고 위대한 정치가로서만이 아니라 사상가라고도 할 만한 마지막 모습을 우리들에게 가르쳐 주셨습니다.

오호라 창랑 선생!

진정 선생은 자아에 충실하였던 자유인 중에서도 자유인이었습니다.

선생은 필요하다고 인정하였을 때는 권력의 중책을 사양치 않았지만 필요하지 않다고 생각하였을 때는 이를 버리는 데 주저치 않았던 자유인이었으며, 재물을 탐하여 자아를 희생시키는 일 없었던 진정한 자유인이었습니다. 권력과 금력에 대한 탐욕 때문에 자기를 상실하는 비자유인의 사회 흐름 속에서 선생은 자유인으로 성장하여 자유인으로서 생애를 마치셨습니다.

언제나 정치 조직 밖에서 고고한 자유인의 자세를 견지하면서도 정치 조직에 결정적인 영향을 던져 온 별이었습니다. 선생의 해박한 지식과 위트, 그리고 사물의 본질을 꿰뚫는 예리한 통찰력, 이 모든 것은 잊으려야 잊을 수 없는 온 겨레의 회상입니다.

오호! 창랑 선생!

끝없는 회상과 수많은 교훈을 남기고 가신 자유의 별이시여!

그 때문에 우리들은 선생이 유명을 달리하신 것을 못내 아쉽게 생각하며 국민의 이름으로 선생과의 작별을 슬퍼하는 것입니다.

더욱이 선생이 줄곧 반대하여 오시던 장기 집권의 탐욕을 저지하려고 겨레들이 궐기하고 있는 이 마당에, 선생의 지도와 편달이 아쉬운 이 마당에 선생이 우리를 남겨 두고 훌훌 떠나시니 우리들의 허전함과 슬픔은 뼈를 깎는 듯합니다.

지난 7월 29일, 그러니까 선생이 돌아가시기 바로 사흘 전에 문병을 간 저를 붙들고 선생은 현 정권의 3선 개헌 기도에 철저하게 반대해 싸울 것을 신신당부하셨습니다.

선생의 그 고귀한 정신과 투철한 자유 수호의 결의는 지금도 저의 귀에 쟁쟁합니다. 그 말씀을 마음에 새겨 끝까지 3선 개헌 저지를 위해 싸울 것이며, 또 그 말씀을 널리 겨레에 전하여 민족의 자존심을 불러일으키려 합니다.

그러나 창랑 선생!

선생이 뿌리고 가신 자유의 정신은 불멸의 씨앗임에, 그 씨앗은 국민의 가슴 속에서 무럭무럭 자라서 반드시 그 추수를 거둘 날이 있으리라고 확신합니다.

다만 못내 섭섭한 것은 그 추수기가 멀지 않음이 확실한 이때 선생이 뿌리신 씨앗의 추수를 몸소 보지 못하시고 불귀의 여로를 떠나신 데 대해서 후생들은 아쉬움을 금치 못합니다.

오호라! 창랑 선생이시여! 육신의 세계에서 해탈된 자유의 넋이시여! 비록 체온과 육성으로써 이 겨레를 이끌지 못하신다 치더라도 무한대의 공간을 자유자재로 날아다니시면서 선생이 심고 가신 자유인의 얼을 잊지 않도록 이 겨레를 격려함으로써 영광된 추수기를 맞이할 수 있게 보살펴 주시옵소서!

이 자리에 모인 우리들은 새삼 선생의 생애를 일관한 이 자유의 얼을 되새기면서 온 겨레와 누리의 이름으로 선생의 명복을 빌고 또 빕니다.

조가 弔歌

구상 具常 지음

이 겨레 광복 위해 옥고를 치르시고
혼란한 치안 맡아 나라를 다지시고
멸공과 반독재 투쟁에 앞장서셨네
역사의 파도 위에 키잡이가 되셨던
　　오오 창랑 장택상 선생

냉엄한 그 슬기로 언제나 앞을 보고
도도한 열변으로 진로를 밝히시며
불의와 투쟁엔 굴할 줄 모르셨네
역사의 대로 위를 떳떳하게 가시던
　　오오 창랑 장택상 선생

험준한 시대 속에 오셨다 가시면서
한평생 불덩이로 조국에 헌신하고
이제사 영원한 안식을 누리시네
역사의 어둠 속을 제빛으로 살으신
　　오오 창랑 장택상 선생

묘비문

이은상李殷相 지음

손재형孫在馨 씀

　풍우 속에서도 기운이 꺾인 적 없고 해학을 즐기되 부드러운 천성을 잃지 않았던 창랑 장택상 선생의 본관은 옥산玉山, 아버지는 자헌대부資憲大夫 궁내부 특진관宮內府 特進官 승원공承遠公이요, 어머니는 풍양조씨豊壤趙氏이며, 1893년 10월 22일에 경북 칠곡에서 태어났다.

　일찍이 일본에 가서는 와세다대학早稻田大學, 영국에 가서는 에딘버러 대학에 유학했었고, 해방 후 우리 정부가 서자 혹은 초대 외무부장관으로 혹은 2대 민의원 부의장으로, 다시 국무총리로, 3, 4, 5대 민의원으로, 안에서는 반공 정책 수행의 선봉이었고, 밖에 나가서는 한국 대표로 외교에 힘쓰다가 1969년 8월 1일에 별세하니 향년은 77세요, 국민장으로 모시어 모두들 충심으로 명복을 빌었다.

1969년 11월

창랑 선생의 묘비.
(출처: 국가기록원)

창랑은 영원한 바다의 물결이며
대한민국에 깃든 상록의 자유혼이다

감수監修

미래의 기억을 잉태한 '창랑 리더십'

김석우
한국리더십학회 학술위원장
한국기술교육대학교 교수 역임
삼성전자 리더십개발본부장 역임

엿장수 이야기

우리는 흔히 세상의 많은 일과 만남을 '인연'이란 말로 설명하곤 한다. 분에 넘치게도 필자가 창랑 선생의 자서전을 새롭게 출간하는 중책을 맡아 감수의 글을 쓰게 된 것도 피할 수 없는 특별한 인因과 연緣 때문인 것 같다.

본론에 앞서 창랑 선생의 유년 시절에 있었던 재미있는 일화를 소개하려 한다. 이 이야기는 오래전 구미시 초대 문화원장과 왕산旺山 허위許蔿 선생 기념사업회 초대 이사장을 역임한 백야白野 김교홍 님에게 직접 들은 내용이다.

창랑 선생의 나이가 대략 10세쯤으로 짐작되는데, 당시에는 동네마다 엿장수가 돌아다니면서 가위질하며 엿을 팔곤 했었다. 이때 아이들은 엿이 먹고 싶어 헌 고무신이나 못 쓰는 냄비 같은 것을 가져와 엿과 바꾸기도 했다. 하지만 그마저도 귀하던 시절이라 대개 아이들에게 엿은 그림의 떡과 같았다.

그러던 어느 날, 동네 친구들을 불러 모은 창랑 선생은 엿장수에게 엿치기 내기를 하자고 제안했다. 엿치기는 가래엿을 부러뜨려서 그 단면 속 구멍의 개수나 크기를 비교해 승패를 가르는 놀이다. 내기의 내용인즉 창랑 선생이 이기면 엿장수가 아이들에게 공짜로 엿을 주고, 엿장수가 이기면 선생이 엿값을 모두 내는 것이다. 이 기발한 제안에 엿장수도 흔쾌히 응했다. 그렇게 아이들이 숨죽이며 지켜보는 가운데 흥미진진한 엿치기가 펼쳐졌는데, 아뿔싸, 엿장수가 이기고 말았다. 아쉽지만 창랑 선생은 일단 엿을 아이들에게 나눠 달라고 엿장수에게 태연히 요구했다. 그리고 아이들이 엿을 다 먹을 즈음 모두 도망가라고 눈짓했다. 후다닥, 아이들이 일제히 도망치자 엿장수는 놀라며 황급히 그 뒤를 쫓았다. 그러자 앞서 뛰어가던 창랑 선생이 뒤돌아보며, "나는 저기 큰 집의 셋째 아들이고, 나의 모친이 풍양 조씨요. 그분한테 엿값을 받아 가시오" 하는 것이 아닌가. 이에 엿장수는 달음질을 멈추고, 반신반의하며 창랑 선생이 가리킨 집을 찾아갔다. 그리고 창랑 선생의 얘기대로 엿값을 온전히 받고서 대문을 나오던 엿장수는 고개를 저으며 말했다.

"씨가 다르다, 장차 큰 인물이 될 아이로다."

창랑 선생은 이처럼 어릴 때부터 범상치 않은 기지와 배짱이 있었고, 13세 전에 사서삼경四書三經은 물론 당송팔대가唐宋八大家, 한사漢史, 외사外事 등을 통독하며 신동이란 말을 들었다. 그 가운데 보수적인 집안 어른들의 만류에도 불구하고 홀로 상경하여 신학문을 배웠으며, 15세 때는 일본 유학을 결심했고, 이듬해에 와세다 대학에 입학했다.

그 후, 일본에서 안중근 의사의 1909년 공적을 폄훼하는 친일 연사가 있어 항일 유학생들과 함께 강단에서 그를 끌어내리는 의기를 발휘하기도 했다. 그러던 중 일본이 조선을 강제로 합병하자 이에 항거, 즉시 대학을 자퇴한 후 일본을 떠나 영화에서나 등장할 법한 대장정에 오른다.

창랑 선생은 당시 최선진국인 영국에서 유학하고자 일본을 벗어나 중국 상해로, 그리고 러시아 동편 끝 블라디보스토크로, 그곳에서 서편 끝 상트페테르부르크로, 다시 독일의 베를린을 거쳐 영국의 런던에 도착하게 되는데, 이때 창랑 선생의 나이는 18세였다.

그는 이 대장정에서 기적처럼 3인의 귀인을 만나는데, 헤이그 특사 정사인 이상설 선생과 대한제국 육군 참령인 이갑 선생, 그리고 도산 안창호 선생이다. 특히 그는 러시아 블라디보스토크에서 만난 이상설 선생과 이갑 선생이 부친인 장승원 선생의 친구이자 고종 황제를 끝까지 보필한 최측근 동지였다는 감격적인 사실도 듣게 된다.

이처럼 독립운동에 투신한 3인의 애국자를 직접 만난 창랑 선생은 그들의 뜨거운 환대와 격려 속에서 당초 목표했던 영국 유학의 의미를 더욱 공고히 다질 수 있었다. 그뿐인가, 이 대장정을 통해 그는 부친의 불명예, 곧 '유명한 친일파'라는 오명과 근거 없는 뜬소문을 일거에 해소시켜 줄 아주 의미 있고 특별한 실마리도 발견하게 된다.

상록의 자유혼

창랑 선생에게는 일생을 꿰뚫는 상징어가 있다. 바로 '상록의 자유혼'이다. 이는 혹한에도 잎사귀를 떨어뜨리지 않는 늘 푸르른 거목처럼 지고한 자유의 가치를 향한 불굴의 혼, 또는 정신을 의미한다.

실제로 창랑 선생은 아무도 알려 주지 않았는데도 17세의 나이에 스스로 자유민주주의의 원조국인 영국으로 유학길을 선택했다. 그리고 파리강화회의를 기점으로 상해 임시정부의 구미위원이 되어 우리나라의 독립과 민족자결을 위해 만방으로 힘썼고, 대한민국 건국 직전 불안정한 해방공간解放空間에서 수도 치안의 책임자로서 목숨을 걸고 혼신의 투혼을 발휘했으며, 자유민주주의에 입각한 대한민국의 초석을 다지면서 이승만 정권의 출범에 헌신했다. 아울러 6·25 전쟁 중 부산 피난 시절에는 국무총리와 국회부의장을 겸직하며 백척간두의 정국을 수습하는 총책이 되어 유엔군 유지와 증파는 물론 미국의 적극적인 원조를 견인했다. 이후 무소속의원을 대표하여 이승만 정권의 독주에 맞서 반부패, 반독재, 반공의 최일선에서 민주 수호를 위해 투쟁했으며, 마지막에는 병상에서 소천 직전까지 신민당 대표를 비롯한 유력 인사들에게 박정희 대통령의 3선 개헌에 반대하는 최후의 민권투쟁을 당부했다.

이와 같이 창랑 선생이 인생길의 굽이굽이마다 세워 올린 자유민주주의의 푯대는 선생께서 몸소 깨우친 자유와 민주주의의 숭고한 가치를 평생에 걸쳐 실천한 결연한 리더십, 그 자체이다. 이에 '창랑 리더십'의 핵심을 간략히 '상록의 자유혼'이라 명명할 수가 있겠다.

여기서 창랑 리더십을 유치환의 시詩, 〈깃발〉에 대비해 보면 이해하기가 용이하다.

이것은 소리 없는 아우성
저 푸른 해원海原을 향하여 흔드는
영원한 노스탤지어의 손수건

순정은 물결같이 바람에 나부끼고
오로지 맑고 곧은 이념의 푯대 끝에
애수는 백로처럼 날개를 펴다

아아 누구던가
이렇게 슬프고도 애달픈 마음을
맨 처음 공중에 달 줄을 안 그는

시에서 '소리 없는 아우성'과 '영원한 노스탤지어의 손수건'은 자유를 향한 선생의 순전한 열망이며, 동시에 정서적으로는 자유민주주의라는 곧고 바른 이념의 푯대 끝에 백로처럼 날개를 펴는 슬프고도 애달픈 마음이 곧 창랑 선생의 깊은 심정이 아닐까 대비해 본다.

이처럼 상록의 자유혼으로 상징되는 창랑 선생의 결연한 리더십은 일생에 걸쳐 드라마틱하게 나타나고 있다. 이를 전통적인 리더십의 관점에서 크게 두 갈래로 대별하여 이야기해 보고자 한다. 먼저는 자발적인 목표설정과 자기관리 기반 '창조적 셀프리더십Creative Self-Leadership'에 관해서이다.

실제로 창랑 선생은 청소년 시절 신학문을 배우겠다는 목표로 상경을 했고, 그곳의 경험을 토대로 새로운 목표를 설정해 일본 유학을 결심한 후 와세다대학에서 수학할 수 있었다. 그 가운데 한일합방의 국치를 맞아 스스로 목표를 전면 수정했고, 더욱 전향적으로 영국 유학을 꿈꾸기 시작했다. 그 후 그는 우여곡절 끝에 영국에 당도해 에딘버러대학 경제학부에 입학했고, 그곳에서 몸소 시장경제의 원리와 자유사상에 기초한 자유민주주의라는 대의적 가치에 눈을 뜰 수가 있었다.

이렇듯 창랑 선생은 환경적 제약에 순응하기보다는 내면에 견지하고 있는 자신의 신념과 가치 기준에 따라 창의적이고 전향적인 자세로 과감하게 스스로 목표를 설정하고 조정해 나갔다. 이것이 바로 창조적 셀프리더십의 전형이다. 창랑 선생은 이러한 리더십의 기질을 일찍이 발현했는데, 엿장수 이야기 속 어린 시절을 살펴보면 확인할 수 있다. 물론, 이를 리더십과 직접 연결 짓기에는 무리일 수 있다. 하지만 창랑 선생은 누구도 생각지 못한 아이디어로 모두를 즐겁게 하면서도 엿값을 떼어먹지 않았다. 어쩌면 그 기발하고도 창의적인 순발력이 훗날 엄혹한 상황에서도 위력을 발휘할 수 있었던 저변의 밑거름이 아니었을까 하는 생각이다.

이를테면 해방 직후 미군정 기간에는 하루가 멀다 하고 좌익 공산분자들의 폭동과 테러가 자행되었다. 그러나 창랑 선생은 군 경험이나 경찰 경력이 전무한데도 창의적인 지략으로 병력을 진두지휘하며, 상대를 완전히 제압하는 역사적 성과를 거두었다. 뿐만 아니라 10여 차례 권총과 수류탄 습격을 받으면서도 끝까지 책무를 완수한 투혼은 상록의 자유혼이 살아서 숨 쉰 창조적 셀프리더십의 정수라 할 수 있겠다. 과연 그 시기, 그 자리에 창랑 선생과 같이 창조적 셀프리더십을 내재한 준비된 리더가 없었다면 우리나라는 어떻게 되었을까. 당장 공산정권이 들어선다 해도 전연 이상하지 않았을 것이다.

다음은 창조적 셀프리더십에 이어 사회적 지위나 계급에 구속되지 않고 진정한 대의와 협력자 정신에 충실한 '탁월한 추종자형 리더십Effective Follower Leadership'의 관점에 비추어 창랑 선생의 리더십을 조명하고자 한다.

사실 인간의 삶 속에서 온전한 리더로 존재하는 시간은 생각보다 길지 않다. 설령 대통령이나 장군, CEO라 하더라도 그전에는 대부분 추종자, 즉 조직의 멤버나 구성원으로 활동한 기간이 상당하다. 그런데 이러한 구성원들 중에는 간혹 리더의 의사결정이나 조직의 성과에 지대한 영향력을 미치는 '탁월한 추종자Effective Follower'가 있다. 그들은 특수한 존재이기 때문에 '탁월한 추종자형 리더십'이라는 새로운 형태의 리더십으로 명명하기도 한다.

역사적으로도 탁월한 추종자형 리더십의 예는 적잖이 나타난다. 대표적으로는 고려의 태조 왕건에게서 찾아볼 수 있다. 절대적인 권력자 궁예의 신하로서 왕건이 보여줬던 비범한 협력자 정신은 그가 삼한일통의 원대한 대의를 실현한 마중물이었다. 필자는 20여 년 전 저술했던 '왕건 리더십'에서 이를 탁월한 추종자형 리더십의 전형이라고 밝힌 바 있다.

또 다른 예로 미 국방부장관이었던 조지 마셜George Marshall을 언급할 수 있다. 영국의 수상 처칠은 "2차 세계대전의 진정한 조직자는 자신도 아니고, 루즈벨트도 아니며, 스탈린도 아닌 미美 육군 참모총장 조지 마셜이다."라고 얘기한 바 있다. 실제로 노벨평화상을 수상한 조지 마셜은 세계의 평화와 자유라는 숭고한 대의를 위해 충실한 협력자 정신을 유감없이 발휘하여 새로운 리더십 지평을 열었다는 평가를 받고 있다. 이는 리더십의 범주가 단순히 계급이나 지위에 의해 정해지는 것이 아니라 역할에 깃든 신념과 가치의 문제라는 것을 여실히 보여준 증거인 셈이다.

이 투철한 협력자 정신에서 비롯된 탁월한 추종자형 리더십은 창랑 선생에게도 확연히 나타나고 있다. 그는 1919년 1차 세계대전의 전후 처리를 위해 열린 파리강화회의 이후 구미위원으로서 열악한 여건 속에서도 세계만방에 우리나라의 처지를 알리는 해방 활동을 1년 반 정도 집중했다. 특히 당시 영국 수상 로이드 조지David Lloyd George와 프랑스 수상

조르주 클레망소Georges Clemenceau의 적극적인 지지를 이끌어 내면서 러시아 폴딕주에 있던 340여 명의 동포를 안전하게 프랑스로 이민시키는 거사를 성사시켰다. 이때 창랑 선생은 20대 중반의 청년이었다.

그런가 하면, 대한민국을 자유민주주의 국가로 세우는 초기에서도 창랑 선생의 탁월한 추종자형 리더십을 확인할 수 있다. 해방 직후 대한민국 건국 직전까지 남한의 최고 권력자는 미군 사령관 하지John R. Hodge였고, 북한은 소련군 중장 스티코프Terenti Shtykov였다. 이들은 한반도의 임시정부 수립을 원조할 점령군으로서 미소공동위원회를 설치하였고, 이때 미국은 한반도의 현안을 원만히 추진하고자 좌우합작을 내세우며 그동안 함께했던 이승만 대신 중도 성향의 김규식을 지지하기 시작했다. 그러자 수도경찰청장이었던 창랑 선생은 좌우합작은 한반도를 공산화로 이끈다는 판단에 하지에게 즉각 반대 의사를 전달했다. 그런데도 요지부동이자 그는 미국이 좌우합작에 대한 입장을 철회하지 않는다면 치안 책임자 자리에서 물러나겠다는 초강수를 두었다. 그제야 미국은 도리 없이 이승만을 다시 대표로 인정하게 되었다. 만약 창랑 선생의 강단 있는 조치 없이 좌우합작이 실현되었다면 현재 한반도의 모습은 어떠했을까.

창랑 선생의 탁월한 추종자형 리더십은 여기서 그치지 않는다. 대한민국은 어렵사리 건국되었으나 이내 6·25 전쟁이 발발했고, 공산군에 밀려 급기야 1950년 8월을 기점으로 부산에 임시수도를 마련하는 풍전

등화의 정세로 내몰렸다. 그 당시는 제헌국회의 2년 임기가 만료되고 제2대 국회가 출범한 직후였고, 초대 대통령 이승만의 4년 임기가 중반을 넘어서는 시점이었다. 그로 인해 국회와 정부는 한창 전쟁 중인데도 권력의 헤게모니hegemony를 차지하기 위해 각각 유리한 헌법 개정안을 입안하고자 힘겨루기를 멈추지 않았으며, 이는 초대 정부의 임기가 만료되는 1952년에 최고조에 이르렀다. 하지만 6·25 전쟁의 패색이 짙어지는 가운데 유엔 참전국들이 발길을 돌리려 하자 국가의 수장으로서 이승만은 특출한 외교가였던 창랑 선생에게 국가의 수호를 위해 국무총리직을 제안했다. 그때 창랑 선생은 국회부의장으로서 초대 정부의 독주에 경종을 울리고자 정권 비판에 앞장서고 있었지만, 국가의 수호, 곧 자유민주주의의 수호라는 대의를 위해 국무총리직을 기꺼이 수용했다. 이 대의는 창랑 선생에게 최우선으로 중요했다. 그래서 국무총리로서 활동하며 부산정치파동에 대처하고자 발췌개헌이라는 절충안까지 제시하면서 당장 시급한 정국 불안을 해소한 후 유엔의 신뢰를 확보했고, 그로써 전열이 재정비될 수 있도록 지대한 역할을 수행해 나갔다. 이처럼 자유민주주의를 수호하기 위한 진실한 대의와 그것을 충실히 실현하기 위한 협력자 정신은 창랑 선생의 탁월한 추종자형 리더십을 확인할 수 있는 주요 족적이다.

이상으로 창랑 선생의 리더십을 매듭지으면서 그가 한반도에 자유민주주의를 뿌리내리고자 분투했던 대목을 짚어보려 한다.

창랑 선생은 이승만, 박정희 대통령과 독특한 인연을 맺으며 함께했다. 인간적으로는 무한한 신뢰와 애정으로, 정치적으로는 한결같이 철저한 반공주의로 그들과 동행했다. 그러나 자유민주주의의 절차와 체계를 바라보는 관점은 그들과 확연히 구분됐다. 자유민주주의의 원조국인 영국에서 유학했던 만큼 그는 정권의 독점을 각별히 경계했다. 그래서 이승만, 박정희 정권을 향해 반부패와 반독재의 쓴소리를 멈추지 않았다.

이토록 창랑 선생은 진정한 자유민주주의를 위해 이상과 논리만 앞세우지 않고, 친히 앞장서서 실행에 옮겼다. 특히 그는 충실한 복수 정당의 설립에도 직간접적으로 개입했으나, 초탈하게도 정작 본인은 당적 없이 무소속의 신분을 유지하면서 생의 마지막 간까지 진정한 자유민주주의를 대한민국에 근착시키고자 투혼과 의지를 불태운 전사였다. 그 면모와 행보는 로마 시대의 지성, 키케로Marcus Tullius Cicero의 명언을 새삼 상기시킨다.

'최고를 열망하는 사람에게 2인자의 자리는 결코 불명예가 아니다'.

아버지와 아들

리더십 관점에서 '엿장수 이야기'와 '상록의 자유혼'으로 감수는 부족하진 않을 듯하다. 하지만 우리가 역사적으로 반드시 들여다봐야 하는 부분이 있다. 그 배경을 상기하는 의미에서 본서의 서문에 제시된 신문 기사 내용을 다시 짚어보려 한다.

1992년 4월 26일 중앙일보 〈일요인터뷰〉에서 당시 국사편찬위원회 박영석 위원장은 "백범 김구 살해 사건의 범인 안두희는 반민족 분자의 꼬리에 불과하고, 군부의 김창룡 특무대장이나 경찰청의 노덕술 수사과장 등은 중간 정도이며, 외무부장관 장택상 같은 이가 머리다. 그리고 그의 아버지 장승원은 대한광복회 총사령관 박상진이 처단했던 유명한 친일파였다."라고 마치 이것이 역사적 사실인 양 무도하게 단언했습니다.

이제 최대 100년, 최소 30년을 웃도는 이야기를 조명하려 한다. 이 이야기는 일제강점기와 직접적인 연관이 있어 가해자와 피해자는 물론, 동시대를 살았고, 지금 살아가는 우리에게 동병상련일 수도 있어 염려도 된다. 그러나 이 이야기를 딛고 서로를 위로하며, 새로운 성찰과 희망찬 다짐을 시작하길 소원하는 바다.

대한민국은 건국 이래 좌우의 이념적 갈등이 아주 치열하다. 그중에서도 '친일'의 개념은 매우 모호하다. 철저한 고증과 다각적 검증이 수반돼야 하는데도 불구하고, 파편적인 정황의 확증 편향을 일반화시키는 경우가 적지 않다. 이는 빙산의 일각만 바라보며 빙산의 전체를 단정한 후 특정 프레임을 씌우는 현상과 같다. 그로 인해 일방은 심대한 정신적, 물질적 피해를 입고, 반작용으로 상응하는 대응을 펼치면서 꼬리에 꼬리를 무는 백해무익한 악순환의 고리가 형성되고 만다.

이 이야기 역시 들여다볼수록 사건의 진상을 명확하게 밝혀 주는 연구

자료를 찾아보기 어려운 실정이다. 그 맥락에서 이 이야기는 역사 속에 박제된 과거형이 아니다. 여전히 지속되는 현재형으로서 서문의 신문 기사 내용을 토대로 세 갈래의 주제를 조명해 보고자 한다.

첫째, 창랑 선생은 박영석 위원장의 말처럼 과연 백범 김구 살해 사건의 머리인가? 둘째, 창랑 선생의 부친인 장승원 선생은 박상진 총사령관에게 처단을 당해야 하는 유명한 친일파인가? 셋째, 박영석 위원장이 중대한 의미의 역사적 사건을 유력 일간지에 단언한 발언은 과연 엄정한가?

이상의 주제는 하나같이 예사롭지 않은 성격의 문제이기 때문에 최대한 중립적이고 객관적으로 신중을 기해 접근해야 한다. 그리고 이 주제는 현재 단편적인 물증 외에는 당시 정황을 명확히 뒷받침할 연구 자료가 매우 부족하다. 이런 경우 사실에 근접하기 위해 질적 연구방법론 qualitative research을 활용하곤 한다. 이는 인간의 행동이나 리더십 연구에서 자주 사용되는 연구방법론으로 위에 제시한 주제 역시 질적 연구방법론을 통해 더욱 치밀하게 분석하고 논증할 필요가 있다.

먼저, '창랑 선생은 박영석 위원장의 말처럼 과연 백범 김구 살해 사건의 머리인가?' 결론부터 제시하면 이는 결코 사실이 아니다.

김구 선생은 1949년 6월 26일에 암살됐다. 그쯤 창랑 선생의 발자취는 다음과 같다. 창랑 선생은 이승만 대통령과 정치적 노선을 달리하며 1948년 12월 외무부장관직에서 물러났다. 그 후 1949년 1월에는 자유민주주의 회복과 국민주권 옹호를 주창하며 안동 국회의원 보궐선거에 출마했고, 정부를 위시한 군경의 탄압 속에 낙선했다. 동년 4월부터는 서울 종로 국회의원 보궐선거에 출마했지만, 다시 낙선했다. 그리고 그는 은둔 생활에 들어갔다.

따라서 군경의 실세들을 통해 김구 선생을 암살할 만한 동기나 수단이 없었다. 이는 국회의원에 당선된 창랑 선생이 1951년 8월 20일 국회임시회의에서 발언한 내용으로도 추정이 가능하다. 국회속기록 47호에 따르면 당시 창랑 선생은 김구 선생 암살범 안두희의 행보를 방치한 법무부와 국방부 장차관들을 맹렬히 질타하며, 철저한 사후관리를 요청했다.

무엇보다 창랑 선생은 평생을 자유민주주의라는 대의를 위해 혼신을 다했고, 그 실천 방법과 절차 역시 민주적이고 합리적이어야 한다는 철저한 신념을 가지고 있었다. 그래서 생의 마지막 순간까지 반부패, 반독재는 물론 반장기집권 투쟁에 앞장서 왔다는 점을 상기해 볼 때 창랑 선생이 김구 선생 암살의 머리라는 주장은 사실무근의 음해요, 오명에 불과하다.

이어서 '창랑 선생의 부친인 장승원 선생은 박상진 총사령관에게 처단을 당해야 하는 유명한 친일파인가?'의 진위를 가늠하려 한다.

운정雲庭 장승원1853~1917 선생은 1885년 문과에 급제한 후 대부분을 청요직淸要職, 곧 청렴이 요구되는 요직인 사헌부, 홍문관, 사간원과 중앙부처인 승정원 등에서 봉직했다. 특히 그는 1897년 대한제국의 수립과 함께 황제로 즉위한 고종의 최측근 친위대 수장 격인 궁내부 특진관

현 대통령 특별보좌관으로서 광무개혁光武改革의 한가운데에 자리했다. 그런데 일본이 대한제국의 황실을 무력화하고자 핵심 부서인 궁내부를 약화할 목적으로 주요 인사들을 좌천시켰고, 당시 장승원 선생은 경상북도 관찰사로 잠시 봉직했다. 하지만 고종은 이내 그를 궁내부 특진관 복직시켰으며, 1907년 고종이 일본에 의해 강제로 퇴위당할 때까지 충복으로 헌신했다. 그 후 그는 고향인 구미로 낙향했고, 오랜 관직 생활로 피폐해진 심신을 달래가며 《운정유집雲庭遺集》을 집필하던 중 독립군의 군자금 모집에 비협조적이었다는 이유로 대한광복회에 의해 불의의 죽음을 당하고 말았다.

이상과 같은 장승원 선생의 이력에 비춰 보면 '유명한 친일파였다'라는 언급은 근거 없는 허구, 또는 낭설인 가능성이 높다. 왜냐하면 그는 고종과 뜻을 함께한 동반자로서 당시 권력 구조상 친일 활동은 불가했다. 당연히 그가 친일 활동을 했다는 기록 역시 발견되지 않고 있다. 이는 그 쯤의 역사를 살펴보면 이해가 용이하다.

고종은 아버지 대원군에 의해 신정왕후의 양자로 입양된 후 12세에 조선의 26대 왕으로 자리한다1864. 하지만 고종은 신정왕후의 수렴청정과 대원군의 섭정으로 국왕의 역할에 충실할 수 없었다. 그러던 어느 날, 친일 세력에 의한 갑오개혁1894과 명성황후시해사건1895으로 신변에 위협을 감지했던 고종은 급기야 러시아 공사관으로 피신하는 이른바 아관파천1896을 단행했다.

이 사건을 계기로 절치부심, 대오각성한 고종은 국호를 대한제국으로 개명하고 스스로 연호를 광무라 명명하며 황제로서 근대 주권 국가로의 변혁을 세계만방에 선포했다. 동시에 그는 친히 황실 친위대인 궁내부를 앞세워 광무개혁이라는 국가 변혁 프로젝트를 전격 추진했다. 광무개혁은 러일전쟁에서 승리한 일제에 의해 강제로 중단되었지만, 약 7년간 나름의 괄목할 성과를 거두었고, 주요 내용은 다음과 같다.

　우선 근대 자본주의와 부국강병을 지향하며 현대식으로 군 제도를 개편하여 무관학교를 설립했고, 중앙군과 지방대를 증강했다. 아울러 농상공 진흥을 위한 회사설립 장려로 종업원 100인 이상 회사가 205개 설립됐는데, 대표적으로 두산그룹과 동화약품도 그때 생겨났다. 특히 발전소를 설립해 전기, 전신, 철도 관련 산업을 추진했고, 이로써 서울에 전철이 운행됐고, 경인선과 경부선 개통으로 기차도 운용되는 한편 경인 지역은 전화가 개통됐다. 그 외에도 대한천일은행현 우리은행과 한성은행을 비롯한 근대 금융 기관이 당시 설립됐고, 기술학교, 사범학교, 관립학교 등 근대 교육 기관을 대폭 확대됐다. 게다가 근대 도시 개조 사업으로 서울을 변모시켰다. 워싱턴 D.C.를 모델로 삼아 도로망을 확충, 숭례문에서 광화문에 이르는 대로와 서울시청 앞 광장을 방사선 도로로 만들고 골목을 정비하며 탑골공원을 비롯한 녹지를 조성했고, 근대식 상수도와 가로등도 설치됐다.

　광무개혁의 성과는 일제에 나라의 주권을 빼앗기며 퇴색되었지만, 고종은 황실의 사유재산인 내탕금內帑金까지 활용하며 혼신을 다해 나라의 변혁에 앞장선 최전성기였던 것 같다. 당시 고종은 내탕금을 일제의 눈을 피해 궁내부에서 재량껏 관리하도록 일임했다.

이러한 성공의 이면에는 소위 '진실의 순간moment of truth'이 있기 마련이고, 광무개혁의 성과에도 그것이 존재했다. 리더십 차원에서 진실의 순간이란 리더를 중심으로 인재들이 모여들고, 그 사이에 유대가 형성돼 불가능한 일조차 현실로 실현되곤 한다. 이 진실의 순간에 작용하는 독특한 힘의 기저를 '준거의 힘referent power'이라고 하는데, 광무개혁 추진 시에도 황실 친위대에는 애국심에 불탄 인재들이 모여들었고 충만한 준거의 힘이 작용했다. 다만, 진실의 순간은 표면적으로 드러나지 않고, 그래서 준거의 힘 역시 찾아내기 어렵다. 이는 '가장 중요한 것은 눈에 드러나지 않는다'라는 표현과 맥을 같이한다.

장승원 선생의 행보 역시 그러한 관점에서 특별한 실마리를 발견할 수 있다. 실제로 창랑 선생은 우연처럼 필연으로 부친의 인생 속 진실의 순간과 그 속에 녹아있는 준거의 힘을 직면할 수 있었던 것 같다. 그것은 창랑 선생이 영국으로 유학을 떠나는 대장정에서 조우한 귀인들로부터 비롯된다. 독립운동가로 유명한 이상설 선생과 이갑 선생이 바로 그들이다.

이역만리 러시아 블라디보스토크와 상트페테르부르크에서 만났던 그들은 창랑 선생이 장승원 선생의 아들이라는 사실에 하나같이 반기면서 감격했고, 얼굴을 부비고 눈물을 흘리며 부친의 친구라고 표현했다. 실상 장승원 선생이 그들보다 나이가 17세, 24세 많지만 그들은 친구라는 단어를 끄집어냈다.

그것이 가능한 이유는 광무개혁의 이면에 진실의 순간과 그 속에 준거의 힘이 녹아있었기 때문이다. 굶주린 이리떼처럼 호시탐탐 조선을 집어삼키려는 외세들, 특히 일제의 마수에 맞서 조국의 미래를 수호하고자 분투하던 그들은 나이와 지위의 고하가 아닌 친구요, 동지라는 끈끈한 관계로 맺어졌다는 사실이 명백하게 드러나는 실화 속 장면이다. 이 맥락에서 장승원 선생이 '유명한 친일파'라는 주장이나 단언은 더 이상 설 자리가 없는 듯하다.

아울러 추가로 장승원 선생을 박상진 총사령관, 즉 대한광복회장이 단원들을 통해 단죄하고 처단한 이유로는 독립군의 군자금 모집에 비협조적이었다는 사실이 언급되곤 한다. 그렇다면 박상진이란 존재는 누구이고, 대한광복회란 단체는 무엇이기에 독립군 자금 모집에 비협조적이면 그를 마음대로 처단할 수 있다는 것인가.

경남 울산 출신의 박상진1884~1921은 일찍이 왕산 허위 선생의 가르침을 받고, 양정의숙을 졸업한 뒤 판사 시험에 합격했으나1910. 일제하에서의 임용을 거부한다. 그리고 독립운동의 실태를 파악하고자 만주를 다녀온 후 상덕태상회를 설립, 운영하기 시작한다1912. 상덕태상회는 외형적으로는 곡물상이나 실제로는 독립운동 자금 조달 및 연락 매개 사무소였다. 그러던 중 그는 대한광복회라는 독립단체를 결성하고 회장으로 자리한다1915. 대한광복회의 최종 목표는 국민주권의 공화제 구현이고, 행동 강령은 비밀, 폭동, 암살, 명령 등이었다. 그들은 무장투쟁을 위한 독립군 양성과 국내외 독립군 기지 건설을 통해 국권을 회복하고자 결의했다.

이러한 대한광복회의 대표적인 활동으로 '친일 지주 처단1917'이 회자되곤 한다. 이는 〈역사스페셜〉을 포함한 각종 강연과 자료 등에서 빠지지 않고 등장하고 있다. 여기서 친일 지주 처단 활동 중 악덕 친일 지주로 지칭된 장승원 선생에 대한 소개나 설명이 전연 없다. 정말 이래도 되나 싶을 정도로 마녀사냥 식으로 최소한의 사실관계 확인도 없이 처단해야 하는 악인으로 박제해 버렸다. 과연 장승원 선생의 행적과 이력에 대한 조명은 일고의 가치도 없는가.

물론 박상진 회장이 일제강점기의 엄혹한 시절에 공화제의 기치를 내세우며 무장투쟁한 비전과 용기는 높이 평가돼야 한다고 믿는다. 하지만 세상사에서 나만이 절대적으로 옳은 가치관이란 없는 법이다. 반드시 상대적일 수밖에 없다. 서문에서도 확인이 가능하듯 상대적으로 장승원 선생과 직계 후손들은 참담하고도 답답한 심정일 수밖에 없다.

이 지점에서 '리더십의 상상'을 발휘해 보고자 한다. 학자 중에는 리더십을 시poetry, 또는 로맨스romance라고 표현하기도 하는데, 이는 세상을 바꾸는 가장 강력한 힘은 리더십의 상상력이 동원된 감동에서 곧잘 발현되기 때문이다.

만약 一 대한광복회가 독립군 자금 확보를 위해 본보기로 처단할 대상을 일본인 거부나 을사오적으로 삼았다면, 二 대한광복회가 대의와 명분을 온전히 설파해 타 독립운동단체처럼 장승원 선생의 지지와 지원을 받았다면, 三 상덕태상회가 탁월한 운영으로 독립군 자금 확보에 성공을 거두었다면, 그랬다면 박상진 회장과 대한광복회의 활동에 대한 평가와 위상은 한층 높아졌을 것이다. 그러나 역사의 선택은 리더십의 상상과는 달리, 불행히도 장승원 선생을 희생시켰기에 더욱 안타까운 마음이다.

그 당시 장승원 선생 일가는 위로는 공조판서에 올랐던 부친 유헌遊軒 장석룡張錫龍 선생, 아래로는 세 아들인 길상, 직상, 택상까지 3대에 이르러 탁월한 개인의 역량을 바탕으로 독립운동 관련 활동에 전념하고 있었다. 그렇게 인맥은 더욱 탄탄하게 구축될 수 있었으며, 동시에 막강한 자금줄도 확보하고 있었기에 공적인 면에서는 물론, 사적으로도 독립운동에 대한 지원을 지속할 수 있었다.

사실 그들의 독립운동에 대한 지원은 의병 활동에 대한 지원으로 거슬러 올라간다. 명성황후시해사건 이후 고종은 실상을 파악하고 대처하기 위해 조선조의 마지막 공식 암행어사로 당시 대사헌을 역임했던 73세의 장석룡 선생을 발탁했다. 이때 아들인 장승원 선생도 부친을 보조하는 임무를 받고 동행하게 되었다. 이후 실사 보고를 토대로 황실의 내탕금이 의병장들에게 군자금으로 전달되기 시작했다. 이 임무는 궁내부가 주관했으며, 이로써 허위, 신돌석, 유인석, 최익현, 이인영 등의 의병장은 활동에 박차를 가할 수 있었다. 그 시점은 장승원 선생이 궁내부 수장급인 특진관으로 봉직하던 때이기도 했다.

그 후 장승원 선생은 고향으로 낙향한 뒤에도 만주와 연해주 등 해외에서 독립운동 중이던 애국지사들을 은밀히 직계가족들을 통해 지원하였다.

장승원 선생의 장남 장길상1874~1936, 차남 장직상1883~1959, 그리고 3남인 창랑 선생은 부친의 유지를 받들며 독립운동에 거액의 군자금도 쾌척한다. 이를테면 3.1 운동 이전 이승만 박사의 애국 활동 자금으로 미화 20만 불을 기부하였고, 대한광복군의 군자금으로 5만 원을 기부했다. 이는 당시 이승만 박사의 일기, 《비망록》과 이범석 장군의 자서전, 《우등불》에 각각 기록되어 있다.

이와 같이 장승원 선생의 일가에서 독립군의 군자금으로 기부한 총액은 기록에만 약 45만 원이다. 이는 지금의 기준으로 환산하면 약 225억 원이다. 이는 노블레스 오블리주로 유명한 경주 최부자, 최준1884~1970 선생이 상해임시정부를 비롯해 독립운동에 지원했다고 파악된 군자금 약 50만 원과 비견될 만한 수준이다.

한편, 일설에는 장승원 선생이 경상북도 관찰사로 부임할 수 있도록 허위 선생이 힘쓰면서 그 대가로 훗날 20만 원을 헌납받기로 약속했는데, 약 13년 후 대한광복회 군자금으로 그 20만 원을 달라는 "요구에 불응해 처단하였다'라는 주장도 있다. 그러나 얼핏 살펴보면 그럴듯한 이 주장은 사실관계를 조금만 확인하면 바로 정리가 된다.

허위 선생은 을미사변에 반발해 의병을 봉기한 이후 1899년 처음 관직에 진출했다. 이후 6년 동안 평리원 재판장을 비롯한 의정부 참판, 비서원승 등에 봉직했으나, 1905년 을사늑약을 규탄하는 격문을 살포했다는 이유로 4개월간 투옥된 후 관직에서 사임하고 은거했다. 그러던 중 1907년 헤이그 특사 사건으로 고종이 강제 퇴위되자 의병으로 재기하기에 이른다.

이 사실을 토대로 반문을 제기할 수 있다. 허위 선생은 현실적으로 장승원 선생의 인사에 관여할 입장이나 여건이 아니었다. 게다가 허위 선생의 강직한 성품과 이력으로 헤아릴 때 그와 같은 청탁은 그에게 더없는 모독일 수 있다.

이러한 사실들을 종합적으로 짚어볼 때 장승원 선생이 '독립군의 군자금 모집에 비협조적인 악덕 친일 지주'라는 주장은 설득력이 없는 듯하다. 결론적으로 장승원 선생은 억울한 죽음을 당하게 됐고, 치욕스러운 오명을 입고 말았다. 이제 장승원 선생과 그 일가를 현시점에서 어떻게 예우하고 위로해야 합당한지는 너무나도 자명하다.

끝으로 '박영석 위원장이 중대한 의미의 역사적 사건을 유력 일간지에 단언한 발언은 과연 엄정한가?'에 대해 살펴보고자 한다.

우선 박영석 위원장의 단호한 주장에서는 공정하지 못한 측면을 찾아볼 수 있다. 예컨대 '그자는 못된 인간이다'라고 단정 지으려면 이유를 들어야 한다. 그렇지 않으면 상식적인 대화나 논리의 전개가 이어지기 어렵고, 일방적으로 상대를 궁지로 몰아세울 수 있다. 그 관점에서 박영석 위원장이 구체적인 근거를 제시하며 주장했다면, 그 근거의 진위를 입증하면 그만이다. 하지만 그는 그렇지 않았던 것 같다.

박영석 위원장의 단언이 중앙일보에 대서특필된 1992년 4월 26일 이후 우리나라는 그 이야기로 연일 들끓었다. 하지만 그의 추가적인 사실 관계 확인 보도는 물론 공식적인 입장이나 정정 및 해명 기록은 찾을 수 없었다. 이 점은 고의든, 고의가 아니든 그의 잘못이 명백하다. 국사편찬위원회는 우리나라의 역사를 엄정하게 기술하는 기관이다. 그 위원장으로서 중대하고도 민감한 문제가 세상에 알려졌다면 이를 정돈하고 필요하면 바로잡으려는 노력을 기울여야 하지 않는가.

이 불행한 사건이 발생한 후 박영석 위원장이 어떻게 살았는지는 모르겠으나, 창랑 선생의 집안은 천추의 한(恨)으로 뒤덮였다. 그중 일부는 원통한 심정 속에 세상을 떠났고, 본서의 편저자로 창랑 선생의 사랑을 온몸으로 받았던 막내 따님 장병초 여사는 머나먼 미국에서 지금도 할아버지와 아버지의 명예 회복만을 자나 깨나 학수고대하고 있다.

일련의 사태는 어느 한 가족의 문제로만 치부하기에는 상징하는 바가 상당하다. 우리나라에는 수많은 사람이 이와 유사한 문제로 서로 갈등하며 분열하고 있기 때문이다. 역사적인 사실을 객관적인 입장에서 정확하게 기록하고 정리함으로써 국가의 미래를 빛과 소금처럼 견인해야 하는 역사가의 거룩한 소명은 어디서 찾아야 하는지 다시금 답답해지는 심정이다.

한반도의 기적

최근 창랑 선생의 기일을 맞아 유해遺骸를 모신 동작동 현충원을 찾았다. 진심 어린 고유告由 후에 창랑 선생과 각별한 인연이 있는 이승만 대통령과 박정희 대통령 묘소도 참배했다. 마음 같아서는 현충원의 모든 호국영령께 예의를 갖추고 싶었지만, 장군 묘역 대신 전우들이 잠들어 있는 사병 묘역에 자원하여 안장된 초대 파월派越 사령관 채명신 장군께 마지막으로 묵념하며 그 넋을 기렸다.

현충원의 호국영령들은 저마다 이름이 다르고, 지위도 달랐으며, 삶의 행적과 공적의 색깔도 달랐지만, 하나같이 숭고하게 빛나고 있었다. 캄캄한 밤하늘이 아름다운 이유는 수없이 크고 작은 별들이 각기 제빛을 내고 있기 때문이듯, 우리 조국의 존재 이유와 영광은 모두 거룩한 호국의 이름으로 빛나고 있는 이들 영령 때문이 아닐까 하는 생각이 들었다.

이제 감수의 글을 매듭지으면서 서두에 언급했던 인연을 다시 거론하고자 한다. 세상의 인연 중에는 선연善緣도 있지만 악연惡緣도 있다. 그중 부모를 죽인 자와의 인연은 악연 중 으뜸이다. 오죽하면 부모를 죽인 자와는 함께 하늘을 이고 살 수 없는 불구대천不俱戴天의 원수라 하지 않는가.

그간의 사정에 따르면 장승원 선생의 가문과 박상진 회장의 가문이 그런 사이다.

실제로 편찬자編纂者, 엮은이는 본서를 재출간하면서 처음엔 오직 가문의 한恨을 풀겠다는 일념으로 가득했다고 한다. 그러나 이러한 비통한 심정은 서로를 공격하는 악순환의 고리만 강화할 뿐 숙원을 풀어내기 어렵다는 판단에서 과감히 용단을 내렸다. 용서와 화해의 손길로 먼저 마음의 문을 연 것이다. 다만, 진정한 화해가 성사되려면 상대방도 반드시 '열린 마음'으로 역지사지 교감해야 한다고 본다.

세간에는 '진리가 너희를 자유케 하리라'라는 유명한 성경 구절이 있다. 여기서 핵심은 진리truth와 자유free다. 특히 자유는 인간의 행복과 직결되는 민주주의 이데올로기의 근간으로서 항상 진실과 함께 거론되고 있다. 이처럼 인간은 자유를 위해 진실을 추구하는 존재이며, 이 모든 과정을 넓은 범주에서 학습이라 부른다.

학습은 개인, 기업, 사회를 넘어 국가 차원에서도 매우 중요시되며, 그 체계적인 시행을 위해 많은 노력과 정성을 기울인다. 왜냐하면 이는 궁극적으로 학습 능력의 차이가 선진국과 후진국을 판가름하는 중심이기 때문이다. 이러한 학습에서 가장 중요한 요소가 바로 열린 마음이다. 조선이 나라의 주권을 일제에 빼앗긴 이유도 쇄국 정치에 기인하고 있다. 이는 폐쇄적인 동종 교배는 열성 유전자를 발현시킨다는 자연의 법칙과도 일치한다.

이제껏 회자된 창랑 선생과 그 부친의 일화도 이와 같은 맥락에서 접근하면 일순 정리가 되리라 생각한다. 모두가 자신의 입장에서만 세상을 바라보고, 소속된 집단의 사상과 공적만 내세우면 '만인에 의한 만인의 투쟁'에 이를 수밖에 없다. 따라서 닫힌 마음을 내려놓고 열린 마음을 앞세울 때 비로소 참다운 학습은 시작된다. 이런 관점에서 본서 편저자의 용단, 즉 용서를 딛고 어렵사리 화해의 길을 선택한 것이야말로 진정한 의미에서 새로운 학습의 발아로 보아야 할 것이며, 이는 매우 존중받아 마땅하다고 본다.

우리나라는 불과 100여 년 전만 하더라도 세계에서 가장 폐쇄적인 국가 중 하나로 학습과는 거리가 멀었다. 하지만 지금은 '한강의 기적'을 이루며 세계가 인정하는 우등 학습 국가로 변모하게 되었다. 나아가 한류의 열풍으로 대한민국의 명성과 가치는 더욱 높아졌고, 생활도 나날이 윤택해지고 있다. 그러나 우리에겐 결코 잊어서는 안 될 크나큰 목표와 과제가 여전히 남아 있다. 그것은 바로 남과 북, 좌와 우가 하나로 화합하여 통일되는 것이며, 낡고 모호한 친일, 반일 논쟁을 하루속히 청산함으로써 명실공히 인류 역사에 찬연히 빛날 '한반도의 기적'을 실현해야 하는 것이다.

이 모두를 위하여 우리는 다시금 자유민주주의의 숭고한 가치를 일깨우고 지켜준 호국영령들의 보은을 진지하게 되새기고, 상록의 자유혼과 함께 영원한 미래의 기억을 잉태하는 창조적 학습자의 모습으로 거듭나길 기원하며, 본서 감수의 글에 마침표를 찍고자 한다.

나의 일대 여정 속

인연因緣

1 석농 유근石儂 柳瑾, 1861-1921: 대한제국기 당시 황성신문을 창간하고 만민공동회 간부를 지낸 언론인이자 애국계몽운동가다.
2 인촌 김성수仁村 金性洙, 1891-1955: 일제강점기에 경성방직 사장, 동아일보 사장, 2대 부통령 등을 역임한 기업인, 교육자, 언론인, 정치인이다.
3 고하 송진우古下 宋鎭禹, 1889-1945: 일제강점기에 동아일보 사장으로서 물산장려운동을 추진하였고, 신사참배를 비롯한 대일협력을 거부하며 항일언론투쟁을 전개한 언론인, 교육자, 정치인, 독립운동가다.
4 민세 안재홍民世 安在鴻, 1891-1965: 일제강점기 당시 조선일보 사장, 신간회 총무간사 등을 역임하였고, 해방 이후 조선건국준비위원회 부위원장, 민정장관 등을 역임한 언론인, 정치인, 독립운동가다.
5 도마 안중근道馬 安重根, 1879-1910: 대한제국기에 러시아에서 대한의군참모중장으로 활동하였으며, 항일비밀결사인 단지회를 조직해 이토히로부미를 사살한 의병이자 독립운동가다.
6 보재 이상설溥齋 李相卨, 1870-1917: 일제강점기에 의정부 참찬 등을 역임하다가 을사조약 이후 북간도로 망명하여 서전서숙을 설립하고, 헤이그 특사로

파견되었으며, 13도의군, 대한광복군정부를 조직한 독립운동가다.

7 추정 이갑秋汀 李甲, 1877-1917 : 일제강점기 당시 신민회와 서북학회, 무관학교 등을 창설하여 애국계몽운동을 전개한 독립운동가다.

8 송재 서재필松齋 徐載弼, 1864-1951 : 대한제국에서 최초의 민간신문인 독립신문을 창간하고, 독립협회를 창설하며 항일투쟁을 전개한 의사이자 독립운동가다.

9 유석 조병옥維石 趙炳玉, 1894-1960 : 일제강점기 당시 신간회, 흥사단 등에서 항일투쟁을 전개하였고, 해방 이후에는 미군정청 경무부장, 내무장관, 국회의원 등을 역임한 정치인이자 독립운동가다.

10 일성 이관용一星 李灌鎔, 1891-1933 : 대한민국 임시정부 파리위원부의 부위원장으로서 파리강화회의 참여를 비롯해 구미위원으로 활동하며 열성을 아끼지 않은 교육자, 언론인, 독립운동가다.

11 우사 김규식尤史 金奎植, 1881-1950 : 일제강점기 파리강화회의에서 대한민국 임시정부 대표 명의의 탄원서를 제출한 정치인이자 독립운동가다.

12 우남 이승만雩南 李承晩, 1875-1965 : 대한민국 임시정부의 대통령이자 대한민국 건국 대통령으로 국가의 기틀을 마련했으며, 2·3대 대통령도 역임했다.

13 도산 안창호島山 安昌浩, 1878-1938 : 일제강점기 당시 독립협회, 신민회, 공립협회, 흥사단, 임시정부 등에서 항일투쟁을 전개하였고, 신문 발행 및 학교 설립을 통해 민중운동에 앞장선 교육자이자 독립운동가다.

14 수주 변영로樹州 卞榮魯, 1897-1961 : 시인이자 영문학자로 주로 대한민국의 앞날을 걱정하는 우국적 시를 창작했다. 《명정사십년》, 《수주시문선》 등의 시집을 출간했다.

15 낭산 김준연朗山 金俊淵, 1895-1971 : 일제강점기 때 조선일보 모스크바 특파원, 동아일보 편집국장 등을 역임하였으며, 해방 이후에는 법무부장관, 국회의원 등을 역임한 언론인, 정치인, 독립운동가다.

16 동운 최규남東雲 崔奎南, 1898-1992 : 문교부 과학교육국장, 서울대학교 총장,

문교부장관, 한국과학기술원 설립준비위원장 등을 역임하며 한국 과학계를 위해 힘쓴 과학자다.

17 현민 유진오玄民 俞鎭午, 1906-1987: 해방 이후 헌법기초위원, 법제처장, 고려대학교 총장 등을 역임한 학자. 법학자, 교육자, 정치인이다.

18 천리구 김동성千里駒 金東成, 1890-1869: 해방 이후 합동통신사 3대 회장, 조선일보 발행인 등을 역임한 언론인이자 정치인이다.

19 백범 김구白凡 金九, 1876-1949: 일제강점기 때 임시정부 주석 등을 역임하였으며, 한인애국단을 조직해 이봉창과 윤봉길의 의거를 주도하고, 신민회, 한국광복군 등에서 활동한 정치인이자 독립운동가다.

20 소석 이철승素石 李哲承, 1922-2016: 일제강점기 당시 학병징집 반대 운동과 해방 이후 신탁통치 반대 운동에 참여했으며, 대한민국이 건국된 다음에는 반독재, 민주화 운동에 앞장선 7선 국회의원이다.

21 철기 이범석鐵驥 李範奭, 1900-1982: 일제강점기 때 고려혁명군 기병대장, 광복군 참모장 등을 역임하였으며, 해방 이후에는 초대 국무총리, 국방부장관, 참의원 등을 역임한 군인이자 정치인, 독립운동가다.

22 동산 윤치영東山 尹致暎, 1898-1996: 임시정부 구미위원으로 활동했고, 삼일신보 제작에도 참여한 정치인으로 외무부 부장, 비서실장, 국회부의장, 서울특별시장 등을 역임했다.

23 우양 허정友洋 許政, 1896-1988: 해방 이후 서울특별시장, 외무부장관, 국민의당 대표최고위원 등을 역임한 정치인이다.

24 해공 신익희海公 申翼熙, 1894-1956: 일제강점기 때 임시정부에서 내무총장이란 중책을 맡았으며, 해방 이후 국회의장으로 활동하다가 민주당 대통령 후보로 출마한 정치인이자 독립운동가다.

25 소죽 임병직小竹 林炳稷, 1893-1976: 일제강점기 때 워싱턴한인협회 수석비서관을 역임하였고, 해방 이후 외무부장관, 유엔대사 등을 역임한 관료이자 독

립운동가다.

26 죽산 조봉암竹山 曺奉岩, 1899–1959: 사회주의자로 해방 이후 농림부장관, 국회의원, 국회부의장 등을 역임한 정치인이다.

27 일서 김홍일逸曙 金弘壹, 1898–1980: 일제강점기 당시 한국독립군, 국민혁명군 등에서 활동하였고, 해방 이후에는 육군사관학교 교장, 외무부장관, 국회의원 등을 역임한 군인, 정치인, 독립운동가다.

28 운석 장면雲石 張勉, 1899–1966: 해방 이후 국무총리, 부통령 등을 역임한 정치인이다.

29 중수 박정희中樹 朴正熙, 1917–1979: 대한민국 5·6·7·8·9대 대통령으로 경제개발 5개년 계획, 새마을 운동, 중화학 공업 육성 등을 통해 전무후무한 대한민국의 경제 성장을 견인했다.

30 가인 김병로街人 金炳魯, 1887–1964: 해방 직후 사법부 부장, 대법원장 등을 역임한 법조인이자 정치인이다

31 해위 윤보선海葦 尹潽善, 1897–1990: 대한민국 4대 대통령을 역임한 정치인으로 광복 후 한국민주당 창당을 주도했다.

출처: 한국민족문화대백과사전

대한민국 건국과 나

초판 1쇄 발행   2025년 3월 28일

엮은이	장병혜, 장병초
펴낸이	노현덕
펴낸곳	마오르
브랜드	EPOCA
편집	최형윤
디자인	조유영
마케팅	박서원
경영지원	김남용
등록	2023년 5월 10일 제2023-000065호
주소	경기도 성남시 분당구 서현로 210번길 1 405호
전화	031-8028-0202
팩스	0504-482-9315
이메일	business@maowr.com
홈페이지	www.maowr.com
ISBN	979-11-983891-2-1(03990)

* 이 책은 저작권법에 의해 보호받는 저작물이므로 무단 전재와 복제를 금하며,
  이 책의 내용 전부 또는 일부를 이용하려면 반드시 저작권자와 마오르 주식회사의 서면 동의를 받아야 합니다.
* 파본은 구입처에서 교환해 드립니다.
* 가격은 뒤표지에 표시돼 있습니다.